LA FAILLITE

D'APRÈS LE DROIT ROMAIN.

LA FAILLITE

D'APRÈS LE DROIT ROMAIN,

MONOGRAPHIE JURIDIQUE

PAR

S. VAINBERG,

DOCTEUR EN DROIT, AVOCAT À LA COUR DE PARIS.

PARIS,

IMPRIMÉ PAR ORDRE DU GOUVERNEMENT

A L'IMPRIMERIE NATIONALE.

M DCCC LXXIV.

INTRODUCTION.

Le développement du crédit personnel et réel, le
respect de la liberté individuelle, ont été l'objet, dans
ces derniers temps, de graves et judicieuses études qui
se réfèrent aux principes de droit en cette matière. Des
réformes sont indispensables. Déjà, grâce à l'abolition
de la contrainte par corps, un grand pas a été fait dans
la voie du progrès; mais les lois qui régissent les transactions, au point de vue du crédit, laissent encore beaucoup à désirer.

L'industrie et le commerce, acquérant chaque jour
plus d'importance, réclament impérieusemeut des lois
qui consacrent et règlent leur développement. Non-seulement nos nécessités augmentent à mesure que la civili-
sation grandit, mais encore les besoins actuels exigent
plus de rapidité dans les relations et dans les échanges.
C'est le caractère du temps présent. Dans l'antiquité, les
affaires commerciales étaient encore dans leur enfance,
la législation en cette matière devait conséquemment
être très-imparfaite. Les découvertes modernes ont donné
au commerce une importance exceptionnelle : aussi les
règles du droit qui s'y rapportent sont plus nombreuses
et plus compliquées. Notre société, quoique pratique par
excellence, n'a pourtant pas atteint toute la perfection
désirable dans la réglementation de cette matière. Ainsi,

la législation française, la plus parfaite qui existe, peut-être, en restant stationnaire dans ces derniers temps, a produit, sinon un temps d'arrêt dans la marche ascendante des transactions, du moins une trève dans la simplification des opérations commerciales. Voilà pourquoi la nécessité des réformes se fait partout sentir.

Mais, si un remaniement de notre code commercial est incontestablement nécessaire, il ne faut pas moins lui donner une base historique, car c'est l'étude du passé qui fait mieux comprendre le présent. Quoique les affaires commerciales de l'antiquité et leur réglementation diffèrent de nos rapports commerciaux et de notre législation, elles n'en ont pas moins d'intérêt pour nous, soit au point de vue *historique*, soit au point de vue *pratique*. En effet, en aucune autre matière, le passé n'a eu plus d'influence sur le présent. Cependant la notion de la faillite et de la banqueroute n'existe pas, dira-t-on, dans le Droit romain, puisqu'elle est essentiellement liée à un état particulier du commerçant, inconnu des anciens. Mais il ne faut pas oublier que la base du droit, en matière de faillite et de banqueroute, n'est qu'une extension des principes qui régissent la condition du débiteur en général, de sorte que les règles du droit civil romain, sur ce point, forment encore aujourd'hui le fondement de notre Code de commerce.

LA FAILLITE

D'APRÈS LE DROIT ROMAIN.

LIVRE PREMIER.

L'EXÉCUTION CORPORELLE.

CHAPITRE PREMIER.

APERÇU SUR LE DROIT COMMERCIAL À ROME.

Les Romains étant un peuple essentiellement agricole, l'industrie et le commerce étaient peu appréciés chez eux. Dès les premiers temps de la fondation de Rome, cette ville qui devait être plus tard la maîtresse de l'univers, le commerce était interdit aux citoyens et n'était permis qu'aux esclaves[1]. Sous Romulus et Servius, tous les métiers, le trafic et le colportage étaient déclarés honteux ; on ne laissait aux citoyens que l'agriculture et les armes. Plus tard, quand les nécessités sociales l'emportèrent sur les préjugés, quand la force des choses contraignit une classe entière de la société à fabriquer un certain nombre d'objets dont le peuple ne pouvait se passer, le commerce prit tout à coup, malgré les préjugés, un grand développement, et s'accrut « à mesure que la population croissait et que les

---

[1] Dionys. Halicar. lib. II, § 28.

besoins grandissaient[1]. » Ainsi, paraît-il, les commerçants se groupèrent, sous Numa, en corporations qui s'accrurent peu à peu en nombre et en importance[2]; ce qui n'empêchait pas l'agriculture d'être considérée, encore longtemps après, jusqu'au règne de Constantin, comme la seule profession honorable et digne d'un citoyen romain[3].

Elle ne devait perdre cette noble prérogative qu'à l'époque où les terres du Latium, fières, suivant la poétique expression de Pline, d'être cultivées par des mains victorieuses et labourées par un soc couronné de lauriers, furent abandonnées au travail mercenaire d'hommes flétris et d'esclaves courbés sous le fouet[4]. Les conquêtes devaient amener ce changement, en introduisant la richesse et le goût du luxe, qui s'accrurent d'une manière très-rapide et inspirèrent à Salluste un tableau effrayant[5]. L'austérité du caractère romain, particulièrement remarquable chez les patriciens, se refuse assez longtemps encore, néanmoins, à estimer les fortunes acquises par un trafic; mais tout changea lorsque les patriciens eux-mêmes s'adonnèrent à l'industrie, qui leur promettait d'immenses fortunes. Du temps de Cicéron, le préjugé public contre le commerce était encore dans toute sa force.

« Les douaniers, les usuriers (dit-il dans son Traité des offices[6]) sont l'objet de la haine publique qui flétrit les

---

[1] J. M. Pardessus, *Collection des lois maritimes antérieures au xviiie siècle*, t. 1, p. 58; Paris, 1828.

[2] Plutarque, *Vita Numæ*, § 28. Plin. *Hist. nat.* lib. XXXIV, cap. i. Tit. Liv. lib. II, cap. ii.

[3] Cato, *De re rustica*.

[4] Plin. *Histor. natur.* lib. XVIII. cap. iv.

[5] *Bellum Catil.*

[6] *De officiis*, 1. 42.

gains illicites. On regarde comme bas et sordide le métier des mercenaires, et généralement de tous ceux dont on paye le travail ou le talent, car le salaire seul est pour eux un contrat de servitude. On juge de même ceux qui achètent des marchandises en gros pour les revendre en détail, car ils ne font de bénéfices qu'à force de mentir, et rien de plus honteux que le mensonge. Tous les ouvriers exercent une profession vile et sordide; il ne peut sortir rien de noble d'une boutique ou d'un atelier. Enfin on ne peut avoir trop de mépris pour ces métiers, pourvoyeurs de nos débauches, comme dit Térence, tels que les pêcheurs, les bouchers, les marchands de poisson, les cuisiniers et les pâtissiers. Ajoutez-y, s'il vous plaît, les parfumeurs, les danseurs et les banquiers de jeux de hasard. Quant aux arts, qui exigent plus de connaissances, ou dont l'utilité est plus grande, tels que la médecine, l'architecture, l'enseignement public ou privé des sciences, ils ne peuvent être honorables que pour ceux à qui leur fortune permet de s'y livrer. Le petit commerce est regardé comme une profession vile; le commerce en grand n'est pas absolument blâmable (*non est admodum vituperanda*), surtout si, mettant des bornes à son goût pour les bénéfices, le négociant consacre à la terre et convertit en biens-fonds des capitaux acquis sans déloyauté. »

Le même auteur ajoute encore que le commerce était interdit aux sénateurs et aux gouverneurs de provinces. La transgression de cette défense était placée parmi les *délits graves* (*in magnis criminibus*). Constantin même, en visant dans une ordonnance les lois antérieures, confond les femmes qui tiennent boutique de marchandises avec les esclaves, les cabaretières, les femmes de théâtre, les filles de l'homme qui tient une maison de prostitution ou de celui qui a été condamné aux arènes[1].

Ainsi, d'un côté, les lois mirent un obstacle presque insurmontable au développement du commerce et de l'industrie, et, de l'autre, le poids de l'impôt et des contributions sur les marchandises en ralentissait la circulation, premier besoin d'un pays industriel. Tous les produits importés pour le trafic, et non pas pour la consommation personnelle, étaient assujettis à la douane (*portorium*). Un passage assez remarquable de Pline caractérise la perception de ces droits : « Les marchands, dit-il, en parlant de l'importation de l'encens, tout le long de leur route, tantôt pour l'eau et le fourrage, tantôt pour le logement et pour les différents péages, acquittent une dépense qui s'élève à 688 *denarii* (680 francs) par charge de chameau, lorsqu'ils entrent dans nos ports, et là ils payent encore un nouveau droit aux publicains de notre gouvernement[2].

La Malle ajoute à ce passage les mots suivants : « C'était sans doute l'énormité de ces droits, jointe aux frais de transport, qui centuplait à Rome, lors de la vente, le prix d'achat des marchandises de l'Inde. »

Les entraves mises au développement du commerce par les lois romaines s'expliqueraient difficilement par les principes de l'économie politique moderne. Il faut en chercher ailleurs l'explication. N'oublions pas que la bravoure et l'austérité étaient, pour les Romains, les seuls moyens d'ob-

---

[1] Dureau de la Malle, *Économie politique des Romains,* t. II. p. 367 et 368 ; Paris. 1840. — [2] *Loc. cit.* t. II, p. 452.

tenir l'empire du monde. Le mépris de la mort, l'éloignement de tout ce qui pouvait favoriser la mollesse ou la faiblesse, étaient l'âme de leur législation. Quelle barbarie et pourtant quelle grandeur ne trouve-t-on pas dans ces paroles de Scipion II : « Le même peuple ne doit pas être le roi et le facteur de l'univers [1] ! »

Les Romains ne voulaient pas de la richesse, afin de ne pas subir les conséquences du bien-être. Armes et charrue, voilà le pivot de leur société. Le droit commercial était incompatible avec ce caractère, et là où les transactions commerciales se produisirent, en dépit des obstacles, on appliqua la loi civile. Ainsi, les principes généraux du contrat de vente s'appliquaient aussi aux achats et ventes faits dans un esprit de spéculation. Les règles qui se réfèrent aux rapports du créancier et du débiteur trouvaient également leur application, quand il s'agissait de dettes commerciales.

C'est ainsi qu'en examinant les questions du droit civil romain nous touchons en même temps aux règles du droit commercial. M. Renouard en a fait la juste observation [2] : « Toutes les législations modernes sur les faillites, malgré les différences introduites dans les divers droits nationaux, ont pour commune origine cette procédure romaine qui s'appliquait aux débiteurs non commerçants comme aux commerçants. »

[1] Cicer. *De republica.* — [2] *Traité des faillites et banqueroutes*, vol. I, p. 19.

CHAPITRE II.

CONDITION DU DÉBITEUR INSOLVABLE.

Quoique la distinction qu'il faut faire entre un débiteur ordinaire et un commerçant insolvable ne fût pas connue des Romains, ils avaient néanmoins pratiqué de très-bonne heure un système assez complet de garantie pour les créanciers. Ce que cette législation offre de plus singulier, c'est qu'elle ne reconnaît pas au créancier le droit de se dédommager sur la fortune qui peut plus tard survenir au débiteur. Aux premiers jours de la république, la loi romaine n'accordait au créancier qu'un droit sur la personne même du débiteur; mais ce droit était si rigoureux, que la personnalité civile disparaissait dès la cessation de payements. Servius Tullius paraît avoir cherché à limiter les droits du créancier et à les restreindre aux biens du débiteur; mais cette législation fut abandonnée sous les derniers Tarquins. Plus tard, à l'époque où l'influence de la Grèce se fait sentir sur la vie du peuple romain, nous voyons plus clair dans la situation, grâce aux documents qui sont arrivés jusqu'à nous, et nous constatons l'existence d'un code assez complet, dont l'interprétation exerce encore à présent la sagacité de nos *professeurs*. La condition du débiteur se précise déjà dans la loi des Douze Tables.

L'objet de ce travail étant l'examen de la condition du débiteur en état de déconfiture, je me bornerai à analyser les fragments des Douze Tables relatifs à cette matière.

§ UNIQUE.

CONDITION DU DÉBITEUR D'APRÈS LES DOUZE TABLES.

La troisième table, d'après les fragments qu'on en connaît, est ainsi conçue :

« Æris confessi rebusque iure iudicatis triginta dies iusti sunto. Post deinde manus injectio esto : in ius ducito. Ni iudicatum facit aut quis endo em iure vindicit, secum ducito, vincito aut nervo aut compedibus, quindecim pondo ne majore, aut, si volet, minore vincito. Si volet, suo vivito, ni suo vivit, qui em vinctum habebit libras farris endo dies dato. Si volet, plus dato. (Erat autem ius interea paciscendi, ac, nisi pacti forent, habebantur in vinculis dies sexaginta. Inter eos dies, trinis nundinis continuis, ad prætorem, in Comitium producebantur, quantæque pecuniæ iudicati essent prædicabatur. Tertiis autem nundinis, capite pœnas dabant, aut trans Tiberim peregre venum ibant. Sed eam capitis pœnam sanciendæ, sicut dixi, fidei gratia horrificam atrocitatis ostentu novisque terroribus metuendam reddiderunt : nam, si plures forent quibus reus esset iudicatus, secare, si vellent, atque partiri corpus addicti sibi hominis permiserunt. Et quidem verba ipsa legis dicam, ne existimes invidiam me istam forte formidare.) Tertiis, inquit, nundinis, partis secanto. Si plus minusve secuerunt, se fraude esto [1]. »

Ce fragment a été traduit en français, par MM. Ortolan et Nisard, de la manière suivante :

« Pour le payement d'une dette d'argent avouée ou d'une

---

[1] Aulu-Gelle, p. 744, dans la *Collection des auteurs latins*, publiée sous la direction de M. Nisard, Paris, 1842.

condamnation juridique, que le débiteur ait un délai légal de trente jours; passé lequel qu'il ait contre lui *manus iniectio;* qu'il soit amené devant le magistrat. Alors, à moins qu'il ne paye, ou que quelqu'un ne se présente pour lui comme *vindex,* que le créancier l'emmène chez lui; qu'il l'enchaîne, ou avec des courroies ou par des fers aux pieds, pesant au plus quinze livres, ou moins si l'on veut. Qu'il soit libre de vivre à ses propres dépens, sinon que le créancier qui le tient enchaîné lui fournisse chaque jour une livre de farine, ou plus s'il le veut bien[1].

«On avait le droit de s'accommoder encore; si on ne le faisait pas, on était soixante jours dans les liens. Dans cet intervalle de temps, il y avait trois jours de marché, pendant lesquels on était conduit chaque jour au *Comitium,* devant le préteur, qui rappelait le montant de la somme due. Le troisième jour, on était décapité, ou bien on était vendu, et l'on partait pour l'étranger, loin du Tibre. Or cette peine de mort, dont le but était de mettre la bonne foi hors d'atteinte, était entourée de tout ce qui pouvait la rendre formidable. Si le débiteur était adjugé à plusieurs créanciers, la loi permettait de le couper, s'ils le voulaient, et de se le partager. Tu pourrais croire que je recule devant les termes de la loi, je les cite[2]:

«Après le troisième jour de marché, qu'ils se le partagent par morceaux; s'ils en coupent des parts plus ou moins grandes, qu'il n'y ait pas de mal[3].»

---

[1] *Explication historique des instituts de l'empereur Justinien,* par M. Ortolan, 7ᵉ édition, p. 105 et 106; Paris, 1863.

[2] Nisard, *Collection des auteurs latins, loc. cit.* p. 744.

[3] Ortolan, *loc. cit.* p. 106.

En analysant avec soin chaque alinéa de cette table, on verra que ces fragments suffisent pour caractériser complétement la condition du débiteur à l'égard du créancier et pour préciser les droits de ce dernier.

La troisième table commence, comme on l'a déjà vu, par les mots suivants :

« *Æris* confessi rebusque iure iudicatis triginta dies iusti sunto. » Ce qui est traduit ainsi très-clairement par M. Ortolan : « Pour payement d'une dette d'argent avouée ou d'une condamnation juridique, que le débiteur ait un délai légal de trente jours. »

Cette loi de la troisième table est puisée dans les *Nuits attiques* d'Aulu-Gelle, livre XX, chapitre 1er, et livre XV, chapitre XIII. Dans ces deux chapitres, on trouve une fois le mot *iure* cité devant le mot *iudicatis*, tandis que l'autre fois il est omis, ce qui donne lieu à une controverse.

Plusieurs commentateurs, tels qu'Alexandro et Marcilius, opinent pour l'omission du mot *iure* devant *iudicatis*. Mais Godefroy, en se basant sur le livre XV, chapitre XIII, d'Aulu-Gelle, remarque avec raison que des différences analogues entre deux versions se trouvent assez souvent dans des passages des Douze Tables, et que, par conséquent, on n'a pas le droit de mettre en doute, pour cette seule cause, l'authenticité du fragment le plus complet et le plus explicite de la loi. Si l'on examine, en outre, la deuxième version tirée du livre XV, chapitre XIII, où le mot *iure* manque, mais où les mots ultérieurs à *æris confessi* ne font que corroborer cette locution, on arrive à se convaincre que la seule intention d'Aulu-Gelle était de donner dans ce chapitre une plus grande netteté à la notion de *æris con-*

fessi. Voici, en effet, les propres expressions dont il se sert :

« Confessi autem æris, de quo facta confessio est, in XII Tabulis scriptum est his verbis : « Æris confessi rebusque « iudicatis triginta dies iusti sunto [1]. »

Aulu-Gelle veut donc préciser ici la notion exprimée par *æris confessi,* ce qui explique l'omission du mot *iure.* Mais, en somme, le texte de la première version, rapportée au premier chapitre du livre XX : « Æris confessi rebusque iure iudicatis triginta dies iusti sunto, » est le seul exact et le seul conforme à l'esprit général des Douze Tables. Dirksen, un des auteurs les plus remarquables qui aient écrit sur cette matière, émet le même avis. Dans son savant ouvrage [2], nous trouvons les indications données par les divers auteurs pour compléter le fragment de cette table; nous ne nous y arrêterons pas, pour ne pas nous écarter de l'objet particulier de notre travail. Il importe beaucoup plus de rechercher le sens exact des mots que nous en connaissons.

[1] Aulu-Gelle, liv. XV, chap. XIII.

[2] H. L. Dirksen, *Uebersicht der bisherigen Versuche zur Kritik und Herstellung der 12 Tafelfragmente.* Leipzig, 1824, p. 234, 240. —Voir aussi Bouchaud, *Commentaire sur la loi des XII Tables,* 2ᵉ édit. Paris, 1803, t. I. p. 439-462.

CHAPITRE III.

DISTINCTION ENTRE UNE DETTE RÉSULTANT D'UN PRET D'ARGENT ET TOUTE AUTRE DETTE.

§ 1er.

DISTINCTION DE CES DEUX SORTES DE DETTES PAR LA LOI DES DOUZE TABLES.

Le fragment de la loi que nous étudions soulève une question qui, encore aujourd'hui, est très-controversée. Distinguer entre une dette d'argent avouée et toute autre dette également avouée nous semble singulier; aussi aurons-nous de la peine à résoudre le problème avec nos idées modernes. La distinction admise par la loi des Douze Tables ne peut s'expliquer que par les mœurs du peuple romain. Savigny a eu le mérite de démontrer le premier, jusqu'à l'évidence, l'existence de cette distinction chez les Romains; personne jusqu'ici n'a opposé à sa démonstration un seul argument sérieux. Aulu-Gelle, l'auteur des *Nuits attiques*, où nous avons puisé le fragment reproduit plus haut de la troisième table, le fait suivre du commentaire suivant d'un jurisconsulte nommé Sextus Cæcilius : « Hanc autem fidem majores nostri non modo in officiorum vicibus, sed in negotiorum quoque contractibus sanxerunt. Maxime-que in *pecuniæ mutuaticiæ* usu atque commercio. Adimi enim putaverunt subsidium hoc inopiæ temporariæ, quo communis omnium vita indiget, si perfidia debitorum sine gravi pœna cluderet. Confessi igitur æris ac debiti iudicatis triginta dies sunt dati[1], etc.....»

L'appréciation de nos auteurs sur cette distinction se résume en cette observation : « Nos ancêtres voulurent établir la bonne foi, non-seulement dans la réciprocité des devoirs, mais encore dans les relations commerciales et surtout dans les prêts d'argent. » Cette considération fait que Sextus Cæcilius, dans son entretien avec Favorinus, osa défendre l'application de la loi barbare des Douze Tables au débiteur insolvable pour une dette d'argent.

M. Giraud dit de son côté : « Chez aucun peuple, en effet, la foi de la parole ne fut plus respectée que chez les Romains[2]. »

La préoccupation dominante de cette loi est donc de faire pénétrer le plus possible dans l'esprit de tout citoyen le sentiment de la bonne foi, surtout quand il s'agit d'une dette d'argent.

Au surplus, si la loi des Douze Tables n'établissait pas suffisamment la distinction entre les dettes, les arguments tirés du texte de la *Lex Galliæ cisalpinæ* ne feraient que la confirmer (chap. XXI et XXII), ainsi que ceux tirés de la *Tabula Heracliensis.*

Ces lois, bien que de beaucoup postérieures au temps des Douze Tables, corroborent également cette distinction, dont elles démontrent l'ancienneté par les conséquences qu'elles tirent de tout le système.

---

[1] Nisard sur Aulu-Gelle, *loc. cit.* p 743.

[2] *Des nexi, ou de la condition des débiteurs chez les Romains,* par M. Ch. Giraud. Extrait du tome V des *Mémoires de l'Académie des sciences morales et politiques.* Paris, 1847.

Il faut donc reconnaître avec Savigny que, en étudiant avec soin ces dernières lois, on peut arriver à dissiper les nuages qui obscurcissent la situation exposée par la loi des Douze Tables. Savigny, en effet, a complétement élucidé cette question; il ne nous reste qu'à profiter de ses heureuses investigations[1].

§ 2.

DISTINCTION ENTRE DEUX SORTES DE DETTES FAITES
PAR LA *LEX GALLIÆ CISALPINÆ*.

Les deux chapitres relatifs à cette question sont les chapitres xxi et xxii de cette loi. Ils traitent spécialement des actions dans les municipes de la Gaule. Nous y voyons que, d'après cette loi, la juridiction du magistrat ne s'étendait pas au delà de 15,000 sesterces. Les dispositions de ces deux chapitres peuvent se résumer ainsi : chapitre xxi, actions pour prêt d'argent; chapitre xxii, toutes autres actions.

§ 3.

LEX GALLIÆ CISALPINÆ. — Chapitre xxi.

Le texte de cette loi, reproduit dans son ensemble par Blondeau (voir 1er Appendice), peut se présenter sous l'aspect indiqué par Savigny[2] et admis par M. Giraud[3].

Si, pour un prêt de 15,000 sesterces, argent comptant,

---

[1] Friedrich Carl von Savigny, *Vermischte Schriften*, vol. II, p. 396; article : *Das altrömische Schuldrecht*, Berlin, 1850.

[2] Savigny, *loc. cit.* p. 430.

[3] Giraud, *Des nexi, ou de la condition des débiteurs chez les Romains*, p. 136.

une action a été intentée contre le débiteur, qui a avoué sa dette devant le magistrat, ou bien a refusé de s'expliquer, ou bien ne veut pas contracter le *sponsum* et engager le procès, alors on doit agir comme si le débiteur avait été condamné légalement à payer sa dette. Cette condamnation consistera donc dans l'adjudication du débiteur au créancier et dans la faculté de le faire prisonnier.

Ce qui nous frappe tout d'abord dans la première partie de ce chapitre, c'est la permission de la contrainte par corps pour un intérêt secondaire, alors que la condamnation, chose principale, n'existe qu'en vertu d'une fiction. Supposons un jugement prononcé par le magistrat au sujet d'une dette et le débiteur condamné : pourra-t-on lui appliquer la contrainte par corps? L'affirmative ne nous semble pas douteuse. Pourtant Savigny, dans son traité sur le *Schuldrecht*, et M. Giraud, dans son étude sur les *Nexi*, émettent un avis contraire.

D'après ces jurisconsultes, la contrainte n'était pas la conséquence nécessaire de tout jugement rendu à l'égard d'un prêt d'argent; elle devait résulter d'une disposition spéciale du *legitimum iudicium*. Il fallait donc pour cela que le procès eût été instruit à Rome et jugé par un *iudex*, inscrit dans la liste des magistrats romains[1]. Cette idée ressort du reste très-clairement de ces termes de la loi des Douze Tables : « rebusque iure iudicatis. » Ce que dit également notre loi, d'après laquelle tout doit se faire comme si le débiteur « ex iudiciis datis iudicareve recte iussis iure lege damnatus esset, fuisset. »

---

[1] Gaius, IV, § 103 et 104; Savigny, *loc. cit.* p. 432; Giraud, *loc. cit.* p. 137.

Ainsi, selon ces auteurs, la contrainte personnelle ne pouvait être prononcée par les magistrats que dans les cas suivants :

1° Lorsque le débiteur était condamné à Rome dans un *legitimum iudicium;*

2° Lorsque le débiteur avait avoué sa dette devant le magistrat, ou bien refusé de s'expliquer, ou bien décliné le débat.

Mais le magistrat n'était pas autorisé à prononcer la contrainte personnelle contre un débiteur condamné par un juge désigné par lui.

Les contradictions qui se trouvent dans ces assertions, nos jurisconsultes croient les faire disparaître à l'aide des observations que voici : Si, dans les deux cas donnés, le magistrat pouvait prononcer la contrainte personnelle contre le débiteur, cela s'expliquerait assez aisément. Dans ces cas, c'est-à-dire dans le cas de désaveu et de désobéissance au magistrat, la contrainte pourrait s'appliquer sans inconvénient, car alors le débiteur s'est en quelque sorte jugé lui-même. Au contraire, lorsque le débiteur persiste à nier sa dette et n'est condamné qu'à la suite d'une preuve faite contre lui, l'affaire est plus compliquée et dépend uniquement de la probité du juge.

Une garantie de la probité du magistrat existait à Rome, grâce à la nomination du juge par le préteur et à son inscription sur la liste des juges. Cette garantie faisait défaut dans les municipes, et c'est pour cela qu'on ne voulait pas attribuer à leurs jugements la grave sanction de la contrainte corporelle. Mais, comme cela pouvait aisément induire en erreur, disent ces mêmes jurisconsultes, en donnant à penser que les magistrats dans les municipes n'avaient pas compétence pour rendre jugement sur les prêts d'argent, la phrase qui suit a pour objet de bien préciser la situation. Elle n'a d'autre sens que celui-ci : « Il n'est pas dérogé par cette loi au droit qu'a le magistrat, lorsque le défenseur comparaît devant lui et nie la dette, de désigner un juge et de faire rendre un jugement. Seulement, ce jugement ne peut être exécuté que sur les biens du débiteur et jamais sur sa personne au moyen de la contrainte[1]. »

Toutefois, le droit du magistrat de faire prononcer un jugement contre le débiteur était restreint par deux exceptions. Il n'existait plus lorsque le débiteur fournissait un *vadimonium* à Rome, ou bien lorsqu'un *vindex* solvable se présentait en son nom. Dans le premier cas, le procès devait se poursuivre à Rome; dans le second, il était dirigé contre le *vindex*, et non pas contre le débiteur[2].

Cette opinion, exposée avec beaucoup de finesse, pèche néanmoins par trop de subtilité. Savigny lui-même a modifié son opinion sur ce point dans un ouvrage postérieur; non qu'il abandonne la distinction entre une dette d'argent et une autre dette, mais en ce sens qu'il ne croit plus à une distinction dans la procédure, selon qu'il s'agit d'une dette d'argent ou de toute autre dette.

Il y a assurément une certaine dose de vérité dans l'opinion de M. Giraud, qui reste seul à la soutenir depuis que Savigny l'a abandonnée; mais il me paraît inadmissible qu'un magistrat n'eût pas la faculté ni le droit de prononcer

---

[1] Giraud, *loc. cit.* p. 139; Savigny, *loc. cit.* p. 435. — [2] Giraud, *loc. cit.* p. 140.

la contrainte personnelle contre un débiteur condamné par le juge. Mais, objectera-t-on, la loi ne prévoit pas le cas de la condamnation, puisque la contrainte corporelle est spécialement réservée pour le cas d'aveu et de refus de se défendre ou d'engager le procès. Cette objection ne nous semble pas sérieuse : le silence de la loi n'autorise pas à distinguer et à refuser l'application de la contrainte corporelle à un jugement de condamnation. N'oublions pas, d'ailleurs, que la condamnation et ses suites ne font pas l'objet du fragment conservé de la loi *Galliæ cisalpinæ*. Quant à moi, j'estime que l'application de la contrainte en vertu d'un jugement devait être le cas le plus fréquent, et qu'il était sans doute traité dans les premiers chapitres de cette loi, dont le texte a été perdu.

On objectera peut-être aussi (et c'est ce que fait M. Giraud) que les mots : « Si is, qui ita confessus erit, aut de ea re non responderit, aut se sponsione iudicioque uti oportebit, non defenderit, eius pecuniæ ei, qui eam suo nomine petierit, cuive eam dare oportebit, *ex iudiciis datis, iudicareve recte iussis iure lege damnatus esset, fuisset,* » se rapportent certainement à un *legitimum iudicium* rendu à Rome; mais l'exception, créée pour le cas de refus de se défendre et d'engager le procès, pouvait très-bien s'étendre aux jugements rendus dans les municipes. Ce qui prouve que cette observation est fondée, c'est que les provinces romaines étaient dans la même situation que les municipes de la Gaule : là non plus un *legitimum iudicium* n'était pas possible, et pourtant personne ne contestera que la contrainte corporelle pouvait être appliquée dans les provinces à la suite d'un jugement.

Pour échapper à cet argument, M. Giraud soumet le chapitre xx de Cicéron, *Pro Flacco*, à une interprétation forcée que Savigny produisit le premier, tout en la déclarant erronée.

Les deux exceptions qui, d'après Savigny et M. Giraud, restreindraient l'autorité du magistrat municipal pour faire prononcer un jugement, ont besoin d'une explication plus détaillée.

Le magistrat municipal a le droit de prononcer jugement dès que le défendeur refuse de fournir un *vadimonium* à Rome, ou de présenter un *vindex* solvable. On s'est demandé si cette disposition tient compte de l'importance de la somme mentionnée en tête du chapitre xxi de la loi *Galliæ cisalpinæ*, c'est-à-dire 15,000 sesterces, ou si elle s'applique indifféremment à une somme plus forte. S'il faut tenir compte ici du maximum de 15,000 sesterces, cela prouverait que le magistrat, le *duumvir*, pouvait faire valoir la procédure ordinaire, mais en même temps son autorité serait restreinte, puisque tout défendeur qui fournissait un *vadimonium* à Rome pouvait forcer le demandeur à faire juger son procès à Rome, et, par conséquent, se soustraire à l'autorité du magistrat.

Cette situation nous semble contraire à toute vraisemblance, et nous sommes plus disposé à admettre que, en cas de refus de s'expliquer et d'engager le procès, il n'y a pas à regarder si l'objet du litige est supérieur à 15,000 sesterces. Il est hors de doute, comme l'observe à bon droit Savigny, que dans les chapitres perdus de la loi *Galliæ cisalpinæ* devait se trouver consacré le droit pour le duumvir d'ordonner un *iudicium*, tant pour les dettes inférieures que pour les dettes supérieures à 15,000 sesterces; mais, pour ces dernières, il devait exiger par un décret un *vadimonium* à Rome. Mais, si le défendeur n'obéit pas à ce décret et s'il ne fournit pas un *vadimonium* à Rome?..... que décider? Voilà justement le cas prévu par la disposition ci-dessus mentionnée. Il est possible que ce cas ait été prévu et traité dans un fragment égaré de la loi; mais, comme il est analogue à celui où le débiteur refuse une *sponsio* pour des sommes minimes, cette disposition lui est également applicable. Ainsi, la conséquence du refus de la part du débiteur de fournir un *vadimonium* pour des sommes supérieures à 15,000 sesterces sera d'attribuer au duumvir le pouvoir d'ordonner un *iudicium* relativement à ces sommes importantes. Cette conséquence est d'ailleurs on ne peut plus naturelle, puisque le débiteur avait la faculté de se soustraire à cette juridiction, et que, s'il la subissait, ce n'était que de son plein gré.

§ 4.

LEX GALLIÆ CISALPINÆ. — CHAPITRE XXII.

Le sens de la première partie de ce chapitre peut, d'après Savigny, se formuler dans les termes suivants[1] : « Si dans toute autre action intentée devant le magistrat municipal (excepté celle du chapitre précédent), qu'elle soit réelle ou personnelle, se produit une de ces trois circonstances : aveu, refus d'explication ou refus d'engager le procès, tout doit se régler comme si l'on était devant le magistrat romain. »

La loi n'est pas, en effet, assez explicite à cet égard. Mais, si l'on considère que le cas présent est tout le con-

---

[1] Voir Appendice II.

traire du précédent et qu'il diffère du cas suivant, on ne peut douter que la loi voulait dire : « Dans tous ces cas, la contrainte corporelle ne pouvait avoir lieu ; l'exécution ne peut porter que sur le patrimoine du débiteur. » Ainsi donc, *possessio, proscriptio, venditio bonorum, pignoris capio in causa iudicati*. Il est, en outre, évident que la dernière disposition du chapitre précédent est ici sous-entendue. Le magistrat est donc compétent, dans toutes les autres actions, pour ordonner un *iudicium* et faire rendre une sentence.

Ce dernier cas n'est traité qu'en passant, quoiqu'il soit le plus important et le plus fréquent de tous. Il y a deux raisons à cela : 1° dans ce dernier cas, d'abord, le droit du magistrat investi de la juridiction se présumait, tandis que, pour les autres cas, spécialement énumérés, l'aveu, le refus de s'expliquer, etc. etc., il pouvait y avoir des doutes sur l'étendue des pouvoirs du magistrat; 2° l'objet principal de la loi était de préciser et de limiter le droit de prononcer la contrainte personnelle, le droit le plus important et le plus redoutable du magistrat, c'est pourquoi le reste n'est traité qu'en passant.

Ce que la loi veut donc ici, c'est appliquer à ces cas, spécialement indiqués, les effets de la contrainte corporelle, tandis que, dans celui où un débiteur est condamné par un juge municipal, elle refuse d'accorder cette sanction redoutable; la garantie de probité qui existait pour le juge romain n'existant pas pour le juge municipal.

En d'autres termes, si le demandeur croit plus avantageux de former l'instance contre son débiteur à Rome, soit parce qu'il y aurait son domicile, soit pour toute autre raison, le préteur doit se mettre à sa disposition tout comme si l'on était dans le cas de refus d'engager le procès ou de fournir des explications.

Cette proposition, modifiée, comme on l'a vu, par Savigny, forme la base de notre travail.

Dans les cas que la loi spécifie et que nous venons d'examiner, il est toujours présumé que l'exécution a lieu dans les municipes. La loi prévoit ensuite l'hypothèse où l'exécution ne se poursuit pas dans le municipe, mais à Rome. Voici à peu près comment elle dispose : Si l'un des cas ci-dessus indiqués se présente à Rome, le préteur romain, ou celui qui a la plénitude de la juridiction à Rome, doit procéder comme si le fait s'était produit devant son propre tribunal, c'est-à-dire par *iurisdictio*, décret, contrainte, *possessio, proscriptio* et *venditio bonorum*. En d'autres termes, le préteur doit accorder la contrainte corporelle quand il s'agit d'une dette résultant d'un prêt d'argent, et l'exécution sur les biens dans les autres cas [1].

Cette partie de la loi étant la plus complexe, il faut, avant tout, bien préciser les termes de cette disposition.

« Prætor, isve qui de ea re Romæ iuri dicundo præerit, in eum et in heredem eius d. e. r. (selon quelques jurisconsultes, entre autres Blondeau, ces lettres signifient *de ea re*; d'après Savigny et M. Giraud, *de eis rebus*) omnibus ita ius dicito, decernito, eosque duci bona eorum possideri proscribive venireque iubeto, ac si is hæresve eius d. e. r. in iure apud eum prætorem, eumve qui Romæ iuri dicundo (poterit) præesse, confessus esset, aut d. e. r. nihil respondisset, neque se iudicio, uti oportuisset, defendisset. »

---

[1] Giraud, *loc. cit.* p. 145. Savigny, *loc. cit.* p. 437 et 438.

Nous avons déjà fait observer que les commentateurs de cette loi ont complété ainsi les initiales *d. e. r.*, *de ea re*, ce qui faisait traduire la phrase comme suit : « Le préteur doit, dans ce dernier cas (*de ea re*), rendre justice à tous (les demandeurs) contre lui (le débiteur), de la même façon que si...etc....» Savigny et avec lui M. Giraud diffèrent de tous les autres jurisconsultes dans la manière de lire cette loi. Ils pensent que les initiales *d. e. r.* signifient *de eis rebus*, et non pas *de ea re*. Ils appuient leur opinion sur le raisonnement que voici : Si l'on adopte les mots *de ea re*, le mot *omnibus* qui suit les initiales *d. e. r.* n'aura dans ce cas qu'une valeur insignifiante et presque superflue. En outre, les mots qui suivent *omnibus, eosque duci bona eorum possideri proscribive*, démontrent assez clairement que le débiteur et ses héritiers sont seuls en cause ; une autre personne, un nouveau sujet ne sauraient être introduits dans la disposition à la faveur du mot *omnibus*. Sans cela, il faudrait admettre que les demandeurs eux-mêmes pouvaient être arrêtés. Il faut donc interpréter les initiales *d. e. r.* par *de eis rebus*, ce qui donne à la phrase le sens suivant : « dans tous les cas ci-dessus spécifiés ; » c'est-à-dire autant quand l'action a pour objet un prêt d'argent que lorsqu'elle a pour objet toute autre espèce de dette. Au contraire, si l'on met *de ea re*, la phrase ne se rapporte qu'au cas précédent, qui exclut l'action relative à un prêt d'argent et dispose en vue de toutes les autres dettes ; ce qui renverserait l'opinion défendue jusqu'ici, à savoir que la contrainte corporelle est de droit, quand il s'agit d'une dette résultant d'un prêt d'argent.

Encore une fois, s'il faut lire ainsi : *de eis rebus*, la phrase atteint tous les cas, y compris celui du prêt d'argent, et alors la contrainte personnelle s'applique à ce dernier cas, tandis que l'exécution sur les biens est seule permise dans les autres. Cette interprétation est non-seulement conforme à notre opinion, mais elle résulte de l'esprit des dispositions précédentes de la loi [1].

La dernière phrase est encore ambiguë dans une de ses parties : « Dum ne quis de ea re (*ou* eis rebus), nisi prætor, isve qui Romæ iuri dicundo præerit, eorum cuius bona possideri, proscribi, venire dicique eum jubeat. »

Cette clause a, en effet, un double sens; elle peut signifier, ou qu'aucune autre autorité que celle du préteur ne pouvait ordonner cette exécution, ou bien qu'une telle exécution ne pouvait être pratiquée que devant le préteur à Rome; auquel cas, toute autre autorité, telle que celle du magistrat municipal, par exemple, ne pouvait la prescrire en même temps. D'où il faut conclure que le demandeur devait se contenter d'une seule exécution, et ne pas exercer simultanément les poursuites dans des lieux différents. Cette manière de voir est aussi la plus juste, car on ne comprendrait pas à quelle autre autorité de Rome on aurait pu défendre de s'immiscer dans cette exécution. Il n'y a pas moyen de soutenir que cette clause signifie que toute exécution serait refusée au magistrat municipal, quand il ne s'agirait pas d'un prêt d'argent, et réservée exclusivement au préteur.

« Une telle disposition (dit avec raison M. Giraud) serait, surtout pour les dettes modiques, si dénuée d'un but rai-

---

[1] Savigny. *loc. cit.* p. 438, 439 et 440.

sonnable que cela suffit pour nier son existence en toute
sécurité [1]. »

§ 5.

DISTINCTION ENTRE LES DETTES D'ARGENT ET LES AUTRES
FAITES PAR LA *TABULA HERACLEENSIS*.

Cette table, dans une de ses dispositions (voir l'Appendice III) confirme encore cette ligne de démarcation entre
les dettes. Il s'agit ici de l'entretien des rues dans les villes.
Le magistrat désigne aux propriétaires la place qu'ils sont
obligés d'entretenir. S'ils mettent du retard à s'exécuter, on
fait faire les travaux à leur compte avec un excédant de
50 p. o/o, et l'entrepreneur des travaux a une action contre
le retardataire : « Inque eam rem is quocunque de ea re
aditum erit iudicem iudiciumque ita dato, uti de pecunia
credita (iudicem) iudiciumque dari oportebit. »

Nous ne pouvons entrer dans une explication détaillée de
cette table, ce sujet étant étranger à notre travail. Il suffit
de renvoyer aux ouvrages spéciaux sur la matière [2]. Ce qui
nous intéresse, dans la partie citée de ce fragment, c'est
de voir confirmée une procédure plus rigoureuse pour les
dettes d'argent que pour les autres; ce qui prouve que la
distinction établie par Savigny entre ces deux classes de
dettes n'est pas dépourvue d'une base sérieuse.

La *Tabula Heracleensis* est une loi particulière qu'on dé-

---

[1] Giraud, *loc. cit.* p. 142. Savigny, *loc. cit.* p. 441.

[2] Dirksen, *Civilistische Abhand-
lung*, vol. II, Zweite Abhandlung,
Bemerkungen über die erste Hälfte der
Tafel von Heraclea, pag. 235-265.
Berlin, 1820. *Civilistisches Magazin*,
de Hugo. *Römischer Volksschluss ver-
mischten Inhalts über die Polizei in
Rom und die Municipalverfassung.*

signe par le mot *Satura;* c'est-à-dire, selon Festus, « lex multis aliis legibus comperta, » un amalgame de dispositions diverses. Le fragment qui nous occupe spécialement ici est relatif à la police des villes. Chaque propriétaire est tenu d'entretenir la portion de rue que l'édile lui désigne; s'il ne se conforme pas à ces prescriptions, le magistrat charge un tiers de l'exécution des travaux d'entretien. Ce tiers exécute les travaux pour le compte du propriétaire; il a le droit de se faire payer par lui, et son droit a pour sanction la contrainte corporelle. Cette grave disposition s'explique assez facilement. Dans ces adjudications à un tiers, l'État, quoique adjudicateur, n'intervenait pas comme garant du propriétaire. Si celui pour lequel on avait fait les réparations d'entretien était insolvable, c'était le tiers qui subissait la perte, et l'État n'y entrait pour rien. Qu'on ne dise pas que l'État contractait une certaine obligation morale à l'égard du tiers avec lequel il traitait et qui n'avait de recours, pour son payement, que contre un débiteur insolvable. Cette objection est spécieuse, mais ne résiste pas à un examen sérieux. Le *redemptor,* avant de se charger de l'exécution des travaux, avait un délai suffisant pour se renseigner sur la moralité et la solvabilité du propriétaire pour lequel il devait entretenir la rue. En outre, le débiteur du *redemptor* était un propriétaire, un possesseur d'immeuble, et, par suite, sur son refus de payer par mauvaise volonté ou autrement, il pouvait être poursuivi, comme le débiteur d'une dette d'argent, et être soumis à la contrainte corporelle. C'est aussi pour cela qu'on accorde au propriétaire un délai de trente jours; ce qui nous ramène aux *dies iusti* des Douze Tables, où nous trouvons pour la première fois la distinction des dettes. Si le propriétaire est absent, le *redemptor* peut se dédommager grâce à la *missio in bona debitoris*. Mais jamais le *redemptor* ne peut exiger de l'État un dédommagement quelconque. L'État s'est mis hors de cause dans la procédure qu'il a prescrite en cette matière. Le *redemptor* n'a de recours que contre le propriétaire qui est son débiteur, de la même manière que s'il lui avait prêté de l'argent; et on connaît les graves conséquences d'une dette d'argent.

Ces arguments en faveur de l'opinion généralement admise, et que nous venons de défendre, n'ont pu cependant rallier tous les jurisconsultes. Puchta, entre autres, ne veut pas admettre la distinction entre la dette d'une somme d'argent et toute autre dette; il combat énergiquement l'opinion de Savigny. Cette controverse étant une des plus importantes en cette matière, nous n'hésitons pas à entrer à cet égard dans quelques détails, au risque de paraître trop long.

Les objections de Puchta contre l'opinion de Savigny peuvent se résumer ainsi : La loi *Galliæ cisalpinæ*, dans les chapitres xxi et xxii, n'établit pas de distinction entre une dette d'argent et une dette d'une autre nature. Le caractère de cette distinction est tout différent. Tandis que, aux termes du premier de ces chapitres, le magistrat municipal n'a le droit d'accorder l'exécution corporelle que contre le débiteur qui a avoué sa dette, ou contre toute autre personne qui doit être tenue *pro damnato*, le préteur, aux termes du second de ces chapitres, a le pouvoir d'autoriser tous les modes d'exécution et de contrainte, y compris le *duci iubere*. Dans ce système, la contrainte corporelle peut être la conséquence de toute condamnation, au lieu de n'être applicable, comme le dit Savigny, que lorsqu'il s'agit d'une dette d'argent. Son opinion paraît encore plus insoutenable, dit Puchta, si l'on rapproche les deux chapitres, qui contiennent chacun les trois phrases suivantes : Chapitre xxi : 1° le *confessus*, ou celui qui refuse d'engager le procès....., doit être traité comme un *damnatus;* 2° le magistrat municipal peut prononcer contre lui l'exécution corporelle; 3° le préteur est compétent dans les mêmes cas. — Chapitre xxii : 1° le *confessus*, ou celui qui, etc., doit être traité par le préteur comme s'il avait avoué à Rome; 2° le préteur doit procéder contre lui par l'exécution corporelle et réelle, comme si l'aveu ou le refus..... avait eu lieu devant lui.....; 3° le préteur romain seul est compétent pour cette exécution.

« On dira peut-être avec Savigny, continue Puchta, que dans ce système l'exécution, prévue au chapitre xxii, donnera lieu à bien des inconvénients, qu'elle peut entraîner à un long voyage, comme par exemple de Padoue à Rome, pour une très-petite affaire. » Mais cette objection ne lui paraît pas irréfutable, parce qu'on peut se faire représenter à Rome par un mandataire. Il n'est nullement question dans ces chapitres de l'exécution d'une sentence, mais bien de l'exécution de celui qui doit être considéré *pro damnato.*

En tout ceci, dit Puchta[1], il ne faut pas oublier qu'un grand nombre de Romains riches et distingués vivaient

---

[1] G. F. Puchta, *Cursus der Institutionen*, 5ᵉ édition, par Rudorff, vol. II, p. 235, 236; Leipzig, 1857. *Kleine civilistische Schriften*, art. Über den Inhalt der *Lex Rubria de Gallia cisalpina*, p. 538, 541; Leipzig. 1851.

dans les provinces et qu'ils étaient soumis dans la Gaule cisalpine à la magistrature municipale.

Ces observations sont exposées avec beaucoup de clarté dans un autre travail du même auteur : nous croyons devoir en donner ici le résumé. Dans le chapitre XXI, qui traite du *confessus non respondens* ou *indefensus*, le magistrat municipal, quoique sa compétence soit limitée à une somme minime, n'en a pas moins l'autorité d'un magistrat supérieur, et il peut imposer notamment la *sponsio*, à laquelle le demandeur peut toujours recourir. Le *duumvir* a, en outre, le droit d'exécution de *duci iubere*, qui lui est transféré spécialement par cette loi; car tel est le sens de ces mots : *sine fraude sua duci iubeto....., id ei fraudi pœnœve ne esto...., id ius ratumque esto.*

Cette étrange disposition, qui confère au magistrat le droit de contrainte corporelle et lui défend celle de *bona possideri iubere*, Puchta l'explique par l'esprit qu'il croit trouver dans le droit romain.

Ainsi, dans le *damnum infectum*, le magistrat n'a pas non plus le droit d'ordonner la *missio in possessionem.*

On pourra croire, dit encore textuellement Puchta, que la loi a accordé au magistrat le moyen le plus fort, celui qui lèse l'individu, tandis qu'elle lui a retiré celui qui est plus faible, c'est-à-dire le droit de s'en tenir aux biens du débiteur. Cette distinction entre des moyens plus forts ou plus faibles, continue-t-il, pourra être faite par la spéculation théorique, mais, dans la pratique, la chose était exactement contraire, dans le temps où notre loi était faite. L'exécution personnelle était, dans ses conséquences, moins dangereuse pour le débiteur que la *missio*, même en faisant abstraction de la maxime en vertu de laquelle, en cas de doute, on confie à un tiers, avec plus de sûreté, sa personne que sa fortune[1].

La fin du chapitre XXI, soutient Puchta avec raison, se rapporte au procès dont l'objet est une somme supérieure à 15,000 sesterces, et pour laquelle le magistrat est par conséquent incompétent.

Le procès commence par un *vadimonium* imposé aux parties par décret du magistrat municipal. Celles-ci promettent de se présenter à Rome.

Contre le *contumax*, un *iudicium recuperatorium* a lieu.

Quant à la question de savoir quel magistrat on doit entendre par ces mots : *qui ibi iuri dicundo præerit*, Puchta la résout ainsi :

« Il ne paraît pas juste qu'on ait en vue le magistrat de Rome, de même qu'on ne peut non plus admettre que le mot *ibi* se rapporte à *Rome*, qui précède. Dans toute la loi, le mot *ibi* se rapporte à *Gallia cisalpina* et aux *oppida*, *municipia*, énumérés au commencement de ce chapitre. Là où il est question de Rome, on répète le mot, et on le dit expressément, comme cela a lieu dans le chapitre suivant. La fin de ce chapitre ne peut donc se rapporter qu'à une disposition antérieure de cette loi, où il était aussi question du *vadimonium*. »

Dans cette même disposition, soutient Puchta, on avait probablement traité le décret rendu par le magistrat municipal pour le *vadimonium*.

Cette *cognitio* dans la procédure du *vadimonium* était faite

___

[1] Puchta, *Kleine civilistische Schriften*, *loc. cit.* p. 539.

en faveur des habitants de la Gaule, afin qu'ils ne fussent pas forcés de faire deux voyages à Rome pour le même procès.

Le magistrat municipal avait donc la même autorité que le préteur; seulement, cette autorité était limitée à la nomination d'un *iudicium recuperatorium* contre le *contumax* du décret.

D'après le même jurisconsulte, le chapitre xxii traite la même question que celle qui est exposée au chapitre précédent, mais pour toutes les actions personnelles et réelles, et non plus pour l'action de *pecunia certa credita*.

Les conséquences sont ici, cependant, tout à fait différentes. Dans les cas de *confessio* et de *contumax*, on doit procéder comme si le procès était intenté à Rome, devant le magistrat romain. Par conséquent, l'exécution est défendue, dans ce cas, au magistrat municipal, et spécialement reservée au préteur; tandis que, dans le cas de *certa pecunia credita*, il a au moins le droit de *duci iubere*[1].

Ces observations, bien que fort importantes, ne nous semblent pas suffisantes pour détruire l'opinion de Savigny, et, en quelque sorte aussi, celle de M. Giraud.

L'opinion de Puchta pèche déjà par son esprit peu pratique. Nous avons vu, en effet, que, dans les cas prévus par le chapitre xxii, il conteste au magistrat tout droit d'exécution, lequel droit serait exclusivement réservé au préteur.

Ainsi, dans le cas où un défendeur est légalement condamné à Padoue pour une obligation d'une valeur inférieure à 15,000 sesterces, le magistrat municipal ne pourra

---

[1] *Kleine civilistische Schriften*, loc. cit. p. 541.

procéder à l'exécution, et le demandeur de Padoue sera forcé de faire le voyage de Rome pour faire exécuter le jugement.

Cette seule assertion de Puchta détruit tout son raisonnement; elle est, en outre, en contradiction avec le témoignage puisé dans nos auteurs.

Javolenus dit :

« Cui iurisdictio data est, ea quoque concessa esse videntur, sine quibus iurisdictio explicari non poterit[1]. »

Et cette énonciation est tout à fait conforme au premier principe du droit.

Comment peut-on soutenir, en effet, que, si quelqu'un a l'autorité de la juridiction, il n'ait pas le droit de faire exécuter la sentence de cette juridiction?.... Mais cela rendrait ce droit complétement illusoire! Nous n'hésitons donc pas à dire que le magistrat municipal avait le droit d'exécution, qui consistait dans la *missio in bona*.

On voit ainsi que la distinction faite entre les deux chapitres de la loi *Gallia cisalpina* ne se rapporte pas à la différence établie par Puchta, mais bien à celle faite par Savigny.

Du reste, Cicéron distingue aussi la dette d'argent de toutes les autres obligations; il dit :

« Trois moyens peuvent fonder une action sur un *certum:* *adnumerata (data) pecunia, expensiliato, stipulatio*[2].

De même Tite-Live, dans plusieurs endroits, reconnaît que la dette d'argent avait pour conséquence une procédure plus sévère. Ainsi :

« Centurionem, nobilem militaribus factis, iudicatum pe-

---

[1] *Lex* 2, *D. De iurisdictione*, II, 1. — [2] Cicer. *Pro Roscio*, § 4, 5.

cuniæ quum duci vidisset, medio Foro cum caterva sua accurrit, et manum iniecit. »

« Edixitque : Qui capitalem fraudem ausi, quique pecuniæ iudicati in vinculis essent, qui eorum apud se milites fierent, eos noxa pecuniaque sese exsolvi jussurum[2]. »

Mais ce qui prouve encore davantage en faveur de la distinction établie, par l'ancien droit romain, entre une dette d'argent et une dette d'une autre nature, pour laquelle la contrainte par corps était interdite, c'est l'exception suivante, assez connue du reste.

Le *fur manifestus* doit être châtié et adjugé à la victime du vol. C'était une peine; et cette punition n'avait aucun rapport avec la procédure contre les débiteurs pauvres, puisqu'elle avait lieu même contre le voleur fortuné : elle était la conséquence immédiate du vol manifeste. C'est aussi le sujet des controverses entre les anciens jurisconsultes sur la question de savoir si tel voleur doit être considéré comme un débiteur adjugé, ou s'il n'est pas plutôt esclave[3]; car cette *addictio* du *fur manifestus* ne peut être prise comme chose extraordinaire, quoiqu'elle pût avoir lieu également pour un autre délit, pour le *furtum nec manifestum*, par exemple, dans un cas d'insolvabilité. Et ce cas sera le plus fréquent, puisque les voleurs seront précisément incapables de satisfaire aux amendes prononcées contre eux et s'élevant au double, au triple et parfois au quadruple de la valeur volée. Il est, par conséquent, fort probable que le changement introduit par le préteur par la substitution de l'amende d'argent à l'*addictio* n'était pas si impor-

---

[1] Tite-Live, VI, 14. — [2] XXIII. 14. — [3] Gaius. *Lex 3*, § 189.

tant ni si décisif que paraissent le croire les anciens jurisconsultes.

Nous pourrions multiplier les témoignages en faveur de
notre opinion; mais nous pensons que ceux que nous venons d'énoncer suffisent pour lui garantir une évidence
certainement irréfutable.

On a pu suffisamment se convaincre par cet exposé que
la dette d'argent avait, même jusqu'au temps les plus
avancés de l'empire romain, une exécution plus sévère que
les autres obligations.

Revenons maintenant en arrière, et voyons quelle était
la procédure employée contre un débiteur insolvable.

§ 6.

ÉLÉMENTS DE LA CONDAMNATION D'UN DÉBITEUR INSOLVABLE.

Le fragment de la troisième table que nous avons déjà
vu est ainsi conçu :

« Æris confessi rebusque iure iudicatis triginta dies iusti
sunto. »

Nous avons démontré que ce fragment veut établir une
distinction entre une dette d'argent et une dette d'un autre
genre.

Il nous reste à traiter de la personne du débiteur.

Le débiteur doit avouer ou être condamné, après une
procédure contradictoire, pour subir les conséquences du
jugement prévu par la loi.

Il s'agit maintenant de savoir ce qu'on entend par un
confessus et par un débiteur légalement condamné.

Le *confessus* est considéré comme un débiteur condamné.

3

L'ancienne règle de droit : *confessus pro iudicato habetur*, veut dire que toute procédure est superflue et que le magistrat peut vider *de plano* le litige. Il ne reste donc autre chose à faire, dans ce cas, que d'aider le demandeur à obtenir ce qui lui est dû, dès que le défendeur refuse de rendre ce qu'il reconnaît devoir.

Il est bien entendu que, si le *confessus* est traité comme un débiteur condamné, il n'est pourtant pas encore *iudicatus*. Entre ces deux cas, il y a en effet une différence. Dans le dernier, le magistrat, après avoir fait la procédure et après avoir vidé le litige par une sentence prononcée au nom de l'État, établit comme un nouveau droit pour les parties. Dans le premier cas, au contraire, le défendeur ne conteste pas le droit du demandeur; il reconnaît la légitimité de sa demande, et, par conséquent, le demandeur conserve toujours son ancien droit.

C'est pour cela aussi que les Romains ont traité ces deux cas différemment suivant les occasions et les temps.

Dans les temps les plus reculés, l'aveu fait devant le préteur, pendant l'instruction, faisait partie de la *legis actio*, qui était probablement encore corroborée par l'*addictio* du préteur. Il était irrévocable pour deux causes [1].

La conséquence de l'aveu fait que, dans la *vindicatio*, le demandeur pouvait immédiatement exercer son droit de propriété, liberté, etc. selon l'objet de la demande, sous la protection de l'*imperium* du préteur.

Plus tard, sous la procédure formulaire de la république, la confession rentre dans les explications données

---

[1] Gaius. II, § 24, et IV, § 108.

par la partie devant le magistrat, et elle devient irrévocable seulement par son introduction dans la formule et par la *litis contestatio*.

L'aveu du défendeur était donc jusqu'alors révocable.

Sous l'empire, le droit du *confessus* subit encore des modifications, appliquées en partie arbitrairement.

La discussion de cette question nous mènerait trop loin; il suffit d'avoir démontré que la *confessio* a été, suivant le temps, différemment appliquée, et, par conséquent, il ne faut pas la confondre avec le *iudicatus*[1].

Le *confessus* est donc le débiteur qui déclare devant le magistrat compétent et devant le demandeur ou son représentant que la demande faite par celui-ci et formant l'objet de l'action est fondée. Ainsi, dans une *in rem actio*, on reconnaît le demandeur comme propriétaire de la chose, ou la possédant par lui-même; dans une *in personam actio*, on reconnaît la demande faite de *dare*, *facere*, *præstare* ou *restituere* par le demandeur. Dans un *actum pœnale*, on reconnaît le délit dont on est accusé et pour lequel on est responsable.

L'*indefensus* était dans une situation semblable à celle du *confessus*. C'était le débiteur qui refusait de se défendre. Ce refus pouvait se présenter dans les cas suivants :

1° Le défendeur comparaît devant la justice (*in iure*) en vertu soit d'une *in ius vocatio*, soit d'un *vadimonium*. Là, il ne conteste pas la compétence du magistrat, mais il refuse toute explication (*non respondere*), ou du moins il refuse son concours pour procéder à l'instruction de l'affaire par la

[1] M. A. de Bethmann Hollweg, *Der Process des gemeinen Rechts in geschichtlicher Entwicklung*, vol. II. p. 539-555, Bonn, 1865.

nomination d'un juge, par la rédaction de la formule ou de toute autre manière. . . . . *se sponsione iudicioque, uti oportet, non defendere*. Dans ce cas, le préteur procède contre lui sans aucune sentence, comme s'il était condamné dans un *legitimum iudicium*.

C'est pour cette raison qu'Ulpien nous dit :

« Non defendere videtur non solum qui fraudationis causa latitat, sed et is qui præsens (*c'est-à-dire* in iure) negat se defendere, aut non vult suscipere actionem [1]. »

2° Le défendeur ne comparaît pas devant le juge compétent devant lequel il doit se défendre. On ne peut l'y contraindre, soit qu'il se tienne caché (*fraudationis causa latitat*), soit qu'il s'absente sans avoir pris soin de se faire représenter par un mandataire, et qu'il ne soit pas non plus représenté par un défenseur spontané (*iudicio non defensus, — qui absens iudicio non defensus fuerit*). Dans tous les cas, le procès est terminé par le préteur, qui, en vertu de son *imperium*, ordonne l'exécution [2].

Le *damnatus* était, par conséquent, le débiteur condamné après avoir subi toute la procédure prescrite. Ainsi, dans la loi ancienne, après avoir été présent à la *in ius vocatio*, après avoir contracté le *sacramentum* par des formules solennelles, après avoir établi la *litis contestatio*, après avoir enfin passé par tous les éléments exigés par la procédure *in iure* ou *in iudicio*, le débiteur était condamné en vertu de la sentence prononcée par le magistrat.

---

[1] *Lex* 52, *D. De reg. iur.* L, 17; *Lex* 21, § 3, *D. Ex quibus causis*, IV, 6; *Lex* 5, § 3, *D. Quibus ex causis in possessionem eatur*, XLII, 4.

[2] *Lex* 2, § 1, *D.* XLII, 4; *Lex* 23, § 4, *D.* IV, 6. Bethmann Hollweg, *loc. cit.* vol. II, p. 557 à 560.

Par cette sentence, le litige est vidé; on ne peut plus le recommencer. Par ce jugement, les parties ont acquis certains droits qui ne peuvent plus être attaqués. Mais si, d'une part, leurs droits sont bien établis, de l'autre, il faut que l'État en surveille l'exécution, et, en vertu de cette obligation de surveillance, il lui incombe une autre tâche, non moins difficile à remplir que celle de juger les différends. Cette exécution ne crée pas, en effet, un droit nouveau; le demandeur poursuit seulement son droit établi par le jugement, auquel le défendeur continue à opposer des obstacles. L'exécution aura donc pour objet de rendre au demandeur le droit que le jugement lui a accordé, sous l'autorité de la juridiction. Il est bien entendu que cette exécution n'aura pas lieu seulement contre le *iudicatus*, mais aussi contre le *confessus*, puisque *confessus pro iudicato habetur*.

Cette exécution va maintenant nous occuper.

Triginta dies iusti sunto, dit la loi des Douze Tables, c'est-à-dire que le créancier, avant de pouvoir demander l'exécution contre le *confessus* ou le *damnatus*, doit encore attendre trente jours. Le débiteur condamné jouit de ce délai pour pouvoir se soustraire aux conséquences de sa condamnation; ce n'est qu'à l'expiration de ce délai que le demandeur peut le poursuivre par tous les moyens légaux.

Avant d'approfondir les dispositions concernant cette matière, il est indispensable d'exposer la situation entière du débiteur insolvable.

Jusqu'à présent, nous n'avons envisagé que le débiteur d'une dette d'argent, la conséquence de cette dette et la procédure à laquelle elle était liée. Il nous reste à traiter des obligations, autres que la dette d'argent, contractées par un débiteur et qu'il ne peut remplir.

Les sources où l'on peut puiser les renseignements sur cette question sont trop peu abondantes pour qu'on puisse établir un système. Mais il est certain que les Romains ont donné de très-bonne heure à ces obligations les mêmes conséquences qu'à une dette d'argent.

Ceci sera l'objet du chapitre suivant.

CHAPITRE IV.

LE *NEXUM* ET LA CONTRAINTE PERSONNELLE.

§ 1er.

NOTION DU *NEXUM*.

La procédure par laquelle on pouvait convertir une obligation quelconque en une dette d'argent, et lui attribuer ainsi les mêmes conséquences, est nommée *nexum*. Pour donner une définition, c'est un acte fait PER ÆS ET LIBRAM, *devant cinq témoins, en prononçant des formules solennelles.*

Cet acte fait *per æs et libram* n'était pas, aux premiers temps de Rome, une simple formalité, un acte symbolique. L'airain et la balance étaient indispensables pour l'accomplissement de l'acte, car l'airain représentait la monnaie, et les balances servaient à peser la somme que l'on devait payer par airain.

Cet acte se trouve ainsi une des premières bases du droit romain. Par son étude, nous ne développons pas seulement une curiosité historique, nous éclaircissons aussi les origines de la propriété et les obligations qui sont la clef de l'ancien droit romain. En effet, nulle part la situation du débiteur n'a exercé une influence plus grande sur le développement intérieur de Rome; nulle part, elle n'était en rapport plus direct avec l'agrandissement de cette ville. Nous y voyons la condition du débiteur figurer, par un lien très-restreint, dans les progrès de l'État. En analysant le *nexum*, nous résolvons donc aussi les énigmes de l'ancien droit romain.

Nous avons dit que l'*æs et libra* n'était pas seulement, dans les temps reculés, un simple symbole, mais encore une partie intégrante de la formation de l'acte; ce qui n'est pas difficile à comprendre.

Au temps des premiers rois, la monnaie frappée paraît avoir été peu connue des Romains, et, quoiqu'ils eussent de très-bonne heure une sorte de monnaie très-simple et très-grossière, faite de cuivre, et sur laquelle était désigné le poids, il est hors de doute que le pesage de ce cuivre était le moyen le plus fréquent pour effectuer les payements. En admettant même que la numération de la monnaie ait été aussi ancienne, chez les Romains, que le pesage, il faut cependant reconnaître, avec Niebuhr, que le pesage des monnaies était le cas le plus fréquent à Rome, tant qu'on n'y connut pas d'autre monnaie que celle de cuivre.

A cette époque, diverses monnaies étaient en circulation, et les balances étaient, par conséquent, nécessaires pour ramener ces monnaies de différentes valeurs et venant de plusieurs villes à l'étalon unique, l'*as* romain; ce qui était facile puisque toutes ces monnaies étaient du même métal[1].

Le pesage dura ainsi tant que la monnaie de cuivre eut seule cours, et non pas, bien entendu, en tant que symbole, mais comme moyen d'établir l'unité de poids. Avec l'introduction de la monnaie d'argent, la balance pouvait

---

[1] Niebuhr, *Römische Geschichte*, vol. I, 3ᵉ édition, p. 516.

certainement disparaître, puisqu'il ne s'agissait plus dès lors de réduire les monnaies à la même unité, au même étalon, mais d'en examiner le bon aloi. Cependant, comme l'habitude est un lien des plus forts de l'humanité, la balance fut conservée, même après l'introduction de la monnaie d'argent (vers 485). Toutefois elle n'était plus un instrument indispensable pour la réalisation du payement; elle devint simplement un symbole, nécessaire à la perfection du payement. La réforme monétaire a transformé la balance d'une nécessité de fait en une nécessité de droit, ou, comme dit Savigny, « de ce temps, la balance, qui antérieurement servait pour un but sérieux, devient maintenant un pur symbole[1]. »

En vertu de ce changement de la balance, on peut définir maintenant le *nexum* comme un prêt d'argent symbolique, fait dans une forme ancienne, inusitée à cette époque. Le *nexum* a donc lieu partout où un prêt d'argent est réalisé. Cette prestation d'argent intervenait surtout dans trois actes juridiques, c'est-à-dire que la balance était nécessaire pour la solennité d'un des trois actes suivants : payement à titre de prix de vente : *nexi datio;* livraison de monnaie pour cause de prêt : *nexi obligatio;* payement fait pour éteindre une dette : *nexi liberatio.* Par conséquent, toute transaction dans laquelle l'*æs* et la *libra* intervenaient était désignée sous le nom générique de *nexum.*

Nous insistons autant sur cette question parce qu'elle était déjà très-controversée chez les anciens jurisconsultes, et qu'elle n'est pas moins agitée aujourd'hui, malgré les

---

[1] Savigny, *Das altrömische Schuldrecht,* loc. cit. p. 409.

ouvrages de certains jurisconsultes modernes très-distingués de l'Allemagne et de la France.

Nexum dérive certainement de *nectere*, ce qui veut dire : obliger, lier [1].

Nectere ligare significat, dit Festus.

Cette définition ne nous paraît pas tout à fait conforme à l'esprit du *nexum*. Le mot *nectere* renferme certainement en lui la notion de *ligare;* mais *ligare* ne renferme pas la notion de *nectere*.

« Le sens de *nectere*, dit avec raison M. Giraud, était celui de lier ; mais il différait de *ligare* en ce qu'il impliquait l'idée d'une dépendance absolue au profit d'un autre [2]. »

En effet, *nectere* indique la suppression complète de la liberté d'action et du mouvement. On pourrait plutôt le traduire par *obligare*, quoique ce mot n'ait pas eu, sous l'empire, un caractère spoliatif, ce qu'on pourrait entendre par *nectere*. Il est opposé à *solvere, liberare* [3].

Varron veut faire dériver *nexum* de *nec suum* [4]; mais c'est là une combinaison étymologique qui ne mérite pas d'être réfutée.

Festus nous a conservé une définition de Gallus Ælius qui correspond à celle de Mamilius : *Quodcunque per æs et libram geritur.*

Cicéron dit de même du *nexum : Quod per libram agitur.* Comme on le voit, les anciens jurisconsultes s'attachent,

[1] Varron, *De lingua latina*, édition de Nisard, Paris 1844, p. 539.

[2] Giraud, *Des nexi*, p. 31.

[3] Huschke, *Ueber das Recht des Nexum und das altrömische Schuld-recht, Leipzig*, 1846, p. 2. Gaius, III, p. 172. Ciceron, *De republica*, II, 34.

[4] *De lingua latina*, VII, 5, éd. Spengel, p. 382.

dans cette définition, seulement au caractère extérieur, qui consiste surtout, d'après eux, dans l'observation d'une certaine forme. En nous rapportant aux mots de cette définition, nous aurions une notion bien vague sur le *nexum*, puisqu'elle nous enseigne que, partout où le pesage de la monnaie était pratiqué, là avait lieu le *nexum*.

Cette notion paraîtra encore plus vraisemblable, si l'on analyse le langage juridique des Romains. Les écrivains romains donnent, en effet, une signification plus précise à l'*æs et libra*. Ils entendent par *æs et libra* la partie pour le tout, là où ils veulent indiquer la *mancipatio*. Ainsi Horace dit :

Si proprium est, quod quis libra mercatus et ære est. . . [1]

De même, du temps des jurisconsultes classiques, la seule forme employée pour un testament était nommée : *testamentum*, « *quod per æs et libram agitur.* » Dans les fragments d'Ulpien nous trouvons également la même notion : *Quod per æs et libram fit, id est per mancipationem imaginariam* [2]. Quelle différence y a-t-il alors entre le *nexum* et la *mancipatio?*

§ 2.

DIFFÉRENCE ENTRE LE NEXUM ET LA MANCIPATIO.

L'incertitude qui existe sur la notion du *nexum* a donné lieu à différentes interprétations. Plusieurs jurisconsultes modernes ont tenté d'introduire une certaine harmonie dans ces diverses définitions.

Puchta[3] définit le *nexum* comme *un acte où l'on émancipe quelque chose.*

[1] *Epist.* II. II, 158.
[2] *Fragm.* xx, 2.
[3] Puchta. *Cursus der Institutio-* nen, 4e éd. Leipzig, 1857, vol. II, p. 643. § 238, nota *p;* vol. III, p. 97, 98. nota *b* et *c.*

Il ne conteste pas que l'*æs et libra* peut être également la forme de certains actes qui ne sont pas une *mancipatio*, mais il ne veut pas admettre la conséquence qu'on peut tirer de cette opinion. Il est certain que chaque *mancipatio* renferme en elle-même l'*æs et libra*, mais ceux-ci ne sont qu'une partie d'une mancipation et sont applicables d'ailleurs à d'autres transactions. Par conséquent, la mancipation sera un acte contracté *per æs et libram;* mais tous les actes *per æs et libram* ne sont pas nécessairement une mancipation.

En effet, en donnant un exemple du *nexum*, Sextus cite la *nexi liberatio*, que Gaius appelle *solutio per æs et libram*. Ce jurisconsulte nous la décrit comme un acte où l'on pèse de la monnaie de cuivre devant cinq témoins et un *libripens*, en prononçant une formule solennelle. Voici ses propres expressions :

« (Est)... etiam alia species imaginariæ solutionis, per æs et libram; quod et ipsum genus certis in causis receptum est, veluti si quid eo nomine debeatur, quod per æs et libram gestum sit, sive quid ex judicati causa debeatur. Adhibentur autem non minus quam quinque testes et libripens; deinde is, qui liberatur, ita oportet loquatur : *Quod ego tibi tot milibus eo nomine velut secundum mancipium sum damnas, solvo liberoque hoc ære æneaque libra hanc tibi libram primam postremamque secundum legem publicam,* deinde asse percutit libram eumque dat ei, a quo liberatur, veluti solvendi causa [1]. »

Dans la mancipation, les monnaies devaient être l'équivalent de l'objet, ce qui n'est pas nécessaire dans le *nexum* [2].

---

[1] Gaius, *Instit.* III, S 173 et 174, d'après l'édition de Huschke.

[2] Adolf de Scheurle, *Vom Nexum,* Erlang. 1839, p. 9.

Car *nexum* signifie toute transaction où l'on pèse de la monnaie de cuivre en présence de cinq témoins et un *libripens*, tous *puberes* et citoyens romains, en prononçant en même temps des formules solennelles, quel que soit d'ailleurs le but de cet acte.

Ainsi, d'après Scheurle, la mancipation est l'espèce, tandis que le *nexum* doit être considéré comme le genre.

Huschke[1] n'admet pas ce système. Il veut trouver dans la mancipation l'acte accompli pour l'acquisition d'une propriété, et dans le *nexum* le lien d'une obligation.

Bachofen[2] croit, au contraire, qu'entre la *mancipatio* et le *nexum* il n'y a aucune différence en ce qui concerne les formes; la seule distinction, d'après lui, avait lieu par la volonté des parties exprimée dans la *nuncupatio*.

Dans la définition d'Ælius Gallus et de Mamilius, ce jurisconsulte veut trouver la règle de droit suivante :

« Sous la dénomination de *nexum*, les juges romains sanctionnaient toutes les transactions dans lesquelles avait lieu une prestation d'argent. »

L'opinion de Walter diffère peu de celle de Scheurle, qui n'a fait que lui donner un plus grand développement. Walter pense aussi que l'emploi de la balance était purement symbolique dans l'acte du *nexum*, tandis que dans la *mancipatio* il était réel. Cette opinion est certainement la plus probable. Car, bien que l'opinion de Huschke soit appuyée directement sur celle de Mucius Scævola, conservée par Varron, elle ne prouve pas que cette distinction

---

[1] Huschke, *Ueber das Recht des Nexum und das altrömische Schuldrecht*, Leipzig, 1846, p. 8.

[2] Bachofen, *Das Nexum, die Nexi und die Lex Petilia*, Bâle, 1846, p. 6 et 7.

ait été établie dès l'origine. Elle peut tout au plus établir la différence qui s'est formée entre le *nexum* et la *mancipatio* à l'époque où la jurisprudence était déjà plus développée.

Que dit, en effet, Mucius Scævola? Voici ses paroles telles que Varron nous les a conservées :

« Nexum Mamilius scribit omne quod per æs et libram geritur, in quo sint mancipia. Mucius, quæ per æs et libram fiant, ut obligentur, præterque mancipio dentur[1]. »

Et Varron continue par cette réflexion étrange, que l'opinion de Mucius est justifiée et appuyée même par l'étymologie du mot *nexum*, qui vient de *nec suum fit.*

Cette interprétation étymologique a révolté la conscience juridique de Hugo, qui la nomme « une déduction détestable[2]. »

Ainsi, d'après le jurisconsulte Mucius, le *mancipium* sera toute transaction dans laquelle un objet devient *suum* d'une partie contractante, et le *nexum* toute affaire qui devient l'objet d'une obligation et non de la propriété.

Si Mucius n'avait en faveur de son opinion que l'appui que lui fournit Varron, on pourrait la rejeter sans hésitation ; mais cette opinion ne pourra être contestée, car, comme nous le verrons bientôt, elle a pour elle des motifs sérieux.

Il est certain qu'antérieurement à la monnaie frappée, à l'époque où le poids de cuivre représentait encore la valeur réelle de la monnaie, toute transaction contractée *per æs et libram* portait le nom de *nexum*. Plus tard, lorsque la monnaie d'argent frappée fut introduite, les transactions subirent une simplification. Le pesage des monnaies représentant la valeur réelle n'était plus nécessaire dans tous les

---

[1] *De lingua latina*, vii, 5. — [2] Hugo, *Rechtsgeschichte*, 2ᵉ édit. p. 282.

actes; la balance même ne fut plus conservée que comme une formalité, afin de donner aux affaires une plus grande authenticité. Les éléments du *nexum* ancien, quoique conservés, n'eurent plus dès lors leur ancienne signification ; l'élément principal, c'est-à-dire celui de l'argent comptant, fut surtout éliminé.

On peut facilement comprendre comment cette modification fut introduite : elle n'était qu'une expression nécessaire des transactions multiples créées par l'introduction de la monnaie d'argent. L'exigence du *nexum* ancien, qui voulait qu'on payât comptant en monnaie, pouvait se comprendre dans un temps où la société était encore à l'état primitif, où les relations étaient peu nombreuses, par suite du peu de besoins des hommes; mais, dès qu'on put taxer chaque valeur par un moyen commun, aussi facile dans la circulation que simple dans l'appréciation, les transactions durent forcément se multiplier. En outre, les nécessités sociales devenant plus grandes, l'exigence de tout payer comptant était nécessairement très-gênante. Cette obligation de payer comptant fut abolie; mais tous les autres éléments et toutes les conséquences du *nexum* ancien furent conservés pour le *nexum* nouveau. En d'autres termes, après l'introduction de la monnaie d'argent, la balance et le cuivre ne représentaient plus les objets indispensables pour effectuer un payement d'argent. Ils figuraient seulement comme symbole, pour lui donner une validité juridique. Et comme ces actes étaient les plus fréquents, c'est pour cela qu'on leur laissa l'ancienne dénomination de *nexum*.

Pourtant il y avait encore des transactions où le payement d'argent comptant était indispensable, et où le pesage du cuivre, bien que fictif, était immédiatement accompagné du payement en monnaie d'argent. Ces sortes de transactions furent nommées *mancipatio*, de *manu capere*, parce que les deux parties pouvaient saisir de leurs mains leurs objets réciproques. Dans ces deux cas, dans le *nexum* comme dans la *mancipatio*, la balance et le cuivre étaient indispensables pour donner aux affaires une validité formelle. Le payement, fictif ou réel, n'était qu'accessoire, et c'est pour cette raison que plusieurs jurisconsultes anciens ont confondu ces deux sortes de formes. Cela ne nous donne cependant pas encore le droit de soutenir que ces jurisconsultes sont en contradiction avec l'opinion de Mucius Scævola.

C'est ce que nous allons démontrer maintenant.

Il est assez connu, et d'ailleurs Justinien nous l'assure, que les lois des Douze Tables ont déjà ordonné qu'aucun objet vendu ne pourra passer dans la propriété de l'acheteur, tant que celui-ci n'a pas payé le prix de la vente ou garanti le payement au vendeur[1]. On voit dès lors que le payement de la somme dans l'acte de *mancipatio* était une des principales causes de transmission dans la propriété; sans ce payement, elle ne pouvait avoir lieu. Le payement réel était donc l'élément de la transmission de la propriété, et conséquemment la définition de Mamilius et de Mucius Scævola est la seule vraie.

Mamilius a raison de soutenir l'identité entre le *nexum* et le *mancipium*, puisque tous les éléments pour constituer l'acte du premier étaient aussi nécessaires pour constituer le second. Le payement, fictif ou réel, n'était que secondaire; la forme extérieure était, en d'autres termes, la même

---

[1] § 41, Inst. *De divisione rerum*, II, 1.

pour le *nexum* que pour la *mancipatio*. Il en était autrement pour l'élément intérieur de cet acte; là, le payement réel ou fictif était la chose principale, car, dans le premier cas, l'acte était nommé *mancipatio*, et, dans l'autre, *nexum*. C'est aussi ce que veut dire Scævola; par conséquent, ce jurisconsulte n'est pas en contradiction avec le jurisconsulte Mamilius. Tous les deux envisageaient les actes du *nexum* et du *mancipium* sous différents points de vue : l'un, Mamilius, au point de vue des éléments extérieurs; l'autre, Scævola, au point de vue du droit qu'ils manifestaient. Nous n'entendons pas dans cette analyse l'époque où la mancipation subissait les exigences d'un crédit développé et de la vivacité de la circulation, et où elle devint aussi tout à fait symbolique. A ce moment, la mancipation ne se distingue plus du *nexum* pour le pesage de la monnaie : tous les deux sont fictifs. Ces deux actes ne différaient alors que par l'intention des formules prononcées par les parties au moment de l'acte du pesage. Nous croyons encore que, par l'usage, tous les actes qui, antérieurement, transmettaient la propriété, furent nommés *mancipium*, bien que l'argent comptant ne les accompagnât pas. Les autres, ceux qui créaient un lien d'obligation, conservèrent leur ancienne dénomination de *nexum*.

Ainsi, aux premiers temps de l'empire romain, la distinction entre le *nexum* et le *mancipium* consista d'abord dans l'usage c'est-à-dire que, dans tous les actes par lesquels une propriété se transmettait seulement en vertu d'un payement d'argent et en vertu de l'acte symbolique qui le précédait. cet usage fut néanmoins conservée sous la désignation de *mancipatio*, quoique le payement d'argent fût aboli. Puis, cette distinction fut encore faite par la *nuncupatio*, c'est-à-dire par l'intention que les parties faisaient connaître en contractant ces actes.

Il est indubitable qu'à cette époque la définition de Scævola était la seule juste : le *nexum* et la *mancipatio* se contractaient *per æs et libram*, devant cinq témoins, en prononçant des formules solennelles. La conséquence rigoureuse de ces deux sortes d'actes s'explique facilement par son élément solennel et public.

Nous avons vu la signification de la balance et du cuivre; il nous reste à expliquer les autres facteurs de ces actes. Par la présence de cinq témoins, l'acte était élevé de la sphère privée à celle du droit public; car ces cinq témoins représentaient probablement le peuple romain dans ses cinq classées, organisés par Servius Tullius. Donc, si l'une des parties contractait l'affaire, non-seulement en qualité de partie privée, mais aussi comme *pars populi*, en présence du peuple, ce qui avait lieu dans le *nexum* et dans la *mancipatio*, elle devait aussi avoir les mêmes droits que l'État contre les citoyens. En vertu de cet acte, le créancier avait la garantie de la religion et du peuple. Le contrevenant devient un coupable; il subissait dès lors toutes les conséquences de la puissance publique contre l'inculpé *ex publicis criminibus*. Dans l'acte de la mancipation, la solennité était encore augmentée par la réquisition de saisir la chose réciproquement par les mains. Et l'on sait que *manus* signifiait, dans le droit romain, le pouvoir du droit civil, la vitalité civile elle-même, appuyée sur la *civitas*, dont la main était l'organe actif.

Le sens de cette formalité solennelle est donc que chaque citoyen, contractant une affaire par l'un de ces deux actes, ne restait pas seulement dans la sphère privée, mais rentrait dans la sphère politique, et obtenait, en vertu de cet acte. la faculté de saisir au moyen de la force civique, *manu injectio*, la personne obligée qui ne remplissait pas son obligation.

Le *nexum*, aussi bien que la *mancipatio*, était en outre accompagné, dans la constitution des actes, de formules solennelles prononcées par les parties; ce qu'on nommait *nuncupatio*. Dans cette partie de l'acte, les contractants exprimaient la pensée qui devait être accompagnée plus tard par les faits : par exemple, le payement effectif de la monnaie et la transmission de la propriété dans la *mancipatio*, et l'engagement d'une obligation dans le *nexum*. Au temps où le payement cesse d'être un acte réel, dans la *mancipatio*, alors la *nuncupatio* devient l'élément principal et caractérise spécialement la nature de l'affaire. C'est ce que disait déjà la loi des Douze Tables : « Cum nexum faciet mancipiumque, uti lingua nuncupassit, ita ius esto. »

L'intention est donc le facteur qui établit la différence entre le *nexum* et la *mancipatio*.

Pour tous les autres facteurs, ces deux actes étaient complétement égaux, puisque tous les deux sont nommés *imaginaria venditio*.

En effet, les formules que les parties employaient pour exprimer leur intention montrent assez clairement cette distinction.

Ainsi, dans la *mancipatio*, la formule usitée était : « Hanc ego rem ex iure Quiritum meam esse aio, eaque mihi empta est hoc ære æneaque libra[1]. »

---

[1] Giraud, *Nexum, loc. cit.* p. 35.

4.

La tendance des parties est, comme on le voit, clairement exprimée : elle exige l'acquisition de la propriété ;
tandis que, dans le *nexum*, la *nuncupatio* démontre la tendance de contracter un lien obligatoire.

La formule du *nexum* ne nous est point parvenue. Cependant, Huschke a essayé de la rétablir dans la *nexi datio* [1],
d'après celle de la *nexi liberatio*.

Il pense qu'elle a dû être ainsi conçue :

« Quod ego tibi mille libras hoc ære æneaque libra nexas
dedi, eas tu mihi post annum jure nexi dare damnas esto [2]. »

Le *iure nexi*, le lien obligatoire, est ici le but direct de
la formule, ce qui n'a pas lieu dans la première formule.

L'opinion que nous venons d'émettre nous paraît résoudre
l a controverse qui existe entre le *nexum* et la *mancipatio*.

Si elle paraissait trop risquée, ou insuffisamment démontrée, il ne faut pas oublier qu'il s'agit ici d'une question
dont l'origine se perd dans les temps les plus reculés. Les
traditions arrivées jusqu'à nous sont pleines de lacunes, et
les suppositions *a priori* peuvent seules nous tirer de ce
chaos. Notre opinion, pensons-nous, écarte toutes les contradictions qu'on croyait trouver dans les anciennes définitions. Ælius Gallus, Mamilius et Scævola ne sont plus des
antagonistes, mais des écrivains qui ont envisagé la question
sous différents points de vue.

Résumons ce que nous venons d'exposer sur ce sujet.

---

[1] *Nexi datio* est pris ici dans le
sens le plus restreint du *nexum*, dans
le sens du *nexum æs*. Ainsi Festus
dit : «Nexum æs apud antiquos di-
cebatur pecunia quæ per nexum obligatur.» (Voir Bethmann Hollweg,
loc. cit. vol. I, p. 158.)

[2] Huschke, *Ueber das Recht des
Nexum*, p. 56.

La dette d'argent avait une conséquence très-rigoureuse ; les autres obligations n'avaient pas cette conséquence, mais on pouvait la leur attribuer, en les contractant, par la forme du *nexum*. Cet acte était le seul dans l'antiquité : la *mancipatio* ne se distinguait en rien du *nexum*. Il avait lieu par l'*æs et libra*, devant cinq témoins romains *puberes* et un *libripens*, en prononçant des formules solennelles. La balance et le cuivre n'étaient pas de purs symboles, ils étaient des facteurs nécessaires pour effectuer un payement. Le cuivre représentait la monnaie réelle, consistant encore alors en des pièces très-grossières de ce métal. Plus tard, lorsque la monnaie frappée fut introduite, la balance servait néanmoins pour réduire au même poids les monnaies de différents étalons qui circulaient alors dans les diverses parties du pays.

Avec l'introduction de la monnaie d'argent, la balance et le cuivre deviennent de simples symboles nécessaires pour la validité des actes. En d'autres termes, l'argent comptant n'est plus indispensable pour la formation de l'acte ; mais, comme ces actes étaient les plus fréquents, comme on y conservait aussi tous les éléments de l'ancien *nexum*, on laissa également l'ancienne dénomination à ces transactions, bien que l'argent comptant ne fût plus nécessaire. Cependant, dans certains actes, on exigeait encore que le payement fût fait comptant : c'étaient les actes faits pour acquérir la propriété, car la propriété ne pouvait être transmise si elle n'avait été payée comptant.

Ainsi, le *nexum* était l'acte symbolique *per æs et libram*, dans lequel le pesage du cuivre était fictif, n'étant pas accompagné d'un payement réel ; un acte, par conséquent, au moyen duquel on ne pouvait transmettre la propriété, mais seulement contracter un lien obligatoire. Dans la *mancipatio*, au contraire, l'acte était accompagné d'un payement réel, et cette procédure fut seulement conservée pour la transmission de la propriété. Plus tard encore, le crédit se développant et le payement réel de la *mancipatio* devenant aussi très-gênant, et par cela même pour ainsi dire fictif, la différence entre la *mancipatio* et le *nexum* ne consista plus que dans l'intention que les contractants faisaient connaître par la *nuncupatio*. Ainsi, si dans la *nuncupatio* on manifeste l'intention de contracter un lien obligatoire, cet acte est nommé *nexum*; si, au contraire, on veut faire transmettre une propriété, cet acte est nommé *mancipatio*. C'est ce que veut dire Mucius Scævola.

Nous avons indiqué sommairement les diverses opinions des jurisconsultes allemands. L'objet de ce travail ne permet pas de donner ici un traité complet sur cette matière, si intéressante qu'elle soit. Mais il y aurait certainement une lacune, si nous passions sous silence les avis des jurisconsultes modernes les plus distingués.

Unterholzner[1] soutient que l'emploi de l'*æs et libra* n'avait lieu que pour fonder une obligation de dette d'argent. La *nuncupatio* qui accompagnait cet acte avait pour but de déclarer solennellement l'obligation à laquelle le débiteur se soumettait. Ainsi, d'après Unterholzner, l'*æs* et la *libra* pouvaient servir aux obligations dans les cas suivants :

1° Pour le pesage de l'argent. Dans cet acte, la *nuncupatio* servait à garantir le payement de la dette. Le pesage

---

[1] Unterholzner, *Lehre des römischen Rechts von den Schuld-Verhält-nissen.* Leipzig, 1840, II, p. 29-31.

de la monnaie pouvait, par conséquent, être réel ou fictif, puisque cela n'altérait en rien l'acte. D'après cette opinion, l'obligation contractée *per æs et libram* était donc toujours unilatérale, et l'acte lui-même ne pouvait servir que pour contracter un emprunt.

2° L'*æs* et la *libra*, soutient encore Unterholzner, pouvaient également être employés pour une obligation, pour une *mancipatio*, soit que le *mancipatio accipiens* s'en chargeât, soit que le *mancipatio dans* en fût chargé. Ce jurisconsulte se déclare personnellement contre l'avis qu'une *mancipatio* doit toujours être comprise dans le *per æs et libram se obligare*. Il croit que dans le *nexum æs*, l'*æs* doit être considéré comme le principal objet de l'acte contracté *per æs et libram;* tandis que, dans l'acte où l'homme s'offre comme *nexus*, c'est l'homme qui doit être considéré comme le principal objet.

Sell[1] a une opinion qui, au premier abord, pourrait paraître assez juste. La base principale de cette opinion est fondée sur la définition de Varron. En faisant quelques corrections étymologiques au texte, en changeant *neque* en *nec quod*, il est arrivé à la lecture suivante :

« Nam idem quod obligatur per libram nec quod suum fit, inde nexum dictum. »

Cette lecture lui fournit les conjectures suivantes :

Un *nexum* ne peut exister sans *mancipium*, ni un *mancipium* sans *nexum;* ce qui ne veut pas cependant dire que les deux actes soient identiques; car, si l'on produit une obligation principalement *per æs et libram*, l'acte se nomme *nexum;* tandis que, si l'on veut désigner une transmission du *dominium ex iure Quiritum*, on nomme l'acte *mancipatio*.

[1] C. Sell, *De jure Romano, nexo et mancipio*, Brunswieg. 1840.

Sell se déclare contre l'opinion de ceux qui admettent l'identité entre le *nexum æs* et le *mutuum nexu constitutum*, car les *res quæ pondere, numero vel mensura constant* sont des *res nec mancipi* et ne peuvent être transmis *nexu*. L'objet du *mutuum* ne pouvait être transmis *nexu*, mais il pouvait représenter le prix des objets transmis *nexu*.

Ainsi, un *mutuum nexu constitutum* ne pouvait avoir lieu sans une *mancipatio*, et devait toujours consister en *pecunia certa*.

Nous pourrions encore citer les travaux de Christiansen et de Heusde, mais nous craignons d'avoir été déjà trop long sur cette matière. Nous ne voulons pourtant point abandonner ce sujet avant d'avoir exposé les opinions des jurisconsultes français. Le travail le plus remarquable sur la matière est, incontestablement, celui de M. Giraud[1]. Ce savant l'a, en effet, traitée avec une profondeur et un esprit particulier. Il a su unir à la science sévère le charme et la grâce du style français.

M. Giraud analyse le *nexum* dans toutes ses phases et dans tout son développement. Il démontre d'abord l'origine de la balance et du cuivre, qui, plus tard, sont devenus une solennité essentielle pour la perfection de tous les payements, bien qu'ils fussent «une solennité accessoire.» La recherche de l'origine du mot *nexum* est très-clairement faite. L'auteur expose fort habilement la distinction entre les mots *nectere* et *obligare* et les causes pour lesquelles intervient le *nexum*. La *mancipatio* ou la *nexi datio* pouvaient avoir pour motif, d'après cet auteur, ou une vente effective, ou une modification de conditions personnelles, ou une disposition testamentaire. La *nexi obligatio* peut avoir pour

[1] *Des nexi, loc. cit.*

cause ou un véritable prêt ou toute autre négociation. La *nexi liberatio* donnait l'efficacité civile, soit à un payement effectif, soit à un payement simulé. L'auteur arrive ainsi, au moyen de l'application générale de la forme solennelle à la définition du *nexum* indiquée par Festus, Varron et Cicéron. Il reconnaît que cette définition s'attache au caractère extérieur. Le *nexum*, d'après les jurisconsultes anciens, n'exprime qu'un fait, car il ne consiste proprement que dans l'observation de certaines formes, dans l'emploi du cuivre et de la balance; mais le *nexum* tenait, à vrai dire, sa vitalité juridique du caractère politique et religieux dont il était revêtu, et, plus tard, de l'intention civile qui présidait à son accomplissement matériel. M. Giraud explique ensuite le caractère religieux de l'acte dans lequel la *nuncupatio* déterminait le but final.

Ainsi, d'après cet auteur, le *nexum* se composait de deux choses : la forme publique et le pesage de l'argent (l'*æs et libra*). « La prestation, jointe au caractère public, voilà ce qui donnait à l'acte son essence juridique. » Plus tard, lorsque la balance devint une simple formalité, la *nuncupatio* exprima seule le caractère de l'affaire. Selon ce jurisconsulte, l'office de la *nuncupatio* était donc de déterminer la nature spéciale de l'application du *nexum* dans les divers cas. Depuis cette époque, M. Giraud admet la subdivision du *nexum* donnée par Mucius Scævola : il suit à peu près l'opinion de Savigny et de Scheurle, en considérant aussi le *nexum* comme le genre et la *mancipatio* comme l'espèce.

« Mais ce rapport de subordination, dit le jurisconsulte, se change, d'après la définition de Scævola, en un rapport de coordination. *Mancipium* désigne alors la transmission de propriété effectuée *per æs et libram*, et *nexum* l'obligation créée *per æs et libram*. »

M. Giraud réfute l'opinion de Scheurle « que le *nexum* était le mot générique, qui comprenait déjà le *mancipium*, ajouté seulement par redondance. » Ce savant veut trouver dans le *nexum* et le *mancipium* le rapport juridique d'obligation à propriété, de *vindicatio* à *condictio*.

« Le *mancipium*, ce sont ses propres expressions, en soi n'était pas un *nexum*, mais il ne pouvait exister sans *nexum*. »

Nous ne pouvons continuer la réfutation de ce travail aussi savant qu'ingénieux, de crainte de nous trop écarter de l'objet que nous nous proposons de traiter, mais nous croyons devoir exposer les arguments principaux sur lesquels M. Giraud base son opinion.

L'avis que nous nous sommes permis d'émettre diffère, on le voit, sur bien des points de celui de M. Giraud.

Nous devons déclarer cependant que nous nous sommes borné à suivre la voie indiquée par le jurisconsulte français, que lui-même n'a pas suivie avec toute la logique qu'on était en droit d'attendre d'un esprit si éclairé.

M. Giraud dit expressément que le « *mancipium* en soi n'était pas un *nexum*, mais il ne pouvait exister sans *nexum*[1]. »

Nous avouons ne pouvoir comprendre cette phrase. M. Giraud entend-il par *nexum* l'emploi de la balance et du cuivre? Alors la *mancipatio* ne diffère plus en rien du *nexum*, et la définition de Scævola n'a pas sa raison d'être. L'auteur tombe ainsi dans l'erreur de Puchta, qui confond complétement le *nexum* avec la *mancipatio*, ce que M. Gi-

---

[1] *Des nexi*, *loc. cit.* p. 47.

raud combat énergiquement. Voudrait-il entendre par *mancipatio* et *nexum* la partie et le tout, en faisant ainsi une division arbitraire dans le *nexum*, et en donnant à la fois au *nexum* un sens trop large en y comprenant tous les actes où l'on emploie l'*æs et libra*, et un sens trop restreint en accordant ce nom seulement aux actes, aux transactions qui portent le caractère d'un lien obligatoire? Le *nexum* serait donc, d'après ce jurisconsulte, le tout, et la *mancipatio* la partie. Il faut reconnaître, en ce cas, que cette expression est bien malheureuse, et manque même de justesse et de vérité. D'ailleurs, cette combinaison devient impossible par l'opinion dont l'auteur la fait suivre immédiatement : « En soi, dit-il, il est certain que *nexum* et *mancipium* étaient dans le rapport juridique d'obligation à propriété. »

Ceci montre assez clairement que M. Giraud fait bien une distinction entre *nexum* et *mancipium*, en n'attribuant pas au premier la notion de la totalité. Selon ce jurisconsulte lui-même, l'un représente le lien obligatoire, l'autre la transmission de la propriété, conformément à la définition de Scævola. Il dit que ces deux actes exprimaient les deux grands domaines du commerce des choses. Il est indubitable qu'il y a une certaine connexité entre ces deux branches du droit; mais M. Giraud n'est-il pas allé trop loin en disant que le *mancipium* ne pouvait exister sans *nexum?* N'a-t-il pas commis une inconséquence en émettant cette opinion, après avoir admis que dans le *mancipium* le payement était réel et qu'il n'était que fictif dans le *nexum?* M. Giraud n'avait qu'à suivre directement la route qu'il s'était tracée, et la vérité ne pouvait lui échapper.

Mais c'est justement parce que le payement était réel dans l'acte du *mancipium* que la propriété était transmise, et parce que la propriété était transmise que le payement était réel. L'un était la conséquence naturelle de l'autre. Il en était de même avec le *nexum :* là, le payement était fictif, la propriété ne pouvait par conséquent être transmise, et cet acte ne pouvait avoir pour objet qu'un lien obligatoire. Plus tard, lorsque les exigences d'un crédit développé et les nécessités sociales rendirent trop gênant le payement réel dans le *mancipium* et le transformèrent en payement fictif, la *nuncupatio* exprima l'intention des parties. Ainsi, celles-ci veulent-elles contracter un lien obligatoire, alors l'acte est nommé *nexum;* veulent-elles transmettre une propriété, il est nommé *mancipium.*

Les différences qu'on a voulu trouver dans les définitions de Mamilius et de Scævola ne sont qu'apparentes. L'un décrit l'acte du *nexum* et du *mancipium* dans ses formes extérieures, l'autre l'expose dans son caractère intérieur, dans ses conséquences juridiques. Le résultat de nos conjectures est, on le voit, le même que celui de M. Giraud, mais les voies par lesquelles nous arrivons à ce résultat sont très-différentes. Nous ne pouvons admettre que le *mancipium* ait jamais été dans un rapport de subordination avec le *nexum;* nous pensons, au contraire, qu'il a toujours été dans un rapport de coordination. Dans quel état de choses, en effet, M. Giraud peut-il trouver l'existence de cette subordination? Une semblable décision nous paraît complétement arbitraire et contraire à toute combinaison logique.

Un autre jurisconsulte français, Jules Tambour, paraît admettre l'opinion de Sell, qui soutient l'identité entre le *nexum* et le *mancipium*, en disant qu'aucun *mancipium* ne peut exister sans *nexum*, ni un *nexum* sans *mancipium*. Tambour dit, en effet : « Le nom de *nexi* vient de *nexum*, forme antique du contrat chez les Romains, dont l'application paraît avoir été générale et s'être étendue également aux translations de propriétés et aux obligations [1]. »

Notre exposé a déjà réfuté cette opinion.

§ 3.

CONSÉQUENCES DE L'ACTE FAIT PAR LA FORME DU *NEXUM*.

La publicité qui accompagnait l'acte du *nexum* augmentait le droit du créancier à l'égard de son débiteur. Le créancier se mettait, pour ainsi dire, sous la tutelle de l'État, et invoquait tout le peuple comme témoin de l'acte qu'il contractait. Ainsi que nous l'avons dit, cette formalité devait produire en faveur du créancier des droits égaux à ceux qu'avait l'État contre les citoyens. Le débiteur, en se soumettant à la forme du *nexum*, se plaçait dans une condition qui pouvait lui être plus tard très-défavorable, puisqu'elle pouvait même atteindre son existence individuelle, ainsi que nous le verrons bientôt.

Quelle était maintenant la condition du débiteur ayant contracté une dette par l'acte du *nexum?* C'est là une question non moins controversée que la précédente.

Puchta soutient que le *nexus* se mancipait lui-même : que le débiteur donnait sa personne au créancier, comme un gage personnel, comme *pignoris nexus* [2]. Cette opinion,

---

[1] Jules Tambour, *Des voies d'exécution sur les biens du débiteur,* Paris. 1852, t. I, p. 7.

[2] Puchta, *Cursus der Institutionen,* vol. III, 4ᵉ éd. Leipzig, 1857, p. 81.

déjà émise par Salmasius et par Gronovius, paraît être justifiée par deux considérations :

1° Dans les sources où nous avons puisé, l'expression
res nexæ signifie quelquefois *choses hypothéquées*. Mais cette
expression était employée dans un temps très-reculé, où
nectere avait plutôt une signification générale et indétermi-
née, comme celle d'*obligare*. L'institution des *nexi* était déjà
abolie depuis plusieurs siècles; elle n'appartenait plus qu'à
l'histoire, et, par conséquent, on ne peut soutenir que l'institution des *nexi* forme l'objet dont s'occupent nos auteurs.

2° On a voulu trouver une analogie entre le *nexum*
et la *fiducia*. Dans la *fiducia* on emploie l'*æs et libra* pour
engager les choses, et dans le *nexum* pour engager la personne. Quoique vraisemblable, cette analogie ne peut supporter une analyse sérieuse. Le *mancipium* pour les hommes
libres est certainement une vieille institution, mais il
n'avait lieu qu'au cas d'une mancipation d'un fils par le
père, d'une femme par le mari[2]; mais jamais on ne trouve
trace de la *mancipatio* d'un homme libre par lui-même.

Puchta pourtant l'admet, et soutient encore que la mancipation avait un caractère conditionnel et éventuel, car
elle ne devient efficace que lorsque la dette ne peut être
payée au terme échu. Une semblable opinion est purement
arbitraire, car chaque mancipation, limitée par une condition de terme, était nulle.

Sell suit à peu près les mêmes errements avec de légères
modifications. Le débiteur, dit-il, n'engage pas sa propre

[1] Gaius, lib. III, §117, 118, 118ᵃ
et 141. Ulpianus, *Fragm.* tit. II.
55.

[2] *Fragmenta iuris Romani vati-
cana*, § 329. *Lex* 77, D. *De reg. iur.*
L. 17.

personne, mais ses *operæ*, et encore pas toutes ses *operæ*, mais bien ses *operæ futuræ*. La base principale de son opinion est une interprétation très-forcée de la phrase de Varron : « Liber qui suas operas in servitutem pro pecunia, quam (quædam) debebat (debet, dat), dum solveret, nexus vocatur, ut ob ære obæratus [1]. » Le débiteur, soutient-il, n'engageait pas son corps, mais il vendait ses *operæ* au créancier. Le débiteur lui doit toutes ses *operæ*, depuis le moment de l'échéance de la dette qu'il n'a pas liquidée jusqu'au parfait payement. Le débiteur engagé par le *nexum* passe, pour ainsi dire, par deux situations bien distinctes. Tant qu'il est dans le *nexum initium*, c'est-à-dire dans la période qui commence à la conclusion de la mancipation pour finir à l'échéance de la dette, le débiteur est complétement libre.

Mais, dès que le terme de l'échéance est passé, le *nexum se dare* suit immédiatement; car le créancier pourrait le retenir enchaîné dans sa maison, où, avec sa permission, le débiteur avait le droit de se faire remplacer par un autre, accepté par le magistrat et adressé par ce dernier au créancier. Le droit du créancier sur le débiteur ne consistait pourtant en autre chose qu'en la faculté de le retenir jusqu'au moment où il avait payé la somme due, ou du moins l'aurait liquidée par son travail. Il suit de là que le débiteur ne subissait aucune *diminutio capitis* [2].

Sell réfute ensuite l'objection qu'on pourrait lui faire sur la mancipation des *operæ illiberales*, car celles-ci n'étaient

---

[1] La lecture de cette phrase est très-controversée. O. Müller, dans le *Römisches Museum*, vol. V, p. 158, donne la correction de cette phrase. M. Giraud, *Des nexi*, p. 56, donne aussi les différents essais de la lecture de cette phrase.

[2] Sell, *loc. cit.* p. 41-49.

pas des *res mancipi*. Le *nexi*, dit-il, n'était pas de *iure*, mais *facto servi*, car un homme libre pouvait aussi *servire*. L'expression *servitus* pouvait, par conséquent, s'employer aussi pour *operæ servi*. Il cite à l'appui de son opinion la *Loi* 4, § 4, *D. De statu lib.* XL, 7. L'homme qui vendait ses *operæ per æs et libram* se mettait dans une semblable *servitus*, et c'est pour cela aussi qu'il était nommé *servus;* et il paraît, dit ensuite Sell, que l'homme libre qui vendait ses *operæ* se gérait comme un esclave, et, par conséquent, comme une *res mancipi*.

La réfutation de cette opinion, faite avec un grand succès par Bachofen, est adoptée par M. Giraud. L'idée que le débiteur engage ses *operæ futuræ inde a die solutionis haud servato, usque ad veram solutionem*, lui fournit l'occasion de bâtir son système. Le *dies*, soutient-il, était admis tacitement, et, par conséquent, la règle générale posée par Papinien, qu'aucune mancipation n'est admissible à terme ou à condition, est contre-balancée par l'exception que le même jurisconsulte a faite. *Nonnunquam tamen actus suprascripti tacite recipiunt, quæ aperte comprehensa vitium afferunt*[1].

« C'est à l'abri de cette *exceptio*, comme le dit très-bien M. Giraud, que Sell place également la mancipation conditionnelle des *operæ*. De cette manière il fait glisser sa théorie entre les nombreux écueils qui semblent à tout moment près de la faire échouer[2]. »

Mais ce qui est encore plus insoutenable dans l'opinion de Sell, c'est de chercher dans le prêt des *operæ* le prix de la vente de la personne, en admettant même qu'on n'eût

---

[1] *Lex* 77, *D. De reg. jur.* L, 17. — [2] Giraud, *Des nexi, loc. cit.* p. 54.

pas, aux temps reculés de l'histoire de Rome, une ligne de démarcation bien tranchée entre la vente et le louage; car, d'après ce jurisconsulte, le *mutuum* deviendrait impossible sans une aliénation des *operæ* dans les cas où le *mutuum* pur et simple ou le *nexum* n'a pas lieu. Il est cependant assez connu que les *operæ* ne doivent pas être nécessairement unies au *mutuum;* qu'elles sont plutôt une chose accidentelle et résultant d'une convention expresse; qu'à aucune époque la vente ne fut la base d'un *mutuum*, et qu'enfin le *mutuum*, s'il ne renferme pas l'application seule du *nexum*, en renferme du moins la principale.

La phrase de Varron : *Liber qui suas operas in servitutem. . . . . quam debet, dat, dum solveret. . . . . ut ob ære obæratus*, n'offre pas du tout le résultat que Sell veut y trouver. Le sens grammatical des mots de cette phrase, combiné avec ce qui précède, montre assez clairement que Varron ne veut que définir et rapporter une troisième espèce ou application du *nexum*, qui se rattache d'une manière spéciale aux deux catégories fixées par Scævola.

«Il n'a pas voulu, continue M. Giraud, compléter par un exemple la démonstration de son application; il a seulement annexé à son explication, et sans y attacher l'importance d'une conclusion, l'indication d'un cas particulier qui imprime une nouvelle face à la question. Les *textes de Varron* n'indiquent qu'un second objet possible de la *nuncupatio* dans le *mutuum*. Il est ici évidemment question d'une *satisdatio* d'un genre particulier pour garantir plus fortement au créancier l'obligation fondée sur le *nexum* [1]. »

______

[1] Giraud, *Des nexi*, p. 54, 63. Bachofen, *Nexum*, *loc. cit.* p. 21, 27, 64, 68.

Operas suas ne peut signifier la mancipation de soi-même, ni une dation en esclavage du débiteur au créancier, car cette aliénation de la liberté personnelle serait nulle. Du reste, toutes ces combinaisons ne sont fondées que sur de simples suppositions sans aucun appui sur les bases du droit romain.

Zimmern [1] croit que le *nexus* était celui qui se mancipait lui-même, qui se plaçait dans le *mancipium* du créancier, et subissait, par conséquent, la *capitis diminutio*. Et cet effet n'a pas seulement lieu pour lui-même, mais encore pour sa famille et sa fortune. Avant l'échéance, le débiteur était *nexus* ou *nexu vinctus*, puis *nexu solutus*. Seulement, la possession n'accompagnait pas immédiatement le droit du créancier. Le *nexus*, c'est-à-dire le débiteur qui a vendu sa personne, conserve, jusqu'à l'échéance de sa dette et jusqu'au moment où le créancier pourra exercer son droit, la possession de son ancien état, et est comme libre. Cependant, le *nexus* ayant manqué une fois à son honneur et à ses engagements, l'effet produit par le *nexum* ne pourra jamais s'effacer, et le débiteur qui s'est racheté par le payement sera toujours considéré comme *quasi libertus*.

Bonjean partage aussi cette opinion [2]. Il admet également que, de même que le débiteur pouvait manciper sa chose au créancier, avec *fiducia*, c'est-à-dire avec faculté de la retirer en payant à l'échéance, il pouvait aussi manciper au créancier sa personne, sa famille et ses biens. Le débiteur et

---

[1] *Geschichte des römischen Privatrechts bis auf Justinian*, vol. III, Heidelberg, 1829, p. 114.

[2] *Traité des actions, ou exposition historique de l'organisation judiciaire et de la procédure civile chez les Romains*, Paris, 1841, vol. I, p. 405 et 406.

sa famille tombaient alors dans le *mancipium* du créancier
(Val. Max. VI, 1, 9). « Par conséquent, continue Bonjean,
le *nexus* subit une diminution de tête; il est *capite minutus*
avant d'être *addictus*. Le *nexus*, bien qu'esclave de droit,
jouit, jusqu'à l'échéance, de la liberté de fait; il entraîne
avec lui sa famille et ses biens. Le *nexus*, pour être libéré,
a besoin d'une *manumissio*, et, étant libéré, il reste *quasi
libertus* du créancier qui l'a affranchi. »

Ce qui résulte incontestablement de la phrase de Varron,
c'est qu'en cas d'insolvabilité le débiteur engage son travail. La situation de sa personne se trouvait changée de
fait, mais non pas de droit.

M. Giraud, en adoptant le système de Savigny, convient
aussi qu'un tiers libre, qui a contracté une affaire par le
nexum, peut s'exposer à l'addiction, c'est-à-dire à la servitude, et, lorsqu'il est tombé dans la servitude, il y reste
jusqu'au complet payement de sa dette. Pendant ce temps,
le débiteur est nommé *nexus*[1]. En effet, par le *nexum*,
le débiteur ne se rendait pas esclave dans le sens juridique
du mot; il n'était pas dans la *iusta servitus*, mais il était dans
la servitude de fait. Les mots de Varron : *qui suas operas in
servitutem dat*, montrent seulement qu'un homme libre était
obligé de rendre des services serviles à son créancier, sans
en être tout à fait l'esclave. Ainsi que le fait très-bien observer M. Giraud, le mot *operæ* employé par Varron prouve
suffisamment qu'il entend ici le service de fait, rendu par
un homme libre de droit, et pour distinguer du *servile minis-
terium* de la *dominii* ou *potestatis causa*[2].

[1] Savigny, *Römisches Schuldrecht, loc. cit.* p. 415. — [2] Giraud, *Des nexi*,
loc. cit. p. 65.

En admettant cette opinion, on aura donc les conséquences nécessaires de cette situation. Le *nexus* ne subira plus
une diminution de tête; il conservera sa *civitas;* il pourra
servir dans les légions, voter dans les comices; en un mot,
il conserve toute l'intégrité de sa capacité politique. Sa
fortune ne peut non plus être attaquée, du moins quant au
fond : il conserve, en soi, ses droits de *pater familias* et
d'agnat. Le créancier n'avait sur son débiteur que le pouvoir accordé sur l'activité du *nexus;* il pouvait le traiter
comme *force productive* et l'exploiter à son profit. Il n'avait
donc ni un droit de *dominium*, ni un *mancipium*, ni même
une *potestas* sur le débiteur [1].

Tambour adopte le même système [2]. Il croit aussi qu'un
homme libre ne pouvait jamais se placer dans le *mancipium*
d'un autre.

Troplong pense aussi que le *nexus* conservait sa qualité
d'homme libre, bien qu'il se plaçât, par la mancipation, dans
le domaine du créancier. Devant la société, il restait libre;
mais, à l'égard de son créancier, il était en servitude. Il n'était
pas esclave, comme le dit Troplong, dans le sens absolu; il ne
l'était que dans le sens relatif, subtilité de distinction parfaitement faite par la langue latine, en se gardant bien d'appliquer au *nexus* la qualification excessive de *servus*, mais
en disant de lui qu'il était *in servitutem* ou *in servitute* [3].

Ce qu'il nous est impossible de comprendre, c'est l'idée de
Troplong, ne voulant pas admettre l'addiction du débiteur

[1] Giraud, *loc. cit.* p. 75, 76.

[2] Tambour, *Des voies d'exécu-*
tion, loc. cit. p. 9, 10.

[3] Troplong, *Le droit civil expliqué*
suivant les articles du Code, t. XVIII :
De la contrainte par corps en matière
civile et de commerce, Paris, 1847;
préf. p. 27, 28.

de la part du préteur. Cet auteur croit que le débiteur se livrait lui-même, soit au moment du contrat, soit à une époque ultérieurement convenue : en d'autres termes, le *nexus* ne subissait pas l'addiction. Cette opinion nous paraît très-risquée. Nous croyons plutôt que l'addiction, ici comme ailleurs, était indispensable.

Il ne faut pas, en effet, confondre le *nexus* et l'*addictus*. Le *nexus* était le débiteur qui avait contracté une dette *per æs et libram* jusqu'au terme de l'échéance. L'*addictus* était le *nexus* qui n'avait pas fait honneur à ses engagements. Toutefois, en cas de *nexum*, le préteur n'avait pas à rechercher la cause du litige; il devait forcément prononcer l'*addictio*, dès que le créancier prouvait l'existence de la dette par la forme du *nexum*. Cette preuve n'était pas d'ailleurs très-difficile à faire. Les cinq témoins et le *libripens* pouvaient suffisamment justifier la réalité de l'existence de l'acte. Mais soutenir que le créancier pouvait, partout où il rencontrait son débiteur, l'arrêter et l'emmener chez lui, nous paraît une opinion trop risquée. Dans l'addiction, le préteur ne résout pas un litige, puisque, dans tous les cas, lorsque l'*addictio* a lieu, le litige est déjà vidé. L'État ne pouvait pas méconnaître les droits du créancier par la voix du préteur. Bien plus, le préteur autorisait le créancier à saisir ou à arrêter des choses ou des personnes placées sous sa protection. Or, soutenir qu'un droit si fort pouvait être accordé à un tiers, en dehors de l'autorité compétente, nous paraît vraiment trop hardi.

Chaque créancier aurait donc pu, suivant l'opinion de Troplong, détruire à son gré et sans autre formalité l'existence d'un citoyen romain! Nous ne le croyons pas, et nous

pensons que cet argument seul suffit pour détruire l'opinion de nos adversaires.

Nous avons déjà soutenu, au commencement de l'exposé
du *nexum*, que cette forme servait à changer une obligation
quelconque en une obligation de dette d'argent, et attribuait
ainsi à la première les conséquences rigoureuses qui accom-
pagnaient la seconde. Les conséquences d'une dette d'argent
ne pouvaient se produire sans l'autorisation de la justice :
in ius ducito est l'impératif catégorique des Douze Tables.
Nous ne trouvons aucune raison pour accorder au *nexum* un
plus grand avantage sur la dette d'argent. Le *nexus* devient
aussi bien *addictus* que le débiteur d'une dette d'argent.

Cette différence entre le *nexus* et l'*addictus* n'en a pas
moins son importance. Elle fut pour la première fois établie
par Niebuhr. Le débiteur contractant une dette par la
forme du *nexum* devient *nexus*, et, s'il ne paye pas au terme
échu, alors il devient *addictus*[1]. Ainsi, chaque *addictus* devait, avant de le devenir, être *nexus;* mais un *nexus* n'était
pas et ne devenait pas forcément *addictus;* car, en payant la
dette au terme échu, le *nexus* brisait ce lien et rentrait
dans la condition de l'homme libre. Rein aurait, par conséquent, raison de dire « que la servitude résultant du
nexus ne différait en rien de celle ayant lieu en vertu d'un
jugement[2]. » Cet auteur voulait entendre par là qu'en cas
de *nexus* la discussion du litige devant le préteur ne peut
avoir lieu; mais il n'exclut pas pour cela l'*addictio* de la part

---

[1] Niebuhr, *Römische Geschichte,* vol. 1, 3ᵉ éd. p. 637-645; vol. II. 2ᵉ éd. p. 667-673; vol. III, p. 178. 181.

[2] Rein, *Das Privat-Recht und der Civil-Process der Römer von der äl-testen Zeit bis auf Justinian,* Leipzig. 1858. p. 653.

du préteur, car le *nexum* avait pour conséquence une exécution conventionnelle, tandis que la discussion inhérente à un jugement avait pour conséquence une exécution prétorienne.

Huschke est du même avis. Il croit aussi que le débiteur ne pouvait être saisi sans formalités de la part du créancier. Il fallait, d'après lui, une sommation et peut-être aussi une dénonciation devant les témoins présents à la conclusion de l'acte[1].

Cette opinion nous semble trop recherchée; il est probable plutôt que, en cas d'insolvabilité du débiteur, le créancier le conduisait devant le préteur, et celui-ci devait l'adjuger forcément, comme s'il avait été condamné, à la condition, bien entendu, que le créancier démontrât la conclusion d'une transaction par la forme du *nexum*. On dira peut-être que, puisque le préteur était forcé de prononcer l'addiction, le débiteur n'avait aucun intérêt à faire valoir cette formalité et à se soustraire à l'exécution immédiate. La réponse est facile. Le débiteur, devenant insolvable, subissait la *manus iniectio*, conformément à la loi des Douze Tables[2].

Par cette procédure, il s'exposait à de graves conséquences; mais il pouvait aussi profiter des avantages de cette *legis actio*. La *manus iniectio* est, comme on le sait, une action personnelle ayant lieu contre celui qui a avoué une dette d'argent (*œris confessi*), ou qui a été condamné lé-

---

[1] *Das Recht des Nexum*, Leipzig, 1846, p. 54.

[2] Nous avons déjà fait remarquer que le *nexus* était assimilé à un débiteur d'une dette d'argent; toute la procédure qui avait lieu pour ce dernier devait conséquemment s'appliquer aussi au premier.

galement. Toutefois, cette exécution ne pouvait avoir lieu
sans qu'un délai de trente jours fût concédé au débiteur,
afin de lui laisser le temps de se procurer l'argent nécessaire
pour satisfaire son créancier. Les termes de la loi des Douze
Tables sont : *triginta dies iusti sunto*, et Aulu-Gelle fait ajouter
par Sextus Cæcilius la considération suivante : « Eosque dies
decem viri iustos appellaverunt, velut quoddam iustitium,
id est iuris inter eos quasi interstitionem quandam et cessa-
tionem; quibus diebus nihil cum his agi iure posset[1]. » Ce
qui veut dire que le créancier devait amener le débiteur
devant le préteur, et là expliquer, dans des formules déterminées, la saisie et sa cause (la condamnation légale ou
l'aveu), la somme précise de la dette et le non-payement.

Gaius affirme dans les termes suivants la conception de
cette formule : « *Quod tu mihi iudicatus, sive damnatus* (il faut
ici certainement ajouter *confessus*) es sestertium x milia,
quæ ad hoc non solvisti, ob eam rem ego tibi sestertium x
milium iudicati manum inicio[2]. »

Si, après cette formalité, le débiteur ou tout autre pour
lui ne satisfaisait pas encore son créancier, celui-ci était
autorisé par le préteur à le conduire dans sa maison (*domum
ducitur*) et à l'y retenir prisonnier.

§ 4.

LA *MANUS INIECTIO*.

Cette forme de la *legis actio* était employée au commen-

[1] Dans le cas d'insolvabilité d'un *nexus*, le créancier se contentait de démontrer la formation de l'acte du *nexum*, par lequel le débiteur était lié. — [2] Gaius, *Inst.* IV, 21 ; d'après Huschke, *Jurisprudencia Anteius*, p. 256.

cement contre le *confessus* d'une dette d'argent et le *iudicatus*; mais, comme le dit Keller, elle fut de très-bonne heure transformée artificiellement et appliquée aux autres créances auxquelles la loi attribuait un caractère privilégié[1]. Les conséquences de cette procédure étaient très-graves, puisqu'elles pouvaient aller jusqu'à l'extinction de l'individualité du débiteur; pourtant elle n'enlevait pas au débiteur les moyens de se soustraire à cette procédure, auquel le *in ius ducito* offrait, en effet, un grand avantage. Celui-ci, au moment où il était conduit devant le préteur, pouvait encore se soustraire à la domination de son créancier par le payement de la dette ou par la prestation d'un *vindex. Ni iudicatum facit aut quis endo em iure vindicit, secum ducito*, prescrit la loi des Douze Tables; ce qui veut dire que le créancier n'avait le droit d'amener chez lui son débiteur que lorsque celui-ci ne pouvait pas payer, ou du moins donner un garant. Mais, dès que l'un de ces deux cas se présentait, cette procédure était arrêtée et devait faire place à une autre. Ainsi, un *vindex* était-il présenté par le débiteur, le créancier était forcé d'engager avec lui un procès dont l'issue pouvait être favorable à ce débiteur. Cependant, comme la loi ne voulait pas non plus multiplier les procès faits à la légère et donner aux débiteurs de mauvaise foi une occasion de se soustraire aux poursuites légales, elle aggravait la position du *vindex*, afin de ne pas encourager la légèreté dans la garantie. Le *vindex*, en garantissant la dette du débiteur, s'exposait, en effet, à de graves conséquences. En cas de perte du procès, il subissait

<hr>

[1] Gaius, *Inst.* IV, 21, d'après Huschke, *loc. cit.* F. L. de Keller. *Der* *römische Civil-Process und die Actionen*, 3ᵉ éd. Leipzig, 1863, p. 78.

une double condamnation pour la dette; mais aussi, dès que le créancier poursuivait injustement son débiteur, le *vindex* avait le droit de faire acquitter ce débiteur, bien que celui-ci ne pût pas se défendre : « Nec licebat iudicato manum sibi depellere et pro se lege agere, sed vindicem dabat qui pro se causam agere solebat [1]. »

Si le débiteur ne payait pas et ne trouvait personne qui voulût se rendre garant pour lui, alors, mais seulement alors, *domum ducebatur ab actore et vinciebatur* [2]. La *manus iniectio* était ainsi, non un emprisonnement réel du débiteur pour empêcher sa fuite, mais aussi un acte juridique par lequel il était privé de *legitima persona standi in iudicio*, qui lui ôtait le droit de se défendre lui-même. Il pouvait seulement se faire représenter par un *vindex;* car une fois adjugé par le préteur à son créancier, celui-ci avait le droit de l'emmener chez lui, de le garder prisonnier, et même de le lier avec des courroies ou de le charger de chaînes. La source où nous puisons la connaissance de cette procédure est la loi des Douze Tables. Le fragment de ces tables qui traite le sujet offre quelques difficultés d'interprétation. Aulu-Gelle lui donne la forme suivante : « Ni iudicatum facit aut quis endo em iure vindicit, secum ducito, vincito aut nervo aut compedidus, quindecim pondo ne minore, aut, si volet, maiore vincito. » Mais la plupart des interprètes de ce fragment changent l'ordre des mots en plaçant *maiore* le premier et *minore* ensuite. Ils lisent donc ainsi ce fragment : « Ni iudicatum facit..... secum ducito, vincito..... compedibus, quindecim pondo ne maiore, aut, si volet, minore vincito. »

---

[1] Gaius, *Inst.* IV, 21. — [2] Gaius, *Inst. loc. cit.*

Cette interprétation, déjà faite par Cujas dans son manuscrit sur Aulu-Gelle et suivie par la majorité des jurisconsultes, est aussi la plus juste et la plus conforme à l'humanité. Il est évident que la loi voulait plutôt mettre un frein au mécontentement du créancier qu'encourager la dureté et les mauvais traitements, en lui donnant le droit de charger son débiteur de chaînes du poids de quinze livres. Aussi lui donnait-elle la faculté de se servir de chaînes moins lourdes.

Ceux des commentateurs qui soutiennent l'ordre des mots reproduit par Aulu-Gelle disent : « Ce que la loi voulait, c'est justement l'exercice de la sévérité prescrite par elle, en défendant au créancier d'user envers son débiteur de plus de clémence qu'elle-même, puisque sa tendance était de décerner, contre la mauvaise foi du débiteur, une peine rigoureuse. » Mais ces commentateurs oublient qu'une semblable prescription n'aboutirait à autre chose qu'à l'interdiction de tout sentiment d'humanité, de bienfaisance et de commisération. Il est, par conséquent, plus probable que le but de la loi était d'empêcher la fuite du débiteur au moyen de chaînes du poids de quinze livres. De cette façon, le créancier se trouvait suffisamment assuré de son droit; mais la loi ne pouvait lui interdire d'y renoncer ou de traiter son débiteur avec plus de douceur.

Le débiteur enchaîné demeurait dans la maison de son créancier; celui-ci était obligé de le nourrir, quand le débiteur n'avait pas lui-même les moyens de subvenir à ces frais. Le débiteur devait recevoir une livre de farine, ou davantage, suivant la volonté du créancier. Aulu-Gelle traduit ce fragment en ces termes : « Si volet, suo vivito, ni

suo vivit, (qui eum vinctum habebit) libras farris endo dies
dato; si volet, plus dato [1]. »

Godefroy fait la paraphrase suivante : « Debitor ita nexus,
si poterit, suo vivit; si non poterit, tum creditor, qui eum
vinctum habebit, singulas farris libras in singulos dies ei
dato; si volet, plus ei pro arbitrio dare licito [2]. »

Les derniers mots, *si volet, plus dato*, du fragment d'Aulu-
Gelle, affirment la supposition faite dans le fragment antérieur. Entre celui-ci et l'autre, il y a une connexité d'idée
et une analogie de faits. Dans ces deux fragments, la loi
prescrit le traitement du débiteur, mais sans mettre une
limite à la pitié et à la clémence du créancier. Une autre
raison à l'appui de notre opinion, c'est la situation même
du débiteur. Celui-ci n'est, pour ainsi dire, pendant ce
temps, qu'un gage entre les mains du créancier. Pendant
les soixante jours qui suivent la *manus iniectio* et l'*in ius
ducito*, il a toujours le droit de s'arranger avec lui et de
recouvrer sa liberté, malgré la volonté du créancier. *Erat
autem ius interea paciscendi*, fait dire Aulu-Gelle à Sextus Cæcilius, *ac nisi pacti forent, habebantur in vinculis dies sexaginta* [3].

Le créancier, étant forcé d'entretenir son débiteur, avait
aussi, pendant ce temps, le droit de le faire travailler; mais
le revenu ou la valeur de ce travail venait en déduction de
la dette, du capital ou de l'intérêt, suivant l'analogie des
fruits d'un gage ou d'une hypothèque.

---

[1] Bouchaud, *Commentaire sur la loi des Douze Tables*, 2ᵉ édit. Paris, 1803, t. I, p. 449. Aulu-Gelle. éd. Nisard, p. 744.

[2] *Jacobi Gothofredi Jc. opuscula varia, iuridica, politica, critica, post eum obitum in unum collecta locupletior. ac emendationes prodeunt*, Genevæ, 1654. t. II.

[3] Aulu-Gelle, *Noct. att.* 20, 1.

Dans la période des soixante jours, le créancier était encore obligé d'amener son débiteur, trois jours de marché consécutifs, devant le préteur, au *Comitium*, c'est-à-dire dans cette partie du Forum où se tenait l'assemblée du peuple, et là de faire proclamer à haute voix par l'huissier le montant de sa créance. De cette façon, le débiteur pouvait se procurer la possibilité d'être délivré par quelqu'un ayant pitié de sa position. *Inter eos dies*, continue Aulu-Gelle, *trinis nundinis continuis, ad prætorem, in comitium producebantur, quantæque pecuniæ iudicati essent prædicabatur* [1].

Trinis nundinis continuis signifient les trois jours de marché consécutifs qui avaient lieu dans un intervalle de dix-sept jours. Ainsi, par exemple, si le 1er du mois était un jour de marché, le second marché avait lieu le 9 et le troisième le 17. Chaque neuvième jour était un jour de marché, en y comprenant le jour du marché passé et celui du marché suivant. Il y avait donc sept jours sans marché.

« Il est assez connu, dit Bouchaud, que les gens de campagne, après avoir passé huit jours entiers à travailler aux champs, se rendaient le neuvième jour à Rome pour vendre leurs denrées, faire suivre leurs procès, pour prendre connaissance des lois qu'on projetait de faire, en un mot, pour vaquer à toutes leurs affaires. De là, ces jours de marché furent appelés *nundinæ* par les Romains, de chaque neuvième jour, et comme qui dirait *novem dinæ* [2]. »

Le délai de soixante jours étant expiré, et les formalités de la procédure exigées par la loi étant accomplies, le

---

[1] Aulu-Gelle, *loc. cit.* — [2] Bouchaud, *Commentaires*, *loc. cit.* p. 449, 450.

créancier pouvait tuer son débiteur ou le vendre comme esclave. La sévérité des prescriptions de cette loi épouvante les esprits modernes. Aulu-Gelle cependant prétend l'avoir conservée dans toute son étendue. D'après lui, cette loi serait ainsi conçue : *Tertiis nundinis, partis secanto. Si plus minusve secuerunt, se fraude esto.*

Il la fait encore précéder de la considération suivante : *Et quidem verba ipsa legis dicam, ne existimes invidiam me istam forte formidare.* Ce qui prouve qu'Aulu-Gelle prétend avoir rendu la loi dans ses propres termes. Une semblable affirmation ne pourrait être mise en doute qu'après des preuves bien établies qui renverseraient cette assertion. Néanmoins, comme la sévérité de cette loi serait effrayante, quelques jurisconsultes ont mis en doute son existence.

Byntherschok, le premier, a rejeté l'interprétation littérale de cette loi. Il veut traduire *sectio in partes* par la vente publique du débiteur et le partage du prix entre les créanciers[1]. D'autres jurisconsultes, sans aller aussi loin que Byntherschok, ont soumis cette loi à une interprétation forcée. Ainsi, Dabelow[2] entend par *sectio in partes* le partage du patrimoine du débiteur entre les créanciers. Le débiteur, dit-il, devenant une fois esclave, il est évident que son patrimoine tombait entre les mains de ses créanciers, puisqu'un esclave ne peut rien posséder. Si le débiteur n'a pas de patrimoine, les créanciers se partagent les bénéfices produits par son travail, et il devient ainsi l'esclave commun de tous. Enfin les créanciers pouvaient encore le vendre et se partager le produit de la vente.

[1] *Obs. Just. Rom.* liv. I, ch. 1, p. 7.
[2] Dabelow, *Ausführliche Entwick-* lung der Lehre vom Concurs der Gläu-biger, Halle. 1801. p. 60, 75.

Des derniers mots de cette loi : *Si plus minusve secuerunt, se fraude esto*, Dabelow croit pouvoir effacer la prescription formelle par la considération suivante : Le partage fait par les créanciers n'était pas surveillé par l'autorité publique; il se faisait à l'amiable. Or, si l'un des créanciers était lésé dans son droit, il n'avait contre les autres aucune action de lésion, puisque chacun devait prendre soin de ses propres affaires.

Berriat-Saint-Prix rejette complétement la version d'Aulu-Gelle. Dans une étude aussi profonde que spirituelle, ce savant a su donner quelque probabilité à sa thèse. Il lui manque pourtant des arguments logiques pour détruire l'énonciation si précise d'un ancien auteur. Le scepticisme de Saint-Prix est trop ingénieux et trop recherché pour être une argumentation sérieuse[1].

Tous ces essais pour amoindrir la sévérité de cette loi sont, en effet, trop subtils pour être vrais. Ils sont en contradiction trop formelle avec le texte de la loi pour avoir besoin d'une réfutation. Du reste, cette rigueur de la loi, effroi des jurisconsultes modernes, ne paraît avoir jamais été appliquée. Nous n'avons du moins aucun exemple de son application, et pourtant Tite-Live, dans ses violents discours sur ce sujet, ne la ménage pas[2].

En outre, il ne faut pas croire que la sévérité de cette

---

[1] Berriat-Saint-Prix, *Observations critiques sur la loi par laquelle on prétend que les auteurs des Douze Tables avaient permis aux créanciers de mettre en pièces le corps de leurs débiteurs*, lues le 2 mars et le 29 juin 1844 ; insérées dans les *Mémoires de l'Académie royale des sciences morales et politiques de l'Institut de France*, t. V, p. 546-585, Paris, 1847.

[2] Tit. Live, VIII, 28. Valerius Maximus, VI, 1, 9.

loi soit aussi effrayante qu'elle le paraît au premier abord.
Le débiteur honnête ayant accidentellement perdu sa fortune pouvait facilement trouver un *vindex* qui se chargeait
de poursuivre pour lui le procès. C'était d'ailleurs une obligation morale pour les *gentiles* de ne pas laisser un des
leurs dans une fausse situation. Si, par hasard, aucun de ses
parents n'était assez expérimenté en droit pour le représenter, on pouvait facilement trouver un individu capable
de diriger le procès pour lui, dès qu'on lui avait garanti,
bien entendu, tous les risques auxquels il s'exposait par ce
procès. Si donc un débiteur ne trouvait personne voulant
lui servir de garant, ni aucun parent qui voulût se charger
de sa défense, c'est que ce débiteur était de mauvaise foi et
n'inspirait de confiance à personne. La procédure rigoureuse
prescrite contre lui était dès lors justifiée par la nature des
choses. Il est notoire, en effet, que les débiteurs malhon-
nêtes, les gaspilleurs, les fainéants, étaient en grand nombre
dans la ville de Rome, et le but de la loi était de mettre un
terme à cette situation.

Il est hors de doute que cette prescription laisse beaucoup à désirer au point de vue de l'humanité, et notre intention n'est pas de la défendre. Mais nous soutenons que
les adoucissements trouvés par quelques jurisconsultes dans
cette loi, au moyen d'une interprétation forcée, sont complétement artificiels, et que cette sévérité est parfaitement
d'accord avec l'esprit de l'antiquité. La théorie de la peine
est une spéculation philosophique moderne, et, pour interpréter une loi ancienne, il ne faut pas l'envisager d'après
ces théories, mais plutôt se rendre un compte exact de la
société à l'époque où cette loi a été établie.

§ 5.

MANUS INIECTIO PRO IUDICATO ET PURA.

La *manus iniectio*, d'après ses formes et son droit, ci-dessus exposés, était une procédure extrajudiciaire. Comme nous l'avons vu, le créancier pouvait saisir son débiteur partout où il le trouvait et le mener dans sa maison après l'addiction du préteur.

M. Ihering n'admet pas l'addiction de la part du préteur. D'après lui, le créancier pouvait conduire le débiteur dans sa maison sans l'autorisation du préteur[1]. Nous avons déjà réfuté ailleurs cette opinion. Le créancier pouvait encore tenir son débiteur soixante jours en prison, et, ce délai passé, le vendre comme esclave ou le tuer. Mais toutes ces formalités avaient lieu sans le concours du magistrat ; c'était là incontestablement une procédure extra judiciaire. Comment se fait-il, dès lors, que Gaius, en énumérant les cinq *legis actiones*, la compte aussi parmi ces formes de procédures?... « Lege autem agebatur modis quinque, sacramento, per iudicis postulationem, per condictionem, per manus iniectionem, per pignoris capionem. » Cette question, pour la première fois posée par M. Ihering, a sa raison d'être, à cause du développement de cette *legis actio.*

La *manus iniectio*, comme nous l'avons dit, supposait une créance consommée. C'est pourquoi, dans son origine, elle était essentiellement appliquée au *iudicatus* et au *confessus.* Cependant, de très-bonne heure, par suite des exigences de transactions multipliées, la *manus iniectio* fut

---

[1] Ihering, *Geist des römischen Rechts auf den verschiedenen Stufen seiner Entwicklung,* 2ᵉ éd. 1ʳᵉ partie, Leipzig. 1866, p. 152.

artificiellement étendue à d'autres créances, auxquelles la loi accordait un caractère privilégié. Dans cette amplification des principes, on n'a pas hésité à accorder au débiteur la permission de se défendre lui-même, sans être forcé de donner un *vindex*. Toutefois on ne voulait pas ouvrir la porte à des procès entamés à la légère, et on conserva la peine de cette *legis actio;* c'est-à-dire que le débiteur, succombant dans le litige, était condamné au *duplum.* Cette *legis actio* était nommée *legis actio pura*, parce que *reo licebat manum sibi depellere et pro se lege agere.*

L'autre *manus iniectio*, dans laquelle le débiteur ne pouvait se défendre que par un *vindex*, et où, en cas de condamnation, celui-ci subissait la peine du *duplum*, était nommée *manus iniectio pro judicato.* La première fut appliquée par la loi Furia, pour l'action contre celui qui *legatorum nomine mortisve causa plus mille assibus cepisset*, et aussi par la loi Marcia, pour l'action *adversus fœneratores de usuris reddendis* [1]. La *legis actio per manus iniectionem* pouvait donc être ou *pura* ou *pro judicato*, c'est-à-dire comprenant la peine du *duplum*, mais avec ou sans *vindex.*

Cette distinction arbitraire donna lieu à beaucoup de confusion, et une loi Valeria, introduite par le dictateur Valerius Corvus, mit un terme à cette confusion. Elle limita l'application de la *manus iniectio pro judicato* aux cas anciens, c'est-à-dire contre le *iudicatus* et le *confessus*, et pour l'*actio defensi* accordée par la loi Publicia au *sponsor* contre le débiteur pour lequel il avait donné garantie et dont il

[1] Tite-Live, VII, 21. Keller, *Der römische Civil-Process und die Actionen*, 3e édition; Leipzig, 1823. p. 79.

avait payé la dette, lorsque celui-ci ne la lui avait pas remboursée dans l'intervalle de six mois.

Il résulte de cet exposé que la *manus iniectio pura* fut la forme générale de la *legis actio*, et que la *manus iniectio pro iudicato* fut restreinte à des cas particuliers. Le *vindex*, en effet, présentait une entrave énorme à l'introduction d'un procès, dans le temps où les liens devenaient de plus en plus détachés; mais on ne pouvait pas permettre l'engagement de procès frivoles, et c'est pour cette raison que la peine du *duplum* fut conservée. Cette réforme n'était donc qu'une simplification des éléments de la *legis actio*, supprimant le *vindex*, sans porter atteinte au caractère de la procédure, qui restait toujours extrajudiciaire.

Mais si l'accusé, avec ou sans *vindex*, conteste la légitimité de la *manus iniectio?*... N'avait-il pas le droit de contester cette procédure si grave dans ses conséquences? Il est incontestable que, dans ce cas, le préteur devait intervenir pour étudier la légitimité del a demande du créancier. Le litige était alors discuté devant le magistrat et vidé par une sentence. Si, au contraire, le défendeur ne contestait pas la légitimité de la *manus iniectio*, alors la procédure restait extrajudiciaire, et tout se faisait d'après les formes ci-dessus exposées. Mais les anciens jurisconsultes, en comptant la *manus iniectio* au nombre des procédures légales, avaient certainement en vue le cas où le défendeur en contestait la légitimité. Gaius, dans son exposé, vient à l'appui de notre opinion. Le *vindicem dare qui pro se causam agere solebat*, cité par lui, paraît, en effet, une chose normale, une situation qui est immédiatement précédée par la *manus iniectio;* tandis que le *domum duci et vinciri* n'est cité qu'accessoirement et pour la *manus iniectio pura*, qui n'est même pas mentionnée [1]. Cette distinction de la *manus iniectio* comme procédure légale et extrajudiciaire est encore corroborée par le texte même. *Manus iniectio, manus inicere* désignent assez souvent l'acte d'une défense individuelle, dans le cas où la *manus iniectio* ne peut être entendue comme une *legis actio* dans le sens de procédure légale [2].

D'où il suit, comme le dit très-bien M. Ihering, que la *manus iniectio* n'était pas seulement employée pour l'exécution d'une dette d'argent, mais aussi pour d'autres cas et principalement pour les transactions faites *per æs et libram*, c'est-à-dire pour le *nexum*.

§ 6.

L'ABOLITION DU *NEXUM* PAR LA LOI *POETILIA*.

La rigueur de la *legis actio per manus iniectionem* devait forcément faire un grand nombre de mécontents, quand on pense surtout combien la plupart des débiteurs étaient maltraités par leurs patrons. Sous cette sévérité rigoureuse, la plebs se trouvait déjà dans une situation assez triste à l'égard du patriciat. Cette procédure ne faisait qu'augmenter sa servitude et que pousser à bout sa patience. Cette foule d'opprimés et de mécontents n'attendait qu'un prétexte pour mettre un terme à cette situation désespérée. L'occasion se présenta bientôt.

---

[1] Gaius, *Lex* 4, § 21. — [2] Ihering, *Geist des römischen Rechts*, 1re partie, 2e édit. p. 154 et 155.

Un jeune homme, C. Publilius, ne voulant pas laisser déshonorer la mémoire de son père, se livra lui-même au pouvoir de Lucius Papirius, son créancier. Celui-ci ayant fait des propositions déshonorantes à son détenu, Publilius les repoussa énergiquement, préférant s'exposer aux menaces de son patron et au châtiment corporel qu'il lui fit appliquer, voyant qu'il ne pouvait satisfaire ses désirs voluptueux.

Ainsi maltraité, Publilius parvint à s'échapper et se présenta au peuple, accusant son patron d'infamie et de cruauté.

« La foule, continue l'historien, devenue nombreuse, émue de compassion pour sa jeunesse, indignée de l'outrage qu'il avait subi, songeant qu'elle était exposée au même sort, s'élance dans le Forum et de là se dirige précipitamment vers la Curie. Les consuls, contraints par ce tumulte imprévu, convoquent le Sénat; à mesure que les sénateurs entrent dans la Curie, on se précipite à leurs pieds, en leur montrant le corps tout déchiré du jeune homme. Ce jour-là fut brisé, par l'attentat et la violence d'un seul homme, l'un des liens les plus forts de la foi publique. » *Jussique consules ferre ad populum, ne quis, nisi qui noxam meruisset, donec pœnam lueret, in compedibus aut in nervo teneretur; pecuniæ creditæ bona debitoris, non corpus obnoxium esset. Ita nexi soluti : cautumque in posterum, ne necterentur* [1].

Cette loi paraît avoir produit une si grande réforme

---

[1] Tite-Live, *Histoire romaine*, avec la traduction française, publiée sous la direction de M. Nisard; Paris, 1838, p. 376; liv. VIII, 28.

dans la situation de la plebs, que Tite-Live ne craint pas de la désigner comme le point d'origine de la liberté pour la plebs romaine. *Eo anno plebi Romanæ velut aliud initium libertatis factum est, quod necti desierunt.*

On s'est demandé si l'historien n'avait pas un peu exagéré l'importance de cette loi. Cette question ne peut être résolue que par une étude approfondie de la situation nouvelle qu'elle a créée. La première satisfaction accordée par le Sénat à la plebs fut la mise en liberté de tous les *nexi* et même de tous les adjugés. Tite-Live exprime ce fait par les mots : *Ita nexi soluti*, et Cicéron emploie les termes : *omnia nexa civium liberata.*

L'harmonie de ces deux auteurs sur ce point rend ainsi le fait incontestable. Il est d'ailleurs encore plus développé par Cicéron. Cet auteur compare la sagesse du Sénat à celle de Solon, à cause de la mesure que ce dernier a aussi employée pour soulager la condition des débiteurs athéniens. Moser est donc dans le vrai quand il dit que la loi Pœtilia avait pour but direct une remise de dettes, semblable à celle ordonnée par Solon. Il faut remarquer, du reste, qu'une pareille mesure n'est pas complétement isolée dans l'histoire romaine. Ainsi, Denys nous raconte que, lors de la première retraite de la plebs sur le Janicule, le Sénat prononça la remise des dettes. De même, Valerius, dans son discours devant le Sénat romain, invoque l'exemple d'un grand nombre de villes et notamment la législation de Solon[1]. Trois ans après, Servilius conseille le même sacrifice. C. Virginius, dans les troubles de l'année suivante,

---

[1] Denys d'Halicarnasse, liv. V.

vote pour la remise des dettes en faveur de ceux qui ont pris part à la guerre contre les Volsques et les Aurunces. L. Largius opine pour une remise absolue de toutes les dettes. Ces faits sont assez communs dans l'histoire du peuple romain, chez qui la condition du débiteur était adoucie, tantôt par l'autorisation de payer à termes, tantôt par la déduction des intérêts sur le capital [1].

D'après l'exposé des historiens, la loi Pœtilia paraît aussi avoir contenu une disposition semblable. Pourtant Varron n'admet pas une remise absolue de la dette. Elle était bornée, suivant lui, à ceux des débiteurs pouvant prêter serment sur la situation de leur fortune : « Hoc, C. Poplilio auctore, Visolo (Pœtilio) dictatore, sublatum ne fieret, et omnis qui bonam copiam jurarunt, ne essent nexi, sed soluti [2]. »

La restriction de Varron nous paraît très-fondée. Il ne faut pas oublier, en effet, que chez les Romains, le respect de la propriété étant très-grand, la bonne foi fut fort considérée et très-estimée. Aulu-Gelle nous l'affirme dans des termes assez clairs : « Hanc autem fidem maiores nostri, non modo in officiorum vicibus, sed in negotiorum quoque contractibus, sanxerunt, maximeque in pecuniæ mutuaticiæ usu atque commercio [3]. »

Pour s'écarter de cette règle, il fallait donc de graves motifs. Il ne fallait pas encourager à la légère le gaspillage et la mauvaise foi, et il était nécessaire de faire une distinc-

---

[1] Bachofen, p. 50 et 51. Giraud, p. 123.

[2] M. Giraud lit ainsi cette phrase. Voir aussi Niebuhr, *Histoire romaine*, III, 179, et Zimmern, *Geschichte des römischen Privatrechts*, III, 246.

[3] Varron, III, 105. Aulu-Gelle, XX, 1, éd. Nisard, p. 159.

tion entre ces débiteurs de mauvaise foi et ceux qui se
trouvaient réduits à une triste situation par la cruauté et
l'exploitation de leurs créanciers. Ainsi conçue, la loi était
aussi juste qu'efficace. Les débiteurs de mauvaise foi con-
tinuèrent à subir les conséquences de leur conduite, et la
remise des dettes ne fut déclarée que pour le débiteur de
bonne foi. Elle ne fut accordée qu'à celui qui pouvait
rendre compte de la gestion de ses biens. Cette concession,
si sage qu'elle fût, n'était pourtant qu'un soulagement mo-
mentané, et n'aurait pu, par conséquent, contenter tout le
monde, si elle n'avait contenu que cette disposition. Mais la
loi Pœtilia renfermait encore une autre clause beaucoup
plus importante que la précédente, puisque Tite-Live dési-
gna cette loi comme le commencement de l'affranchisse-
ment de la plebs.

Voici comment cet historien et Cicéron caractérisent cette
clause de la loi. Cicéron, dans sa République (II, xxxiv),
emploie les termes suivants : *Propter unius libidinem omnia nexa
civium liberata, neclierque postea desitum*; et Tite-Live s'exprime
ainsi : *necli desierunt*. Puis, le grand historien développe sa
pensée dans des termes plus précis : *Ita nexi soluti : cautumque in posterum, ne necterentur* [1] ; ce qui veut dire : pour les
temps futurs, le *nexum* sera toujours aboli. Et effectivement,
depuis la publication de la loi Pœtilia, le *nexum* n'a jamais
été employé.

L'importance de cette clause de la loi Pœtilia ressortait
ainsi de la nature même du *nexum* ci-dessus exposée. Depuis
la promulgation de cette loi, il était impossible d'attribuer

____
[1] Tite-Live, VIII, 28.

arbitrairement à une dette quelconque la même force qu'à
une dette d'argent. Il n'était pas permis surtout d'emprisonner
le débiteur pour le montant des intérêts, alors qu'il avait
payé le capital de la dette. La vieille exécution, conservée
encore pour quelques obligations (dette d'argent), ne fut pas
complétement abolie, mais fortement adoucie. Il était défendu d'enchaîner l'*addictus* avec de fortes chaînes. Tite-Live
dit : *Ne quis, nisi qui noxam meruisset, donec pœnam lueret, in
compedibus aut in nervo teneretur;* ce qu signifie, comme le dit
très-bien Savigny : les chaînes et le *nervus* sont défendus;
ils ne seront permis que pour le criminel condamné à mort,
qu'on pouvait encore enchaîner jusqu'à l'exécution[1].

La loi Pœtilia a ainsi, par cette seule clause, réformé
presque toute la condition du débiteur, en défendant d'une
manière absolue l'emploi des moyens violents de coercition,
tels que les chaînes et le *nervus*. Cependant cette loi n'a pas
complétement interdit l'emprisonnement, comme on pourrait le croire. Elle permettait même de lier le débiteur; elle
défendait seulement l'emploi des chaînes. M. Giraud va plus
loin encore : il croit que cette loi a aussi aboli le *nexum ope-
rarum*, c'est-à-dire la contrainte du débiteur au travail. Cette
opinion nous paraît très-risquée; elle n'est d'ailleurs suffisamment prouvée par aucun fait juridique.

La disposition de la loi Pœtilia, en ordonnant l'adoucisse-
ment de l'incarcération du débiteur, n'a pas établi un acte
d'une faible importance, comme on pourrait le supposer au
premier abord; car elle exprime, par cette disposition, la

---

[1] Savigny, *Vermischte Schriften*. vol. II, art. *Schuldrecht, loc. cit.* p. 421, 422, 423, 424. 425. Giraud, *Des nexi*, p. 114.

pensée que l'insolvabilité n'était pas un délit public, et que, par conséquent, la contrainte par des moyens infamants ne devait être appliquée qu'à titre d'introduction à l'exécution capitale d'un détenu. Le *iudicatus*, comme le *nexus*, dispensé de subir ce traitement préliminaire, était également affranchi de la conséquence cruelle qui lui était attachée ; ce qui n'entraînait pas toutefois la suppression d'une simple retenue en charte privée[1].

§ 7.

LA LOI *POETILIA* ET LE COMMENCEMENT D'UNE CESSION DE BIENS.

La loi Pœtilia, si l'on accepte la version de Varron, a établi deux classes de débiteurs :

1° Ceux qui peuvent rendre compte de la situation de leurs biens ; pour eux, la loi a introduit une procédure complétement nouvelle : *Pecuniæ creditæ bona debitoris, non corpus obnoxium esset*[2] ;

2° Ceux qui n'ont pas de fortune et ne peuvent pas rendre compte de la gestion de leurs affaires : *Sublatum ne fieret, et omnes qui bonam copiam jurarunt, ne essent nexi, sed dissoluti.*

Analysons chacune de ces deux conditions du débiteur l'une après l'autre.

Voyons d'abord ceux qui se trouvaient dans la situation de ne pas pouvoir prêter serment sur la gestion de leurs biens.

La loi Pœtilia, ainsi qu'on l'a vu, n'a pas aboli l'incarcération, ni le droit du créancier de lier le débiteur : elle a

---

[1] Giraud, *Des nexi*, p. 115. — [2] Tite-Live. VIII, 28.

interdit seulement l'emploi de lourdes chaînes et du *nervus*.
Elle avait, en outre, conservé au créancier le droit de se
dédommager sur la personne du débiteur, en adoucissant
seulement la condition du prisonnier et le traitement barbare prescrit par la loi des Douze Tables. Cette situation a
été exagérée par quelques jurisconsultes, qui soutiennent
que la loi Pœtilia a aboli l'*addictio* et introduit une simple exécution sur les biens du débiteur. Cette opinion doit être re-
jetée sans hésitation, car elle est en contradiction formelle
avec les anciens auteurs. Ainsi, Aulu-Gelle (XX, 1) affirme
non-seulement l'existence de l'*addictio*, mais encore la continuation de l'enchaînement. Gaius et Ulpien expriment la
même pensée[1]. Lucinius Rufinus, Tite-Live et Cicéron
traitent aussi la même question, avec un développement
tout particulier[2].

Sous les empereurs même, la contrainte corporelle était
en plein exercice. Quintilien, en faisant une comparaison
entre l'esclave et l'*addictus* a beaucoup facilité notre travail,
puisqu'il nous donne au juste la situation de l'*addictus*. Celui-
ci, assure cet auteur, avait tous ses droits; il avait même
contre son patron, en cas d'offense, l'*actio iniuriarum*. L'*addictus* conserve son prénom, son nom de famille et même
sa *tribus*. Il peut recouvrer sa liberté, malgré la volonté de
son patron, et, en redevenant libre, il est *ingenuus*. L'*addictus*
était ainsi dans une condition toute particulière, qui n'avait
aucune analogie avec la *potestas*, la *manus* et le *mancipium*.
L'*addictus*, il est vrai, était dans une sorte de servitude ac-

---

[1] Gaius, liv. III, § 139. *Lex 23.*
D. IV. 6.

[2] Liv. XXXIV, *D.* LXII, 1;
liv. XXIII, 14. Cicero. *Pro Flacco*, 20.

compagnée de la contrainte corporelle et de l'obligation de travailler; mais cette situation ne pouvait nullement l'atteindre dans les trois notions juridiques de la puissance romaine.

LIVRE II.

L'EXÉCUTION SUR LES BIENS DU DÉBITEUR.

—

CHAPITRE PREMIER.

L'ENVOI EN POSSESSION.

—

§ 1.

L'ORIGINE DE L'EXÉCUTION SUR LES BIENS DU DÉBITEUR.

La loi Pœtilia, en améliorant la condition du débiteur, n'a pas négligé d'assurer aussi les droits du créancier. En perdant, en certains cas, le droit de s'en tenir à la personne du créancier, il a obtenu, d'un autre côté, un droit par lequel il pouvait se dédommager sur les biens du débiteur. La loi Pœtilia, cependant, nous autorise-t-elle à soutenir l'absence d'une exécution sur les biens de l'*addictus* avant la promulgation de cette loi ?

Niebuhr et Zimmern l'affirment [1]. Aucun créancier, d'après eux, ne pouvait, avant la promulgation de cette loi, contraindre son débiteur à lui livrer ses biens. La sévérité de la loi ancienne ne peut s'expliquer que par l'absence de cette exécution, car elle servait à faire fléchir l'opiniâtreté ou l'avarice du débiteur. Le débiteur pouvait ainsi posséder maison et champs, esclaves et bétail, et même de l'argent

[1] Niebuhr, *Römische Geschichte*, II, 670, 671 ; III, 179, 180. Zimmern, *Geschichte des römischen Privatrechts*, vol. III, p. 129.

comptant, sans que son créancier pût toucher à son patrimoine. Les jurisconsultes cherchent encore à expliquer la cause de cette situation par le grand respect des Romains pour le droit de propriété. Mais un pareil état de choses eût été un contre-sens, et Savigny a donc bien raison de combattre cette opinion.

Il est vraiment impossible de s'imaginer un débiteur fortuné qui, en refusant de payer ses créanciers, s'expose à toutes les sévérités de l'exécution corporelle, tandis qu'il lui est si facile de les satisfaire, et que les créanciers, d'après nos jurisconsultes, se contentent de la personnalité du débiteur.

Personne ne met en doute le respect des Romains pour la propriété; mais ce respect était-il plus fort que celui de l'inviolabilité de la liberté et de la vie du citoyen? Si donc la loi des Douze Tables, la base principale des opinions de Niebuhr et de Zimmern, s'en prend à la personne, à la liberté et à la vie du citoyen, il est probable que la propriété n'était pas plus respectée[1]. Tambour développe la même idée et démontre, jusqu'à l'évidence, l'existence de l'exécution sur les biens, dès l'époque la plus reculée[2]. Denys d'Halicarnasse nous fournit, en effet, plusieurs cas à l'appui de cette opinion. Ainsi, dit-il, Servius Tullius aurait adressé au peuple romain un discours dans lequel il lui promet d'obliger les créanciers à se contenter des biens des débiteurs et à accepter leurs personnes : « Je ne souffrirai pas que ceux qui emprunteront soient emmenés en prison pour leurs dettes, et je présenterai une loi pour empêcher de

<hr>

[1] Savigny, *Vermischte Schriften*, art. *Schuldrecht*, p. 448, 449.

[2] Tambour, *Des voies d'exéc. sur les biens du déb.* p. 14; Paris. 1856.

prendre, pour garantie des prêts, le corps même des débiteurs, regardant comme suffisant pour les créanciers de s'emparer de leurs biens[1]. »

Telles sont les paroles de l'historien.

Le même auteur nous transmet encore le discours du consul Servilius, dans lequel il promet à ceux qui le suivront contre les Volsques la non-exécution sur leurs biens pendant tout le temps de la guerre. Les créanciers, leur dit le consul, ne pourront, en vertu d'aucun contrat, s'emparer de leurs maisons, ni les vendre, ni les prendre pour gage, ni emmener leurs enfants; tandis que ceux qui ne prendront point part à l'expédition subiront la poursuite résultant de la loi[2]. Virginius propose de délivrer les personnes et les biens de ceux qui ont pris part aux guerres soutenues par la république. En 269, le dictateur Valerius, voulant entraîner le peuple contre de nouveaux ennemis, lui promet que, pendant la guerre, le corps et l'honneur du débiteur seront à l'abri des poursuites de leurs créanciers[3].

Tite-Live suit le même ordre d'idées. L'exécution des biens, affirme-t-il, était déjà de très-bonne heure reconnue par les Romains. Ainsi, d'après lui, le consul Servilius n'aurait pas seulement promis la non-exécution sur les maisons du débiteur, mais sur tous ses biens. Dans un autre endroit, le grand historien montre un centurion s'échappant de la prison où le retient son créancier, en excitant le peuple à la sédition par le récit de ses maux, dans les termes suivants : « Sed... æs alienum fecisse; id cumulatum usuris, primo se agro paterno avitoque exuisse, deinde for-

---

[1] Denys d'Halic. IV, x, 9. — [2] Denys, VI, 29. — [3] Denys, V, 41.

tunis aliis; postremo, velut tabem, pervenisse ad corpus. Ductum se ab creditore, etc[1]. »

On pourra maintenant faire une objection et dire : Toutes ces versions sont en contradiction formelle avec la loi Pœtilia; car cette loi avait pour objet de mettre un terme à cette exécution rigoureuse sur la personne du débiteur, et d'introduire une sorte d'exécution sur les biens, une innovation introduite dans ce style laconique : *pecuniæ creditæ non corpus obnoxium esset.* Cette objection semble, au premier abord, avoir quelque autorité; mais la contradiction entre la loi Pœtilia et les citations de Denys d'Halicarnasse est plus apparente que réelle. Les mots de cette loi, *pecuniæ creditæ non corpus obnoxium esset,* n'ont d'autre signification que celle de limiter le pouvoir du créancier; c'est-à-dire qu'avant la loi Pœtilia le créancier avait le choix, dans les cas cités, entre la personne du débiteur et ses biens, tandis que cette loi abolit la faculté de choisir et limita le droit du créancier. Dès cette époque, celui-ci ne peut plus se dédommager que sur la fortune de son débiteur. Il ne peut plus s'emparer de sa personne que dans le cas de mauvaise foi, ou dans le cas où le débiteur ne pourrait rendre compte de la gestion de ses affaires.

L'invraisemblance de cette contradiction est encore corroborée par le fait suivant.

Il est hors de doute que chaque consul ou préteur, en vertu de ses fonctions, pouvait, en certains cas, pratiquer l'exécution sur les biens du débiteur, sans avoir besoin d'une autorité spéciale. Le magistrat avait toujours le droit d'obtenir

---

[1] Tite-Live, II, 23.

l'obéissance pour les ordres donnés en vertu de son autorité légale. Dans ce but, il avait déjà de très-bonne heure le droit de *mulcta* et de *pignoris capio*, procédure toute différente de celle de la *legis actio per pignoris capionem*, bien qu'elle ait été confondue par Zimmern.

Le magistrat pouvait ainsi faire saisir les biens du *contumax*, soit pour faire fléchir sa mauvaise volonté, soit pour les vendre et en employer le prix à couvrir la somme de la *mulcta*, soit pour toute autre chose. Cette procédure était surtout employée contre le sénateur absent, lorsque le Sénat était convoqué[1]. Toutefois, quand un débiteur était condamné par un juge nommé par le préteur et refusait de se soumettre à la sentence, celui-ci pouvait, par analogie avec la procédure antérieure, le contraindre à obéir en saisissant son argent comptant ou tous autres biens, tels que maison, champs, etc., qu'il faisait mettre aux enchères. Le préteur avait, en outre, depuis longtemps dans son autorité la procédure du *pignus in causa iudicati captum*, qu'il employait pour les *bona possideri, proscribere*, l'un des moyens les plus efficaces pour dédommager les demandeurs. Il est certain que l'exécution sur les biens du débiteur était connue des Romains dès les temps les plus reculés. La loi Pœtilia n'a donc pas fait une innovation complète; elle a seulement réformé le droit du créancier. D'après cette loi, celui-ci ne pouvait jamais s'en prendre à la personne de son débiteur, mais seulement à sa fortune, dès que celui-ci, bien entendu, pouvait prêter serment sur la gestion de ses affaires.

Cette réforme n'était pourtant pas sans importance. Le

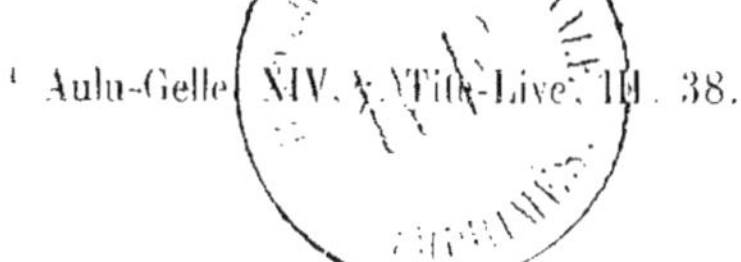

______

[1] Aulu-Gelle, XIV, 2. Tite-Live, III, 38.

droit du créancier se trouvait par cette loi considérablement limité. Il ne pouvait plus, comme d'après la loi des Douze Tables, exercer sur son débiteur le droit de vie et de mort; car, dès que celui-ci était de bonne foi et pouvait rendre compte de ses affaires, le créancier était obligé de se contenter de sa fortune et de laisser sa personne en liberté. Le *iuramentum bonæ copiæ* était l'affirmation que le débiteur avait mis toute sa fortune à la disposition de ses créanciers; mais ce n'était pas encore la *cessio bonorum* proprement dite.

Cette faculté du débiteur de bonne foi d'abandonner ses biens aux créanciers contenait incontestablement l'origine de la cession de biens; mais ce n'était pas tout à fait ce droit développé, introduit par Auguste[1]. Le *iuramentum bonæ copiæ*, dit aussi avec raison M. Giraud, était une compensation de la perte de la coercition personnelle résultant du *nexum* : « De même que, auparavant, celle-ci rendait impossible de fait toute diminution illégale de la fortune ou donnait le moyen de s'indemniser, de même une promesse sous serment dut remplacer à cette époque la garantie corporelle. »

Ainsi, la garantie corporelle disparaît pour le débiteur de bonne foi, et le créancier peut seulement saisir ses biens.

§ 2.

LE MOYEN POUR GARANTIR LA CRÉANCE DU DEMANDEUR.

Le *iuramentum bonæ copiæ* avait ainsi pour effet l'exécution sur les biens du débiteur. Il s'agit maintenant de

---

[1] Giraud, *Des nexi*, p. 120.

savoir quelle procédure avait lieu contre celui qui n'avait pas prêté ce serment, et qui, en même temps, avait pu se soustraire par la fuite, ou par tout autre moyen, à la contrainte corporelle.

Il est bien difficile de déterminer toutes les formes de cette procédure, à cause du défaut de sources. Il nous paraît toutefois indubitable que le préteur, usant de son autorité, avait déjà, à cette époque, introduit une certaine forme d'envoi en possession des biens du débiteur. Cela nous semble d'autant plus probable que le préteur se contentait toujours d'appliquer l'analogie d'après les droits existants et ne créait pas de nouvelles institutions. Et justement l'origine de l'envoi en possession remonte au temps les plus reculés de Rome.

Cette procédure avait lieu, d'abord, seulement en faveur de l'État, contre le condamné à une amende, contre un proscrit ou contre un citoyen dont la fortune était confisquée. Dans tous ces cas, l'autorité investie de l'*imperium*, surtout le préteur, accordait au questeur l'envoi en possession (*bona possessa*). Ces biens tombaient alors dans les caisses de l'État (*publicata*). Nous trouvons l'exemple d'un fait semblable dans l'histoire de L. Scipion l'Asiatique.

Scipion ayant été condamné pour un péculat, d'après la narration de Tite-Live, le préteur déclare : « Se, ni referatur pecunia in publicum, quæ iudicata sit, nihil habere quod faciat, nisi ut prehendi damnatum et in vincula duci jubeat [1]. » Un tribun proclame contre cette mesure son intercession : « In bona deinde L. Scipionis possessum publice quæstores prætor misit. »

[1] Tite-Live. XXXVIII. 60.

Dès que les questeurs avaient obtenu l'envoi en possession, ils faisaient vendre publiquement le patrimoine du condamné à l'encan (*sub hasta*), et adjugeaient ce patrimoine au plus offrant. Cette formalité de la lance (*sub hasta*) était un symbole de la propriété romaine : « Hasta posita, dit Cicéron, pro æde Iovis Statoris, bona..... voci acerbissimæ subjecta præconis. » Et Festus dit : « Hastæ subiciebantur ea quæ publice venundabant, quia signum præcipuum (justi dominii) est hasta. »

Les acquéreurs de biens, par suite de cette formalité, furent nommés *sectores;* ils étaient les successeurs universels de celui dont les biens étaient vendus. Leur nom de *sectores* paraît venir de *sectio,* c'est-à-dire le partage des biens. Les acquéreurs ne pouvaient obtenir cet avantage qu'en achetant l'universalité du patrimoine, qu'ils avaient la faculté de revendre en détail. C'étaient, pour ainsi dire, des marchands au détail. C'est pour cela que leur métier était peu estimé à Rome. Cicéron raconte en plusieurs endroits la formation de semblables sociétés.

Les sociétaires, c'est-à-dire les *sectores*, en se faisant adjuger le patrimoine mis en vente, étaient déclarés par l'État, en vertu de l'*addictio,* comme successeurs universels, *successio per universitatem.* Ils avaient par conséquent la propriété civile de chaque chose acquise, *dominium legitimum sex fere res perficiunt : — tumve eum in bonis sectioneve cuius publice venit*[1].

En vertu de leur qualité de successeurs universels, ils pouvaient poursuivre par des actions les débiteurs du patrimoine acquis, mais ils étaient par contre obligés de satisfaire les créanciers de ce patrimoine. Ces *sectores* avaient

[1] Varr. *De re rustica,* II, 10. Gaius, III, § 80.

pour garantie de la possession du patrimoine l'*interdictum sectorium* accordé par le préteur : « Item ci qui publice bona emerit ejusdem condicionis interdictum proponitur, quod appellatur sectorium, quod sectores vocantur, qui publice bona mercantur. »

L'exécution sur les biens était donc, au début, un privilége particulier de l'État. En vertu de son autorité, il a probablement étendu ce droit, en l'appliquant aussi à des créances particulières. La loi Pœtilia n'a fait ainsi que confirmer l'exécution sur les biens, qui s'exerçait depuis longtemps dans la vie ordinaire. Reinhardt attribue la procédure suivante aux cas où cette exécution avait lieu.

Le délai de trente jours, accordé au débiteur par la loi des Douze Tables, étant écoulé, les créanciers ne pouvaient plus le mettre en prison ; mais ils pouvaient demander l'envoi en possession des biens du débiteur ; en d'autres termes, ils avaient le droit d'exiger l'*edictum possessionis* [1]. Dabelow est d'une opinion contraire. Mais on peut faire observer à cet auteur que Théophile ne mentionne jamais le droit des créanciers sur la personne du débiteur, et qu'il faut conclure de ce silence que la contrainte corporelle ne pouvait avoir lieu contre un débiteur de bonne foi [2].

L'*edictum possessionis* accordé, les créanciers pouvaient, d'après Reinhardt, demander, après un second délai de trente jours, de confier à quelqu'un la vente des biens, c'est-à-dire nommer un *magister*. Cette formalité accomplie, on procédait à la vente du patrimoine à l'encan (*proscriptio*).

[1] Reinhardt, *Die Lehre vom Gant und Gantverfahren*, Stuttgard, 1819, p. 21.

[2] Dabelow, *Ausführliche Entwicklung der Lehre vom Concurs der Gläubiger*, Halle, 1801, p. 93 et 95.

« Ita ille debitor noster in ejusmodi causa est, ut bona ejus divendi debeant, quicunque emere volet, adesto. » Une fois le *magister* nommé, les créanciers pouvaient demander au préteur la permission de faire connaître les conditions spéciales de la vente, ce qui donna lieu aux annonces suivantes : *Hæc quicunque emerit creditoribus in dimidiam* (*tertiam, quartam,* selon la situation de la fortune adjugée, mais généralement la moitié) *partem eorum, quæ ipsis debentur, respondere debet.* Si un seul acquéreur se présentait pour tout le patrimoine du débiteur, on le lui adjugeait. Cet acquéreur devenait *successor universalis* et portait le nom de *bonorum emtor.* Dans le cas où aucun acquéreur ne se présentait pour la totalité du patrimoine, on procédait à la vente au détail, mais toujours sous la forme de l'encan. Cependant Reinhardt reconnaît que l'histoire ne dit encore rien sur l'immixtion de l'autorité judiciaire dans les arrangements des créanciers, rien non plus sur les priviléges des créances. Les créanciers, dit ce jurisconsulte, avaient toute liberté de s'arranger avec le *bonorum emtor*, ou de terminer entre eux à l'amiable le partage du prix de la vente publique du patrimoine[1].

Toute cette procédure nous paraît trop compliquée pour le temps admis par Reinhardt. Ces formes appartiennent certainement à un temps postérieur à la loi Pœtilia. Les auteurs sur lesquels Reinhardt base son opinion s'occupent habituellement d'un système différent de celui de la loi Pœtilia. Il ne faut pas oublier, en effet, que l'exécution sur les biens ne prit un développement qu'à partir de la *bonorum venditio* introduite par Publilius Rutilius. L'histoire est complétement

---

[1] Reinhardt. *Vom Gant und Gantverfahren*, p. 22.

muette à cet égard. Il y a quelques suppositions, mais elles
sont insuffisantes pour donner une base sérieuse à cette procédure. Cicéron parle en plusieurs endroits d'un Publilius
Rutilius, consul en 649, ayant une grande réputation comme
jurisconsulte et orateur. Mais il est également possible que
l'introduction de cette procédure soit due à Publilius Rutilius Lupus dès l'an 664. Dans tous les cas, sa confirmation
légale n'eut lieu qu'à la fin du vi[e] siècle, ou dans la première
moitié du viie. Avant cette date, les œuvres historiques sont
pleines de lacunes; il est probable, toutefois, que la *venditio
bonorum* existait avant cette époque. Mais l'exécution sur les
biens du débiteur dans sa forme et sa procédure développées
ne peut remonter qu'à la première moitié du viie siècle. Elle
avait pour but de diminuer les conséquences rigoureuses,
de remplacer la *manus iniectio* et de donner en même temps
aux créanciers la même garantie contre le débiteur.

Ainsi que nous l'avons démontré, l'exécution sur les biens
avait cependant lieu au temps où la *manus iniectio* était
le seul moyen de contraindre le débiteur à satisfaire son
créancier. Mais elle était accordée seulement à l'État et ne
pouvait être appliquée aux biens privés. C'est pour cela que
Gaius soutient que le préteur Publilius Rutilius a pour la
première fois appliqué cette procédure sur les biens privés :
« Quæ species actionis appellatur Rutiliana, quia a prætore
Publio Rutilio, qui et bonorum venditionem introduxisse dicitur, comparata est[1]. » Il ne faut pourtant pas conclure de
là que la *venditio bonorum* a été introduite par Publilius Rutilius; car elle est déjà mentionnée dans la *lex Thoria*, c. xxvi[2],

[1] Gaius. IV, 35.
[2] Rudorff. *Zeitschrift,* vol. X, page 173. Huschke, dans *Richters Jahrbücher,* 1841, p. 608.

de l'année 643, année dans laquelle Rutilius ne pouvait être préteur. La *bonorum venditio* peut avoir son origine dans la loi Pœtilia, comme le dit avec raison Puchta; seulement le préteur Rutilius lui donna un plus grand développement par la *Rutiliana actio*[1].

Cette combinaison n'est pas seulement prouvée par le fait historique; elle est encore en harmonie avec l'esprit du droit romain. En certain cas, en effet, le magistrat investi de l'*imperium* avait le droit d'analyser et de vider seul le procès du commencement à la fin, sans avoir besoin d'un *iudicium*. Cette procédure fut nommée *extraordinaria cognitio*, ou procédure *extra ordinem*. On caractérisait encore par la même désignation les actes préparatoires et les mesures de prévention et de contrainte. Ainsi, *in integrum restitutio, missio in possessionem, prætoria stipulatio, etc.* étaient toutes comprises dans la procédure *extra ordinem*. Il est hors de doute pour nous que, dans le cas où le débiteur ne comparaissait pas devant le magistrat ou anéantissait la procédure contradictoire, c'est-à-dire lorsqu'il devenait *indefensus*, le préteur ne pouvait venir en aide au créancier qu'en ayant recours aux moyens fournis par son *imperium;* en d'autres termes, en accordant aux créanciers la *missio in bona*. Le préteur trouvait l'analogie de cette procédure dans l'exécution de l'*ærarium* sur ceux qui avaient été condamnés à l'amende. La contradiction entre la probabilité de cette procédure et les mots cités par Gaius n'est qu'apparente. Le jurisconsulte ne veut dire qu'une chose, c'est que la *venditio bonorum*, dans la forme et la procédure indiquées, fut

---

[1] Puchta, *Cursus der Institutionen*, vol. II, 5ᵉ éd. Leipzig, 1857, p. 240.

introduite par P. Rutilius; mais que la forme antérieure lui est inconnue.

D'après ce que nous venons de dire, l'envoi en possession a son origine dans des temps antérieurs à la préture de P. Rutilius, mais c'est lui qui l'a développée dans sa forme présente.

§ 3.

LE COMMENCEMENT DE L'ENVOI EN POSSESSION.

L'envoi en possession, confirmé légalement et devenu en même temps le mode le plus fréquent de la procédure d'exécution, a certainement produit un grand changement dans les relations réciproques des citoyens. Le développement d'un élément de la vie sociale augmente forcément les autres. Il était nécessaire, en donnant ainsi plus de force à l'exécution sur les biens du créancier, de multiplier les moyens pour assurer les exigences des créanciers.

Pour bien exposer l'envoi en possession, il est indispensable de savoir d'abord contre qui cette procédure pouvait avoir lieu. La loi Pœtilia, en déclarant le principe *pecuniæ creditæ bona debitoris, non corpus obnoxium esse*, a établi l'obligation pour le créancier de s'emparer de préférence des biens du débiteur, mais sans exclure pour cela la contrainte corporelle. L'exécution sur les biens du débiteur avait donc lieu :

1° Par la volonté du débiteur, lorsqu'il était de bonne foi et pouvait prêter serment sur la gestion de ses affaires : l'avantage de cette procédure était de se soustraire aux conséquences rigoureuses de la contrainte corporelle;

2° Malgré la volonté du débiteur, dans le cas où il devenait *indefensus*;

3° Ensuite, contre le *iudicatus*, et naturellement aussi contre le *confessus*, puisque *confessus pro iudicato habetur*.

La procédure est intentée sur la simple demande d'un créancier (*postulatio*). Celui-ci, après avoir obtenu un jugement, n'omettait pas de le faire connaître au préteur avant de demander l'envoi en possession. Il est sous-entendu que contre le *confessus* une preuve semblable n'était pas nécessaire. A l'égard de l'*indefensus*, présent dans la procédure *in iure*, il n'était pas besoin non plus d'une preuve pareille. Contre l'absent et contre celui qui ne se faisait pas représenter par un tiers, le demandeur invoquait l'édit du préteur, et, lorsqu'il y avait incertitude, il devait prouver que le cas avait été prévu par l'édit : « Duobus generibus edicendum putavi : quorum unum est provinciale... : alterum, quod sine edicto satis commode transigi non potest... de bonis possidendis, magistris faciendis, vendendis; quæ ex edicto et postulari et fieri solent : tertium, de reliquo iure dicundo, ἄγραφον, reliqui[1]. » — « Testificatur iste P. Quintium non stitisse, et se stitisse. Tabulæ maximæ signis hominum nobilium consignantur : disceditur. Postulat a Burrieno prætore Nævius, ut ex edicto bona possidere liceat[2]. »

Dans tous ces cas, le créancier n'était jamais forcé, en demandant au préteur l'envoi en possession, de prouver la légitimité de sa créance; car la *causæ cognitio* n'était pas même nécessaire pour accorder la *missio in possessionem bonorum*[3]. N'y avait-il pas là un inconvénient très-grave, qui pouvait

[1] Cicer. *Ad. Att.* vi. 1. — [2] Cicer. *Pro Quint.* vi. — [3] M. A. de Bethmann Hollweg. *Der römische Civil-Process*, vol. II. Bonn. 1865. p. 671.

compromettre toute la fortune du débiteur? Au premier abord, cette objection peut paraître fondée ; mais, en réalité, cela offre bien peu de danger. Chacun, dira-t-on, pouvait profiter de l'absence d'une personne et se déclarer créancier, sans avoir une créance réelle, et exposer ainsi l'absent à la conséquence de la *missio in bona*. Il pouvait encore se faire qu'un absent fût innocent ou chargé d'une mission publique temporaire, et pourtant le premier fripon venu pouvait profiter de cette circonstance et le placer dans la situation la plus fausse. Objections très-graves assurément, mais qui sont complétement élucidées par la plaidoirie de Cicéron pour Quintius. La faculté d'accorder au demandeur la *missio in bona*, sans une enquête sérieuse du préteur, n'est pas aussi dangereuse qu'on pourrait le croire. N'oublions pas que le premier élément de cet envoi était l'absence exigée du débiteur, soit que celui-ci se tînt caché, *qui latitat*, pour échapper à la demande du créancier, soit qu'il eût négligé de se faire représenter légalement par un mandataire.

Dans tous ces cas, aussi bien dans la *latitatio* que dans l'*indefensus*, un débat contradictoire n'était pas possible, à cause de l'absence du débiteur ; la recherche de la cause et le jugement, soit par un *iudicium*, soit par une *cognitio*, étaient impossibles ; car, par suite de son absence, le débiteur ne contestait pas les faits. C'est pour cette raison aussi que le préteur était contraint de promettre à chacun d'accorder par son édit la *missio in bona*, même sans *causæ cognitio*, mais simplement par un acte de son *imperium*.

Il pouvait certainement arriver qu'en raison de ces termes une personne, n'étant pas créancière, obtînt l'envoi en possession ; mais, comme le décret du préteur ne jugeait pas l'affaire, puisqu'il ordonnait la *missio in possessionem* sur une simple *postulatio*, le fait pouvait être contesté à chaque instant et dans tous les cas.

L'envoi en possession ne préjugeait donc en rien les éléments du litige, mais elle offrait aux créanciers une garantie qui ne pouvait leur être refusée. Cette procédure avait, par conséquent, le double avantage de procurer aux créanciers un moyen de recours contre les biens de leurs débiteurs, et de ne pas laisser impunie une demande faite à la légère par un non-créancier. Le préteur pouvait donc, sans inconvénient, accorder à tous ceux qui le demandaient, l'envoi en possession, car il ne préjugeait en rien l'affaire. C'est pour cela que Cicéron, dans le procès de Quintius, ne blâme pas le préteur Burrienus d'avoir accordé la *missio* à Nævius; mais il critique celui-ci de l'avoir demandée illégalement contre son associé et parent Quintius, sans attendre son retour[1].

Si, après l'envoi en possession, le défendeur prouvait l'illégalité de la demande du créancier, le *missus* n'avait alors aucune protection dans son droit de possession. Il n'était même pas considéré comme possesseur[2]. Le créancier pouvait en outre être poursuivi pour diffamation. « Injuria autem committitur, non solum cum quis pugno pulsatus aut fuste percussus vel etiam verberatus erit, sed et si cui convicium factum fuerit, sive quis bona alicujus quasi debitoris, sciens eum nihil debere sibi, posse(derit), proscripserit. » Ce qui est étonnant dans cette procédure, c'est l'annulation accordée par le préteur de tous les actes faits par un non-créancier. Le débiteur avait le droit de faire annuler

______

[1] Cicer. *Pro Quint.* xv, xvii, xxix. — [2] *Lex* 1. § 5. *D.* xliii, 4.

les conséquences et les préjudices de la *bonorum proscriptio*, et détruire même les effets d'une *bonorum venditio*[1]. Le créancier n'avait donc recours à la demande de l'envoi en possession que lorsqu'il n'avait aucun autre moyen d'assurer sa créance et qu'il était sûr de son affaire. Le préteur pouvait ainsi sans inconvénient accorder cette demande, ce qu'il ne faisait néanmoins qu'après s'être convaincu du bon droit du demandeur. Il ne l'accordait qu'avec la plus grande circonspection : « Itaque majores nostri raro id accidere voluerunt; prætores, ut considerate fieret, comparaverunt[2]. » C'est-à-dire que le préteur, en accordant la *missio in bona*, ne considérait pas seulement l'élément exigé pour la personne du débiteur (absent ou caché), mais encore si la créance était liquide et si le demandeur avait d'autre raison pour justifier sa demande; tout cela cependant sans avoir recours à une recherche formelle.

Si le préteur, dans son instruction, ne rencontrait pas ces éléments réunis, il refusait l'envoi en possession[3]. Pourtant, en certains cas, il l'accordait même pour une créance conditionnelle ou à terme. C'était surtout lorsque le préteur voulait procurer au créancier un moyen de garantir sa demande[4].

Il résulte de ce que nous venons d'exposer que le demandeur obtenait facilement l'envoi en possession, dès qu'il pouvait prouver au préteur la conclusion d'un *vadimonium* entre lui et le défendeur et la non-exécution par ce dernier. En ce cas, le préteur pouvait se risquer à l'accorder

---

[1] *Lex 3o, D.* xlii, 5; *Lex* 7, § 3, *D.* xlii, 4.

[2] Cicer. *Pro Quint.* xvi.

[3] *Lex 5o, D. De peculio,* xv, 1.

[4] *Lex 6,* princ.; *Lex 11, D.* xlii, 4.

et attendre qu'elle fût attaquée par le débiteur ou son représentant, qui étaient instruits de l'affaire par la *proscriptio*. C'est pourquoi le préteur faisait connaître, par son édit sur les *vadimonia*, l'intention d'accorder l'envoi en possession contre tous ceux qui ne se sont pas présentés ou ne se sont pas fait représenter par un tiers dans le procès.

Cependant le préteur prenait soin de défendre l'absent innocent contre les préjudices de la *missio in bona*. Dans une clause particulière de son édit, il promettait d'accorder au créancier, contre le défendeur de bonne foi absent pour les affaires de l'État (*reipublicæ causa sine dolo malo absens*), la *bonorum proscriptio*, mais non pas la *bonorum venditio*[1].

Ce débiteur n'était pas frappé d'infamie[2], pas plus que celui qui était absent pour une cause quelconque, sans intention pour cela de frustrer ses créanciers[3]; pas plus que celui *ab hostibus captus*[4]. Il en est de même du débiteur qui manifestait l'intention de ne pas se soustraire aux poursuites légales de ses créanciers. En ce cas, le préteur concédait, suivant la situation, soit la *missio in bona*, soit la *venditio bonorum*[5]. « Eorum qui non defenduntur, dit Ulpien, si quidem latitent, prætor ex edicto pollicetur in bona eorum mittere, ut, si res exegerit, etiam distrahantur; si vero non latitent, licet non defendantur, in bona tantum mitti[6]. »

Dans cette distinction subtile faite par les jurisconsultes romains, il est indispensable de préciser la notion du mot

---

[1] *Lex 6*, § 1, *D.* XLII, 4; *Lex 35*, § 1. XLII, 5; *Lex 199*, § 1, XL. 16. *D. De reb. auct. iud.* XLII, 5; *Lex 2*, *D.* XLIX, 11; *Lex 4*, c. II, 51.

[2] *Lex Jul. muni.* V, 116.

[3] *Lex 21*, § 2, *D.* IV. 6.

[4] *Lex 6*, § 2, IV, 2; *Lex 39*,

[5] Bethmann-Hollweg, *Der römische Civil-Process*, vol. II, p. 560, 565.

[6] *Lex 21*, § 2, *D.* IV. 6.

latitare. Il est tout naturel que les Romains, avec leur sentiment juridique par excellence, n'aient pu s'en tenir seulement aux faits extérieurs, et qu'ils devaient tenir compte
aussi de l'élément psychologique de l'acte, c'est-à-dire de
la volonté frauduleuse du débiteur. Dès que cette condition
existait, la *latitio* était hors de doute. En effet, se cacher
pour se soustraire à la poursuite de ses créanciers et diminuer ainsi la garantie de leur créance, c'est un délit qui
ne pouvait se produire sans intention frauduleuse de la part
du débiteur. L'exemple offert par nos sources est assez
frappant. Nous y voyons un certain *furiosus* déclaré incapable
de se cacher, parce qu'il n'en a pas l'intention. Ulpien a
conséquemment bien raison de critiquer cette définition de
Cicéron : *Latitare est turpis occultatio sui*[1]; car quelqu'un
peut se cacher, comme le fait observer Ulpien, sans un
motif honteux pour lui : par exemple, s'il craint la cruauté
d'un tyran, la force d'un ennemi ou des révolutions inté-
rieures.

L'élément principal de *latitare* est donc de se cacher
avec une intention frauduleuse. Ce seul élément ne suffit
pourtant pas; il faut encore que la volonté frauduleuse soit
directement dirigée contre les créanciers. Cela est exprimé
dans la loi en des termes assez formels : « Animus enim lati-
tantis quæritur, quo animo latitet, ut fraudet creditores, an
alia ex causa[2]. »

La loi exige donc catégoriquement que la volonté de
tromper les créanciers doit toujours nuire au débiteur. En
ce qui concerne l'action de se cacher, il ne suffit pas d'une

----

[1] Cicer. *Pro Quintio*, XIX. — [2] *Lex* 7, § 5. *D.* XLII, 4.

absence momentanée, car *latitare* signifie se cacher pendant un temps plus ou moins long, comme *factitare* signifie faire souvent[1].

Tous ces éléments une fois réunis, le préteur, ainsi que nous venons de le dire, accordait aux créanciers l'envoi en possession. Il pouvait le faire avec d'autant plus de raison à l'égard de l'*indefensus*, du *confessus* et du *iudicatus*, qu'eux-mêmes reconnaissaient en quelque sorte la validité de la demande, puisque l'un ne s'était pas défendu, l'autre avouait et le dernier avait été condamné. Par conséquent, le préteur n'avait pas besoin d'exiger une preuve de la part du créancier et pouvait lui accorder sa demande sans une *causæ cognitio* antérieure. Le danger pouvant résulter de cette procédure était ainsi habilement écarté.

Le créancier se gardait de s'exposer à une demande légère, à cause de la peine prescrite en pareil cas. Le préteur, en outre, avant d'accorder la *missio*, mettait aussi une grande circonspection dans l'analyse de la demande. Le créancier pouvait encore demander contre le débiteur présent, c'est-à-dire dans le cas d'une procédure contradictoire, le *duci jubere*.

La procédure de l'envoi en possession n'excluait pas celle de la contrainte corporelle. La loi Rubria, dans le xxiie chapitre, verset 47, s'exprime ainsi sur ce sujet : « Eosque duci, bona eorum possiderei, proscreibeive vencireque iubeto; » et dans le verset 51 : « Eorum..... bona possiderei, proscreibei, vencire duceique iubeto. »

Puchta, par une interprétation trop subtile, veut entendre ces phrases de la manière suivante : « Le créancier,

___
[1] *Lex* 7, § 8, *D.* xlii, 4.

dit-il, avait le choix entre la voie civile et la voie prétorienne;
la première lui accordait la procédure de la contrainte corporelle, et la seconde l'exécution sur les biens du débiteur.
Ayant choisi la dernière, il ne pouvait plus recourir à la
première, quand même il n'aurait pas été complétement dé-
dommagé par les biens du débiteur. Il pouvait tout au plus,
dans le cas où le débiteur aurait acquis une nouvelle fortune,
exiger un nouvel envoi en possession et une nouvelle vente
des biens du débiteur [1]. »

Le préteur accordait donc, ainsi que nous l'avons déjà
dit, la permission aux créanciers de prendre possession des
biens du débiteur, *missio in bona*. Cette procédure, ayant
surtout pour but de garantir les créances du demandeur, fut
nommée *missio in possessionem rei servandæ causa* [2].

Dans cette procédure, le préteur accorde au créancier
seulement la *detentio* des biens du débiteur. Par conséquent,
le demandeur, en obtenant le moyen d'assurer la conserva-
tion des biens, ne perd pas ses droits sur la personne du
débiteur. Le créancier a, de plus, le droit de publier par
des affiches l'envoi en possession : *bona possideri proscribive
iubet*. Nous avons déjà fait remarquer que le préteur procédait, en cette matière, avec une grande circonspection (*con-*

---

[1] Puchta, *Cursus der Institutionen*, vol. II, 5ᵉ édit. p. 244.

[2] L'objet de ce travail ne permet
pas de traiter ici toutes les formes
de l'envoi en possession. Nous
sommes forcé de nous borner à celle
qui a un rapport direct avec l'exécution sur les biens du débiteur. Les
autres formes n'ont qu'un intérêt
très-indirect pour notre question; il
suffira donc de les citer. Les différentes *missiones in bona* sont : 1° *legatorum servandorum causa ;* 2° *hereditatis tuendæ causa,* qui peut être
ou *ventris nomine,* ou *ex Carboniano
edicto,* ou *furiosi nomine;* 3° enfin
ex edicto divi Hadriani.

siderate). Cependant, comme cette permission d'envoi en possession n'était accordée qu'en vertu de son édit, c'est-à-dire hypothétiquement et sans qu'il fût pris aucune décision, la question de fait pouvait à chaque instant être discutée. Le décret par lequel le préteur concédait l'envoi en possession pouvait avoir un double caractère. Il accordait généralement, en même temps que l'envoi en possession, la permission de la vente des biens : *possideri vendique jubeo*, telles sont les paroles de l'édit. Mais le préteur pouvait aussi exceptionnellement, lorsqu'il s'agissait surtout de pupilles non représentés ou de personnes innocentes, absentes pour les affaires de l'État, permettre seulement l'envoi en possession et la publication officielle, sans la vente des biens. Cette dernière restriction ne durait que jusqu'au moment où la partie défenderesse était légalement représentée.

L'envoi en possession des créanciers, par opposition à d'autres *missiones*, était désigné par le titre *missio in possessionem rei servandæ causa*, ainsi nommé parce que les créanciers trouvaient dans le droit de vendre les biens la satisfaction de leur créance; mais on désigne encore par cette expression le cas où les créanciers obtenaient seulement une garantie provisoire de leurs intérêts [1].

Examinons maintenant quels sont les droits des créanciers acquis par l'édit prétorien.

Il a déjà été dit que le créancier obtenait la possession des biens. Cette possession pourtant ne lui procurait pas encore le droit de se défendre par des interdits possessoires, et ne lui donnait aucun titre pour poursuivre. « Creditores

---

[1] Bethmann-Hollweg, *Der römische Civil-Process*. vol. II, p. 674.

missos, dit Ulpien, in possessionem rei servandæ causa interdicto uti possidetis uti non posse, et merito, quia non possident[1]. » Le droit de propriété était, par conséquent, encore moins acquis par les créanciers, en vertu de l'édit du préteur; ce qui fait dire à Paulus : « Qui creditorem rei servandæ causa... mittit in possessionem... non possessionem, sed custodiam rerum et observationem concedit. » Et Ulpien s'exprime encore plus formellement : « Aliud est enim possidere, longe aliud in possessione esse : denique rei servandæ causa... non possident, sed sunt in possessione custodiæ causa. »

Il résulte de ces exemples que les créanciers n'avaient que la *detentio*, et encore pas tout entière, mais seulement une sorte de copossession avec le débiteur, pour l'empêcher de diminuer son patrimoine au détriment de leur créance; en un mot, ce que l'on nomme *custodia et observatio*. L'édit contenait des prescriptions formelles sur ce sujet. Les créanciers ne pouvaient pas expulser le débiteur de sa maison ou de son terrain. Les meubles doivent être conservés au même endroit, et ce n'est qu'en cas d'impossibilité réelle qu'ils peuvent être transportés ailleurs. Dans sa plaidoirie *pro Quintio*, Cicéron nous rapporte les mots mêmes de cette partie de l'édit : « Qui ex edicto meo in possessionem venerint... eos ita videtur in possessione esse oportere : quod ibidem custodire poterunt, id ibidem custodiant; quod non poterunt, id auferre et abducere licebit. Dominum invitum detrudere non placet[2]. »

Ulpien s'exprime dans le même sens[3]. Le préteur n'ac-

---

[1] *Lex 3*, § 8. xliii. 17; *Lex 3*, § 23, xli, 2.

[2] Cicer. *Pro Quintio*, xxvii.

[3] *Lex 5*, D. xxxvi, 4.

8.

cordait qu'exceptionnellement aux créanciers le droit de sceller la maison du débiteur, de vérifier ses livres et ses actes et d'en prendre copie [1]. Dans tous les cas, ils ne pouvaient en prendre qu'une seule copie, qu'ils pouvaient renouveler seulement en cas de perte, d'après l'opinion de Labéon [2].

Le créancier ayant obtenu l'envoi en possession ne peut pas se défendre contre les troubles des tiers par les interdits possessoires; mais il est protégé, comme chaque *missus in possessionem*, par l'interdit *Ne vis fiat ei qui in possessionem missus est*, et par une *actio in factum*. Le préteur dit dans son édit : « Si quis dolo malo fecerit, quominus quis permissu meo, eiusve cuius ea iurisdictio fuit, in possessione bonorum sit, in eum in factum iudicium, quanti ea res fuit, ob quam in possessionem missus erit, dabo [3]. »

Les créanciers, en vertu de l'édit, avaient un droit de gage sur les biens pour lesquels ils avaient obtenu l'envoi en possession. Pourtant cette concession ne suffisait pas encore pour leur assurer cet avantage. Il fallait qu'ils exécutassent, en outre, l'appréhension sur les biens, dans le sens romain du mot: alors seulement ils acquéraient ce droit de gage, nommé par les Romains *pignus prætorium*. Ainsi, la *detentio* immédiate des choses donnait aux créanciers, non pas une simple hypothèque, mais un véritable *pignus* dans le sens le plus restreint. Le gage nommé *pignus iudiciale*, c'est-à-dire la saisie des biens du condamné, ordonnée par le préteur pour assurer au demandeur sa créance, offre la même analogie.

---

[1] *Lex* 20, *D.* xlvii, 10; *Lex 1*, § 24, *D.* xxxvii, 9. Justin. *Codex*, 17 : « Ut nemini liceat sine judicis auto- ritate signa rebus imponere alienis. »

[2] *Lex* 15, *D.* xli, 5.

[3] *Lex 1*, *D.* xliii, 4.

Le *pignus prætorium*, dans le cas d'un envoi en possession, commence donc avec l'appréhension ; c'est, par conséquent, un *pignus* dans le vrai sens du mot, puisque la *detentio* est nécessaire. Celle-ci peut, au reste, être exercée soit par le magistrat, soit par les créanciers. Faisons remarquer ici que non-seulement les choses meubles peuvent être saisies, mais aussi les immeubles, lorsque la valeur des meubles ne suffit pas pour désintéresser les créanciers[1].

Par le décret du préteur, les créanciers obtenaient encore, mais cela dans des cas très-rares, le droit d'administrer les biens sur lesquels on leur accordait la *missio*. Comme ils avaient aussi quelquefois un droit de gage, on pourrait conclure de là qu'ils avaient toujours le droit de *venditio bonorum;* mais, en réalité, les choses ne se passaient pas ainsi. Dans certains cas, la *detentio* n'était accordée aux créanciers que comme mesure préventive, et le plus ordinairement l'administration était laissée aux mains du débiteur. Les créanciers pouvaient néanmoins (ainsi que cela résulte de l'ensemble des dispositions du droit romain) lui retirer cette administration et la faire remettre à un tiers par le préteur. Il y a même une sorte d'envoi en possession où le *missus* obtient le droit de retirer de cet envoi en possession les frais de son existence.

Le préteur accordait aux héritiers présomptifs le droit de retirer les aliments des biens du défunt sur lesquels ils avaient obtenu l'envoi en possession. Cette question ne rentrant pas dans le cadre de notre travail, il nous suffit de l'avoir signalée. Il est encore un autre mode d'envoi en possession qui peut procurer au *missus* non-seulement la *de-*

---

[1] *Lex 15*, § 3. D. xlii, 1.

tentio, mais encore la véritable possession, avec toutes les conséquences qui en découlent, et par l'intermédiaire de laquelle il peut même obtenir la propriété de la chose sur laquelle on lui a accordé l'envoi en possession. On voit qu'il s'agit ici de la *cautio damni infecti*. Dans ce cas, deux envois se succèdent; le premier offrant un droit moins fort, *missio ex primo decreto*, l'autre un droit plus fort, *missio ex secundo decreto*. Cette question non plus n'entre pas dans le cadre de ce travail; nous avons cru, néanmoins, utile de la mentionner en quelques mots.

§ 4.

LA PROCÉDURE DE L'ENVOI EN POSSESSION.

Ainsi que nous venons de le voir, l'envoi en possession était accordé sur une simple demande. Le préteur la refusait rarement, et seulement dans les cas où les faits étaient trop suspects. La *bonorum proscriptio* succédait immédiatement à cet envoi. Elle était faite au moyen d'affiches, *libelli*, placardées sur les places les plus fréquentées. Ces *libelli* devaient correspondre aux termes du décret. Ils devaient faire connaître, par conséquent, la concession de l'envoi en possession, et, suivant le cas, la permission de la vente des biens. L'importance de cette publication n'est pas difficile à comprendre. Elle devait avoir pour but d'avertir les créanciers et les amis du débiteur; les premiers pour faire toutes les démarches de nature à assurer leurs créances, les derniers pour lui venir en aide et prendre sa défense au besoin. Elle avait encore pour objet, en cas de vente des biens, d'attirer un plus grand nombre de spéculateurs.

Le temps fixé par le préteur dans son édit pour la vente
des biens était de trente jours pour un débiteur vivant, et
de quinze jours pour un défunt. Le délai était plus long
dans le premier cas, parce qu'on voulait ne pas précipiter
la *defensio* du débiteur, et lui laisser le temps d'échapper à
l'infamie inhérente à la *venditio bonorum*. Si les créanciers
n'obtenaient du préteur que l'envoi en possession sans la
concession de la vente, le délai de la *missio* n'était pas fixé,
car le préteur pouvait à chaque instant mettre un terme à
cette situation et faire cesser cette *missio in possessionem*[1].

La *missio rei servandæ causa* cessera aussi au moment où
le débiteur pourra établir qu'il ne s'est pas caché frauduleusement pour frustrer ses créanciers[2]. Elle cessera également au moment où le débiteur aura satisfait ses créanciers[3]. Elle cessera, enfin, au moment où le débiteur se fera
représenter légalement au procès[4]. Il ne faut pas oublier,
en effet, que l'élément essentiel de la concession de l'envoi
en possession est la non-comparution du débiteur devant le
magistrat, dans une intention frauduleuse : « Qui fraudationis causa latitavit, si boni viri arbitratu non defendetur,
ejus bona possideri vendique jubebo ; » telles sont les propres
expressions de l'édit.

Mais, si la non-comparution du débiteur est le cas essentiel de la *missio*, il n'en est pas pour cela le seul. L'édit
nous présente un autre cas, celui où le débiteur, ayant
fourni caution de se présenter au terme fixé par le préteur,
ne se montre pas en public pendant cette époque. Le préteur a alors le droit d'accorder l'envoi en possession. Les

---

[1] Gaius. III. § 78.
[2] *Lex 6, § 2. D.* XLII. 4.
[3] *Lex 3, D.* XLII, 4.
[4] *Lex 3, § 1. D.* XLII, 4.

termes de l'édit, en ce cas, sont : « In bona eius qui iudicio sistendi causa fidejussorem dedit, si neque potestatem sui faciet, neque defendetur, iri iubebo. »

Ces deux cas nous sont conservés par le droit Justinien. Faut-il conclure de là qu'ils étaient, en effet, les seuls de l'édit du préteur? Nous ne le pensons pas. Il nous paraît, au contraire, très-probable que l'envoi avait encore lieu pour l'exécution d'une sentence.

La conformité de la version de Gaius[1] avec celle de Théophile[2] prouve suffisamment la réalité de l'existence de ce cas. L'envoi en possession nous paraît encore avoir été admis pour le cas où le débiteur cédait ses biens conformément à la loi Julia : *Item eorum, qui ex lege Julia bonis cedunt*, dit Gaius, et le droit Justinien confirme cette opinion[3]. Le préteur paraît l'avoir encore accordée aux créanciers dans le cas où un DE CUIUS ne laissait pas un héritier civil ou prétorien. Cicéron traite ce cas dans le discours déjà cité, *pro Quintio*[4], et Gaius émet la même opinion[5]. L'envoi avait encore lieu, d'après Ulpien, dans le cas où un héritier suspect refusait de fournir caution aux créanciers[6]; enfin, d'après Cicéron[7], dans le cas où le débiteur était exilé. L'énumération de ces cas suffit à prouver que les deux cas cités dans l'édit n'étaient pas les seuls; qu'au contraire le préteur pouvait, en vertu de son *imperium* et de sa puissance discrétionnaire, accorder l'envoi en possession autant de fois qu'il le jugeait nécessaire.

---

[1] Gaius, III, § 78.
[2] Paraph. *Inst.* III, 12.
[3] *Lex 3* et *5*, *D.* XLII, 3.
[4] *Pro Quintio*, 19, 60.
[5] Gaius, III. 3, 78.
[6] *Lex 31*, *D.* h. t.
[7] *Lex 13*, *D.* XLII, 4.

Sa seule préoccupation, nous l'avons déjà dit, était de sauvegarder les intérêts des créanciers, sans nuire à la situation du débiteur. Ce but, il ne pouvait l'atteindre que par l'envoi en possession. Mais le débiteur n'était pas pour cela exclu de la gestion de ses affaires. Les créanciers ayant obtenu la *missio rei servandæ causa* (et, par conséquent, la *custodia*, l'*observatio* et la *proscriptio bonorum*) pouvaient, pendant les trente ou quinze jours, prendre toutes les mesures pour empêcher le détournement frauduleux des biens de la part du débiteur. Par la *proscriptio*, tous les créanciers étaient avertis de la déconfiture du débiteur; ils étaient forcés, s'ils voulaient participer à la masse, de demander au préteur la *missio in bona*. Les créanciers qui ont obtenu les premiers l'envoi en possession n'avaient aucun privilége; ils avaient agi dans l'intérêt commun et étaient obligés de verser tout ce qu'ils recevaient particulièrement du débiteur dans la caisse commune.

M. Dernburg est d'un autre avis. Il pense que le premier *missus* a un droit de préférence sur les autres créanciers demandeurs postérieurement à l'envoi en possession. Nous ne croyons pas cette opinion suffisamment justifiée. Elle est d'abord en contradiction formelle avec les Lois 6 et 7, *D.* xlii, 8, que nous analyserons en son temps; elle est, de plus, contraire à la marche pratique des affaires. Avant de demander l'envoi en possession, le créancier cherche un arrangement amiable avec son débiteur; si celui-ci refuse de satisfaire aux justes réclamations du créancier, alors ce dernier s'adresse à la justice et demande son intervention pour garantir sa créance. La justice reconnaît son bon droit, et le met en mesure de surveiller son débiteur devenu notoirement insolvable. Mais si, d'un côté, la justice lui vient en aide, de l'autre, elle doit prendre des mesures pour assurer le droit des autres demandeurs. Elle ne permettait pas au premier *missus* de s'entendre à l'amiable avec son débiteur; car le créancier ne pouvait pas recevoir le payement de sa créance exigible, sans augmenter l'insolvabilité du débiteur. De là il résulte que tous les créanciers devaient subir le même sort : « Qui vero post bona possessa debitum suum recipit, hunc in portionem vocandum exæquandumque ceteris creditoribus; neque enim debuit præcipere ceteris post bona possessa, cum jam par conditio omnium creditorum facta esset. »

Notre droit, du reste, suit la même tendance. Le débiteur, étant dans une insolvabilité notoire, ne pouvait plus consentir une préférence au profit de l'un de ses créanciers. Pendant le délai de l'envoi en possession (trente jours), le créancier avait, par conséquent, le droit de prendre toutes les mesures utiles pour conserver intacte la fortune du débiteur. De l'autre côté, pendant ce temps, le débiteur a le droit de se débarrasser de la *missio in bona*, en satisfaisant tous ses créanciers ou en se défendant. En agissant ainsi, le débiteur pouvait reconquérir la possession de ses biens, et le préteur le protégeait par l'*interdictum redditum*, qu'il accordait sur une simple demande de défense. Le grand jurisconsulte Ulpien ne nous laisse aucune obscurité, en ce cas, sur la notion de la défense... *et recte defendetur*, dit-il, *hoc est, vel a se, vel ab alieno quocunque*[1]...

Le délai de trente jours écoulé, et le débiteur n'ayant ni

[1] *Lex* 5, § 3, *D.* xlii, 4.

satisfait ses créanciers ni engagé le procès avec eux, alors il subit la conséquence de l'exécution sur ses biens; il devient infâme.

Avant d'exposer cette procédure succédant à la *missio*, il est nécessaire de savoir comment et par quels moyens le débiteur pouvait échapper aux conséquences de l'exécution sur ses biens et à la déclaration d'infamie.

CHAPITRE II.

LA CESSION DES BIENS.

§ 1.

L'ORIGINE ET LA FORME DE LA *CESSIO BONORUM*.

Nous avons déjà vu dans l'exposé de la loi Pœtilia que le *iuramentum bonæ copiæ* était le moyen par lequel le débiteur pouvait échapper à la contrainte corporelle. Le débiteur, en mettant sa fortune à la disposition de ses créanciers et en prêtant serment de n'avoir rien détourné de son patrimoine, pouvait échapper aux conséquences rigoureuses de l'exécution sur les biens. Cependant on ne peut pas soutenir que le système de la cession de biens soit déjà introduit par la loi Pœtilia. Cette loi contient assurément les germes de cette procédure, mais c'est la loi Julia qui l'introduit définitivement,

La loi Pœtilia paraît avoir été décrétée par Auguste. Elle n'eut d'abord force de loi que pour l'Italie; mais elle fut plus tard étendue aux autres possessions de l'empire romain par des constitutions impériales de Dioclétien et de Maximinien.

Examinons maintenant en quoi consistait la *cessio bonorum*.

On ne peut répondre qu'imparfaitement à cette question, car la loi Julia ne nous est pas parvenue dans toute son étendue. Nous n'avons que des fragments rapportés par Ulpien, Paulus, Modestinus et Marcianus, tous contemporains d'Alexandre Sévère. On pourrait donc contester même l'authenticité de ces fragments. Mais, en admettant leur véracité, nous n'avons encore qu'une notion très-imparfaite de la loi Julia. En étudiant l'exposé de ces jurisconsultes, nous voyons que la cession des biens n'était qu'un privilége accordé au débiteur, qui, en abandonnant tous ses biens à ses créanciers, pouvait se soustraire à la contrainte corporelle et à l'infamie, conséquences rigoureuses de la *bonorum venditio*.

La *cessio bonorum*, décomposée dans ses différents éléments, consistait donc en ceci :

1° Elle est dans le plein pouvoir du débiteur. L'autorité judiciaire ne pouvait pas le contraindre à faire valoir ce privilége, et il pouvait même revenir sur cette déclaration avant la vente des biens[1].

2° Le débiteur devait être condamné au payement de la dette, ou bien reconnaître la légitimité de la créance devant la justice. Si le débiteur reconnaissait la légitimité de la dette extrajudiciairement, alors, soutiennent quelques jurisconsultes, les effets n'étaient plus les mêmes. Cette question a donné lieu à une controverse. La Loi 8, *D. h. t.*, s'exprime ainsi à ce sujet : « Qui cedit bonis, antequam debitum agnoscat, condemnetur, vel in ius confiteatur, audiri (non) debet. » Godefroy croit ce texte interpolé[2]. Zimmern[3] et Tambour pensent que le texte d'Ulpien portait seulement : *antequam condemnetur, vel in ius confiteatur*. Probablement, dit Tambour, les rédacteurs du Digeste ont voulu supprimer la condition du *confessio in iure* ou de la condamnation préalable, et, au lieu d'admettre simplement le texte d'Ulpien, ils ont

[1] *Lex 3 et 5, D.* xlii, 3.

[2] *Sur la loi 2, th. qui bon. ex lege Julia...*

[3] Zimmern, *Geschichte des römischen Privat-Rechts*, vol. III. § 78, n. 14, p. 247.

ajouté les mots *debitum agnoscat*[1]. Herald considère le *non*
de la dernière partie de la loi, *audiri non debet*, comme in-
tercalé, en se basant sur le fait que *non*, dans le *Codex
Florentinus*, est mis entre parenthèses. Il déduit de ce fait la
conséquence que ce mot a manqué dans le manuscrit et n'a
été ajouté que plus tard par un copiste inhabile[2].

Nous ne pouvons admettre ces différents essais de correction du texte; nous croyons plutôt à son entière exactitude.
Il nous paraît, en effet, évident que celui qui avoue publiquement une dette doit être considéré comme un condamné
ou comme un *confessus in iure*. Il faut seulement se rendre
un compte exact du sens de cette expression. *Agnoscere debitum* veut dire ici : reconnaître la dette comme vraie, la
reconnaître d'une telle manière que le doute et la contesta-
tion soient impossibles. Cette interprétation d'*agnoscere* se
trouve assez souvent chez les auteurs latins.

3° La *cessio bonorum*, dans l'antiquité, était accompagnée
de certaines formalités. Elle ne pouvait avoir lieu que *in
iure*. L'empereur Théodose abolit cette formalité. Il dit : « In
omni cessione (bonorum) ex qualibet causa facienda, *scru-
pulositate priorum* legum explosa, professio sola quærenda
est[3]. » Tambour trouve dans ces mots l'opinion suivante :
« Justinien seul a introduit ce changement. Théodose n'a fait
que supprimer le rite symbolique de la cession. » Il trouve
un appui à son opinion dans le mot *professio*, qui signifie le
plus souvent déclaration faite devant l'autorité. Cette supposition nous paraît trop risquée, et n'est, d'ailleurs, aucune-
ment prouvée. Nous sommes plutôt porté à admettre le con-

---

[1] Tambour, *Des voies d'exécution*, t. I, p. 129. — [2] *De rer. iudic. auct.* —
[3] *Lex 6, c. Qui bona ced.* VII, 7.

traire, car, dans la même constitution, Théodose ajoute :
« In omni cessione sufficit voluntatis sola professio. » D'où il
résulte que la cession de biens peut avoir lieu par la simple
volonté, et que *professio* ne peut avoir ici la signification
d'une déclaration devant la justice, mais plutôt d'une pure
communication aux créanciers. En tout cas, il est hors de
doute qu'au temps de Justinien la cession n'était accompagnée d'aucune formalité, et pouvait avoir lieu par la seule
volonté du débiteur. Marcian exprime ainsi cette pensée :
« Bonis cedi non tantum in iure, sed etiam extra ius potest;
et sufficit et per nuntium vel per epistolam id declarari[1]. »

Plusieurs jurisconsultes croient cette loi interpolée.

4° Pour avoir le droit de faire valoir le bénéfice de la
cessio bonorum, le débiteur doit prêter serment sur la sainte
Bible qu'il est dépourvu de toute fortune. Pourtant il ne
se *bornait pas*, comme le fait judicieusement remarquer
M. Bethmann-Hollweg, à son affirmation d'être sans fortune;
mais il devait aussi jurer qu'il avait mis à la disposition des
créanciers tout ce qui faisait partie de cette fortune. Ce serment, appelé *beneficium eiurationis bonorum*, procurait au débiteur plusieurs avantages que nous exposerons bientôt; c'est
pour cela qu'il ne faut pas le confondre avec une autre procédure résultant du droit du créancier. Celui-ci pouvait souvent demander, par voie de procédure régulière, la cession
des biens du débiteur, et exiger un exposé sur sa situation
de fortune. Ce n'était pas une *cessio bonorum*, mais un
droit du créancier pour garantir sa créance. Cette procédure devait forcément fournir l'occasion de trop de rigueurs;

---

[1] *Lex* 9, D. *De cess. bon.*

c'est pourquoi Justinien, pour mettre un terme à cette spoliation barbare, ordonna le rétablissement de la *cessio bonorum*. L'occasion de cette réforme fut offerte par un certain Rosarius. La Novelle 135 nous présente une connaissance incomplète de cette cession forcée et de la nécessité du rétablissement de la *cessio bonorum*. Cependant la situation ultérieure du débiteur, créée par cette ordonnance, éclaircit suffisamment le texte de cette Novelle. Voici le fait traité par cette loi : Un certain Rosarius fut maltraité par le *præses provinciæ*, à cause d'un dette privée et publique ; il s'adressa à l'empereur, en le suppliant de le protéger, et Justinien, dans sa clémence illimitée, mit un terme à ces poursuites. Les réformes introduites par Justinien ont besoin d'une analyse sérieuse, car elles offrent beaucoup de difficultés. Nous voyons d'abord, d'après les mots de la Novelle, que les préfets des provinces pouvaient contraindre les débiteurs à la cession des biens. Justinien abolit cette faculté par la Novelle 135. Cette cession forcée avait pour effet, comme le dit ensuite cette Novelle, la honte et la pauvreté. Cette situation paraît si étrange, qu'on n'a pas hésité à mettre en doute les termes mêmes de cette Novelle et surtout les mots suivants du chapitre I : Ὡς ἂν αὐτοὺς τῆς τοῦ σώματος φειδομένους τιμωρίας αἱρεῖσθαι μᾶλλον τὴν τῶν ἰδίων στέρησιν δέχεσθαι, καὶ μὴ σὺν τῷ τῆς ἀπορίας ζυγῷ καὶ τῷ τῆς ἀσχημοσύνης πιέζεσθαι μέχρι θανάτου ὀνειδισμῷ.

Holoandre croit pouvoir les traduire ainsi :

« Perinde quasi dum corporis supplicium ipsi remittitur, maluerit rerum suarum amissionem capessere potius, quam eum inopiæ jugo itidem ad mortem usque premi opprobrio ignominiæ. »

Le sens de ce fragment est donc que le *præses* provincial pouvait forcer, par tous les sévices possibles, le débiteur à la cession de ses biens; celui-ci, pour se soustraire aux sévices du préfet, préférait perdre ou céder sa fortune, plutôt que ($\mu\tilde{\alpha}\lambda\lambda o\nu$... $\varkappa\alpha\grave{\iota}$ $\mu\acute{\eta}$, *potius quam*) de vivre jusqu'à la mort en état de pauvreté et de honte : ces deux effets étaient la conséquence de la cession forcée.

Le sens de ces paroles serait plus juste si on pouvait dire : Le débiteur préférait perdre sa fortune et vivre avec pauvreté, mais sans honte, que de s'exposer aux sévices du préfet. Pour arriver à ce sens, plusieurs jurisconsultes ont essayé certaines corrections. Hérald rejette le mot $\mu\acute{\eta}$; mais Heimbach fait observer avec raison que cette omission est bien risquée, et du reste $\mu\acute{\eta}$ se trouve dans le manuscrit. Heimbach cherche une autre manière de corriger le texte; il ne croit pas que les mots $\varkappa\alpha\grave{\iota}$ $\mu\acute{\eta}$ du commencement de la phrase doivent se rapporter à $\alpha\grave{\iota}\rho\varepsilon\tilde{\iota}\sigma\theta\alpha\iota$, et dépendre de $\delta\acute{\varepsilon}\chi\varepsilon\sigma\theta\alpha\iota$; il veut faire répéter $\dot{\omega}s$, c'est-à-dire $\ddot{\omega}\sigma\tau\varepsilon$ $\ddot{\alpha}\nu$ devant $\mu\acute{\eta}$. Par cette correction forcée, l'objection déjà faite ne serait pas écartée, car la situation qui devait se produire serait alors citée comme n'ayant pas lieu. La combinaison la plus juste nous paraît celle de changer $\mu\acute{\eta}$ en $\mu\acute{\eta}\nu$. Le sens de la phrase serait alors : « Les sévices ne doivent pas être employés contre le débiteur dans le but de lui faire perdre sa fortune et même ($\varkappa\alpha\grave{\iota}$ $\mu\acute{\eta}\nu$) de le faire vivre jusqu'à la mort dans la honte. »

Une autre difficulté soulevée par l'obscurité de la Novelle 135 est la controverse sur la capacité du débiteur. Il s'agit de savoir si tous les débiteurs pouvaient faire la cession de biens. La Constitution I du *Codex Theodosiani*, IV,

20, porte le titre : *Qui bonis ex lege Julia cedere possunt*. Là, il est exigé du débiteur qui veut faire la cession de biens la preuve que la cause de son insolvabilité était indépendante de sa volonté, comme l'incendie, le naufrage, une attaque de voleurs ou un autre cas de force majeure. Dans le code Justinien on ne trouve aucune trace de cette condition. La plupart des jurisconsultes ont tiré de ce fait la conséquence nécessaire que Justinien a accordé à tous les débiteurs le droit de céder leurs biens.

La spirituelle réfutation de Tambour ne semble pas avoir complétement tranché la question. Il est certain que si, comme le soutiennent quelques savants, Justinien avait voulu limiter ce droit aux débiteurs de bonne foi, une restriction aussi importante se trouverait expressément établie. Cependant, ni dans le titre III du livre XLII, qui traite cette question, ni dans aucune autre loi du *Corpus Juris*, on ne trouve trace de cette restriction. L'opinion contraire n'a pu s'appuyer que sur des inductions trop subtiles et faciles à réfuter. La principale objection opposée à l'opinion que nous acceptons peut se résumer dans la question suivante :

« Comment se fait-il que, malgré le privilége de céder leurs biens, accordé aux débiteurs, privilége qui avait pour conséquence de les soustraire à la *missio bonorum* et à la contrainte corporelle, on trouve encore, à cette époque, la procédure de l'envoi en possession et de la contrainte corporelle exercée sur les biens et sur la personne du débiteur? » Bethmann-Hollweg répond à cette objection sérieuse par les faits de la vie pratique. « Il est incontestable, dit à peu près ce savant jurisconsulte, que la loi Julia voulait soustraire chaque débiteur à l'exécution odieuse de la contrainte par corps. Mais elle posait pour condition que le débiteur devait déclarer lui-même son insolvabilité et procurer à ses créanciers la possibilité de saisir ses biens afin qu'ils pussent les vendre. Il n'est pas difficile d'expliquer, continue ce jurisconsulte, la suite de la procédure par corps et la *missio* prétorienne, même dans les temps postérieurs, car presque tous les débiteurs sont ordinairement portés à se tromper sur la situation véritable de leur fortune. Ils espèrent toujours pouvoir échapper par un moyen quelconque aux poursuites de leurs créanciers, et c'est pour cela qu'ils retardent toujours la déclaration de leur insolvabilité. »

La loi, déjà citée, de Théodose ne détruit en rien l'opinion de M. Bethmann-Hollweg, car elle n'était appliquée, comme le fait observer Godefroy, qu'aux débiteurs du fisc. Un chapitre de Sénèque a été cité également à l'appui de l'opinion contraire à la nôtre. Mais Tambour fait remarquer avec raison qu'on ne peut rien induire du sens de ce chapitre pour ce qui concerne la cession des biens [1]. La Loi 51, *D.* xlii, 1, invoquée en faveur de l'opinion adverse, proclame seulement l'exclusion du *beneficium competentiæ* contre celui qui a vendu frauduleusement : « Si quis dolo fecerit ut bona eius venirent. » Puchta n'admet la cession de biens établie par la loi de Théodose qu'en faveur du débiteur de bonne foi; mais il ne soutient pas que cette situation était déjà créée par la loi Julia; il lui paraît incontestable que les avantages de la cession de biens n'eurent jamais lieu en faveur d'un banqueroutier frauduleux [2].

Il résulte ainsi de tout ce que nous venons d'exposer

______

[1] Tambour, p. 133. — [2] Puchta, *Cursus der Institutionen,* 5ᵉ édit. vol. II, p. 245.

que la cession était un bénéfice accordé au débiteur. Les sources romaines corroborent cette assertion. Nous y trouvons les expressions suivantes : Con. iv, *Cod.* vii, 71, *Legis Juliæ, de bonis cedendis beneficium;* Con. viii, *C. ibid. : ad miserabile cessionis bonorum homines veniant auxilium;* Con. vii, *C. ibid.: ad cessionis flebile veniens adjutorium;* le code de Théodose (lib. IV, tit. XX), *qui bonis ex lege Julia cedere possunt,* et celui de Justinien (VII, 71), *qui bonis cedere possunt.* Toutes ces expressions ne laissent aucun doute sur cet avantage accordé au débiteur. Il est donc avéré que les créanciers ont le droit d'option entre l'admission à la cession des biens et la faculté d'accorder au débiteur un délai de cinq ans. La cession des biens étant ainsi un bénéfice créé pour le débiteur, il résulte de sa nature que personne ne pouvait être contraint de la faire. Comme nous l'avons déjà vu, cette idée a été expressément établie par Justinien.

§ 2.

LES AVANTAGES DE LA CESSION DE BIENS.

La *cessio bonorum* étant un bénéfice accordé à tous les débiteurs, chacun d'eux pouvait y prétendre dès qu'il remplissait les conditions nécessaires. Le *filius familias* lui-même pouvait exiger cette faveur pour le *peculium profectitium* ou *castrense,* et, chose plus surprenante encore, pour le *peculium adventitium* même. La forme de la cession était celle de la simple convention, car les expressions, *bonis cedere, bonorum cessio, cessionem accipere,* montrent assez clairement la nécessité du consentement de la part des deux parties, puisque, ainsi que nous l'avons déjà dit, le créancier avait l'option entre l'acceptation de la cession et le droit d'accorder au débiteur un terme de cinq ans. Le débiteur qui voulait procéder à la cession devait déclarer d'une façon quelconque son désir de faire usage de ce bénéfice : *in omni cessione sufficit voluntatis sola professio*. Par cette déclaration le débiteur pouvait obtenir les avantages suivants :

1° Il pouvait se soustraire à la contrainte corporelle, selon la constitution d'Alexandre Sévère[1]. Quelques jurisconsultes croient pouvoir déduire de là cette conséquence qu'antérieurement à cette ordonnance la contrainte par corps avait toujours lieu contre le débiteur. Cette opinion nous paraît erronée. En effet, nous avons déjà vu que la loi Pœtilia avait consacré le principe du *non corpus obnoxium esse*. D'où il résulte qu'Alexandre Sévère n'a fait que répéter et établir en forme de loi le principe existant déjà dans les mœurs et les habitudes du peuple romain. La constitution de cet empereur n'a fait qu'écarter le doute sur la liberté du débiteur. Elle garantit seulement sa liberté individuelle. La cession de bien ne fait que le soustraire à la contrainte corporelle; mais, sur tous les autres points, il reste complétement obligé.

2° Le débiteur, en se prévalant du bénéfice de la cession des biens, ne subissait pas l'infamie. Cette peine, ainsi que nous le verrons, était la conséquence de la *venditio bonorum*. La Loi 2, *C.* II, 12, est formelle sur cette question. Mais, si la cession des biens n'infligeait pas justement l'infamie, elle causait néanmoins une certaine humiliation au débiteur, et la Novelle 135 avait pour but de mettre un terme à cet abus.

3° Un débiteur peut se défendre par l'exception de la ces-

[1] *C.* I, VII, 71.

sion des biens, *exceptio si bonis cesserit*, contre toutes les demandes des créanciers antérieurs à la cession, et cela contre les créances mêmes inconnues de la masse. La Loi 4, *D.* XLII, 3, ne laisse aucun doute sur ce point. Elle est ainsi conçue : « Eum, qui bonis cessit, ne quidem ab aliis, quibus debet, posse inquietari; » c'est-à-dire que les créanciers antérieurs à la cession, qui n'ont pas annoncé leurs créances à la masse, et ceux qui n'ont pas poussé le débiteur à la cession, en d'autres termes tous les créanciers antérieurs à la cession de biens, *posse inquietari*[1]. Il est évident que cette prescription n'est pas absolue; elle est limitée par la Loi 51, *D.* XLII, 1 : « Si quis dolo fecerit ut bona eius venirent, in solidum tenetur. » Ce qui veut dire : la loi ne protége pas le débiteur de mauvaise foi, qui est tenu en tout temps et en toutes circonstances.

4° Le débiteur n'empêchait pas, par la cession des biens, la procédure régulière de sa déconfiture. Celle-ci avait pour conséquence, dans l'ancien droit, la *bonorum venditio*, et, dans le droit Justinien, la *distractio bonorum*. Le débiteur n'était pas libéré de l'obligation de solder le restant dû à ses créanciers; mais il obtenait par la cession le bénéfice d'échapper à une seconde poursuite de déconfiture. Les créanciers ne pouvaient le poursuivre qu'au moment seulement où il avait amassé une certaine fortune. L'importance de cette loi est, on le voit, facile à comprendre. La loi ne voulait pas exposer le débiteur de bonne foi, ayant abandonné à ses créanciers la totalité de sa fortune, lui, débiteur honnête, aux poursuites continuelles de créanciers sans

---

[1] La Loi 3, C. VII, 72; le § 4. Inst. *De replicationibus*, IV. 14. et la — Loi 17. *D.* IV. 8. expriment la même pensée.

cœur. La loi le met à l'abri de leurs vexations, et ne permet pas aux créanciers la continuation de leurs poursuites, avant que le débiteur n'ait recouvré une certaine aisance[1]. Il est certain que la question de l'aisance, condition indispensable pour pouvoir intenter une nouvelle poursuite, restera toujours une question de fait; mais l'appréciation de cette aisance est soumise au magistrat, qui ne peut accorder l'action tant que le débiteur ne possède que le nécessaire pour subvenir aux exigences quotidiennes[2].

Les biens cédés par le débiteur à ses créanciers sont employés à satisfaire leurs demandes; mais, bien entendu, les biens administrés par le débiteur ne peuvent pas tomber en leur pouvoir. Ces biens ne sont pas sa propriété, il en est le simple administrateur, et, comme les créanciers n'ont pas sur eux plus de droits que leur ayant cause, il est évident que ces biens ne peuvent pas entrer dans la masse de ceux destinés à satisfaire les créanciers. Les empereurs Dioclétien et Maximinien ont même ordonné que les biens cédés par le débiteur ne pussent devenir la propriété des créanciers, qui sont obligés de les vendre et de partager entre eux le prix obtenu. Dans le cas où le débiteur a cédé ses biens aux créanciers avec la clause *de datione in solutum*, il est évident qu'alors il peuvent retenir les objets[3].

§ 3.

BENEFICIUM COMPETENTIÆ.

L'exception que le débiteur acquiert par la cession des

---

[1] *Lex 6* et *7, D.* xlii, 3 ; *Con.* III, vii, 72 ; *Con.* VII, c. h. t.

[2] *Lex 6, D.* xlii, 3.

[3] *Lex 3, C.* vii, 71.

biens contre la poursuite de ses créanciers est nommée par les jurisconsultes modernes *beneficium competentiæ*. Ce privilége n'est pas seulement accordé aux débiteurs qui ont cédé leurs biens, mais aussi à tous les débiteurs condamnés *in id solum quod facere possunt*. Ce n'est donc pas un avantage particulièrement lié à la cession de biens; cependant, comme il est également accordé au débiteur de la cession de biens, il est nécessaire de l'envisager dans ses parties essentielles.

L'origine du *beneficium competentiæ* paraît très-ancienne. Ulpien nous assure qu'elle était connue du jurisconsulte Masurius Sabinus, contemporain de Tibère[1]. Toutefois les sources sont trop incomplètes sur ce point pour qu'il soit facile d'en établir exactement le commencement. Par ce bénéfice, le débiteur obtenait le droit de retenir les objets nécessaires à son existence quotidienne. Les créanciers ne pouvaient saisir que les autres objets, dont l'énumération serait trop longue; car cette question était toujours une question de fait.

Nous nous écarterions aussi beaucoup trop de l'objet de notre travail, si nous voulions énumérer les personnes qui pouvaient faire valoir ce bénéfice. Il suffit de les signaler : d'abord, les sociétaires entre eux; les parents contre leurs enfants; le patron, la patronne, leurs parents et enfants contre les affranchis; les époux entre eux; le beau-père pendant la durée de sa parenté, — mais pas après la dissolution du mariage, — contre son enfant; les frères et sœurs; le *filius familias* pour des dettes non issues d'un crime; puis les soldats, et enfin le donateur contre le donataire.

---

[1] *Lex 63, pr. D. Pro socio,* XVII, 2.

Le *beneficium competentiæ*, étant une faveur, ne peut être imposé à personne. Pour nous exprimer comme Dabelow, on peut le faire valoir *per modum exceptionis*. Dans le *Corpus Juris*, ce privilége n'est nulle part caractérisé par la dénomination que nous employons; mais toute la nature en est si bien précisée et si bien déterminée, que nous n'avons pas hésité à adopter la nomenclature usitée chez les jurisconsultes modernes, et surtout chez les Allemands. Une importante controverse a été soulevée à ce sujet par Thibaut. Il se demande si le *beneficium competentiæ* peut aussi être opposé aux créances contractées après la cession de biens, et il répond affirmativement à cette question; c'est-à-dire qu'il croit que le débiteur peut opposer ce privilége aux créanciers postérieurs à la cession de biens, dans le cas même où ceux-ci concourent, avec les créanciers antérieurs, à cette cession. A l'appui de son opinion, Thibaut cite la Loi 4, pr. et le paragraphe 1, *D.* xlii, 3 : «Is, qui bonis cessit, si quid postea acquisierit, in quantum facere potest convenitur. Sabinus et Cassius putabant eum, qui bonis cessit, ne quidem ab aliis, quibus debet, posse inquietari.» Et la Loi 6, *D.* xlii, 3 : «Qui bonis suis cessit, si modicum aliquid post bona sua vendita acquisivit, iterum bona eius non veneunt[1].»

Mais Puchta fait remarquer avec raison que les mots *ne quidem ab aliis, quibus debet*, ne signifient pas des créanciers postérieurs à la cession. Il s'agit plutôt ici de créanciers antérieurs n'ayant pas fait valoir leurs droits pendant le temps de la procédure. Il est, en outre, incontestable que

[1] A. F. Thibaut, *Civilistische Abhandlungen*, Heidelberg, 1814, p. 345-348.

l'opinion de Thibaut est complétement détruite par le raisonnement, *a contrario*, de la Loi 3, *C.* vii, 72. Cette loi exprime la pensée suivante : Si une convention précède la cession de biens, les créanciers ne peuvent plus poursuivre le débiteur *contra rationem iuris;* car l'équité lui a fourni une exception. Il résulte donc de cette loi, par la déduction *a contrario*, que le créancier peut parfaitement poursuivre le débiteur dès que le contrat intervient après la cession de biens[1]; car, à ce moment, l'équité ne munit plus le débiteur d'une exception.

[1] Puchta, *Pandecten,* 7ᵉ édit. § 245; notes *u* et *v;* Leipzig, 1863.

CHAPITRE III.

LA SITUATION DES CRÉANCIERS À L'ÉGARD DES BIENS DU DÉBITEUR.

————

§ 1.

ADMINISTRATION DES BIENS.

Nous avons déjà vu, au chapitre 1er du livre II, que les créanciers obtenaient facilement l'envoi en possession, même après la demande accordée à un autre créancier, car celui-ci n'agissait que dans l'intérêt commun. Le danger résultant d'une demande, faite sans raison par un créancier, de l'envoi en possession, pouvait être facilement écarté, puisque, par cette démarche, le créancier s'exposait à des conséquences assez rigoureuses. L'intérêt du débiteur absent était donc sauvegardé. Ce cas sera ainsi un des plus rares, et le plus fréquent sera plutôt celui où un débiteur insolvable, sans avoir fait la cession de biens, est poursuivi par tous ses créanciers. Ceux-ci, ayant obtenu du préteur l'envoi en possession, ont fait, dans le délai légal, la *proscriptio bonorum*. Quelle sera la procédure employée dans ce cas?

Les Instituts de Gaius nous fournissent les meilleurs renseignements sur cette question. Ce jurisconsulte nous raconte [1] que, la *proscriptio bonorum* dûment exécutée et le délai légal passé, le préteur convoquait, par un nouveau décret ou édit, tous les créanciers, et leur ordonnait de nommer un *magister*, c'est-à-dire celui qui devait s'occu-

———

[1] *Instit.* lib. III, § 79.

per de la vente des biens [1]. Il ne faut pas conclure de là que le choix d'un *magister* avait lieu seulement pour surveiller la vente. Déjà, pendant la durée de l'envoi en possession, les créanciers avaient le droit de nommer une personne pour surveiller l'administration des biens. Si cette personne se nommait *magister* ou *curator*, c'est une question que nous examinerons plus tard. Il est certain que, dans la plupart des cas, l'administration des biens était confiée au débiteur lui-même; cependant, dans certaines circonstances, les créanciers pouvaient lui retirer cette administration. Cette prescription n'est nulle part expressément énoncée, mais elle ressort d'une série de lois du droit romain qui seraient inexplicables sans cette interprétation. Ainsi, d'après la Loi 8, § 1, *D.* xlii, 5, les créanciers sont obligés de vendre ou de donner en location les fruits produits par le terrain au moment de la *missio;* — à la condition, bien entendu, que ces fruits n'aient pas été vendus ou loués avant cette époque, car, dans ce cas, le préteur devait maintenir la convention, même quand le prix fixé n'était pas en proportion avec la valeur de l'objet. — La mauvaise foi du débiteur est constatée, s'il n'a vendu ou loué la chose que dans l'intention de nuire aux intérêts des créanciers : dans ce cas, le préteur permet d'annuler le contrat et de mettre une autre personne à la place de l'acquéreur.

Le terme pour lequel le contrat pouvait être conclu n'était pas déterminé par l'édit. Il est donc probable que les créanciers avaient une entière liberté pour la fixation de ce terme. Ulpien dit en effet : «De tempore locationis

---

[1] Cicer. *Pro Quintio*, xv; *ad Att.* l. 1, VI, 1. 3. 15; *Paul.* lib. LIV. *Ad edictum : L.* 57, *D. De verb. sig.* l. 16.

nihil prætor locutus est, et ideo liberum arbitrium creditoribus datum videtur, quanto tempore locent[1]. » Une
question importante à ce sujet est celle de la compétence
des créanciers. Lequel des créanciers est, en effet, compétent pour conclure ce contrat? La loi résout formellement
cette question. Elle dit que les créanciers, seuls, ont le
droit de conclure le contrat, qui ont obtenu l'envoi en possession. La situation ne change pas, bien entendu, dès que
tous les créanciers, représentés comme une partie, ou un
créancier seul, chargé de cette mission par les autres, concluent la convention. Si les créanciers ne peuvent pas se
mettre d'accord, alors le préteur a le droit de nommer
d'office l'un d'eux, qui agira au nom de tous[2]. La gestion
des affaires est habituellement confiée à un créancier élu
par la majorité. Les autres ont le droit de surveiller et de
contrôler ses comptes, au moins une fois par an et d'analyser ses recettes et ses dépenses.

Le rapport des créanciers entre eux sur la gestion était
réglé par certaines actions *in factum*, introduites spécialement dans ce but par le préteur[3]. Il existait d'abord une
actio in factum, ayant pour objet de contraindre celui des
créanciers qui avait recueilli ou fait recueillir les fruits
à les rendre à qui de droit. Il n'était pas nécessaire, dans
un semblable procès, que le demandeur fût un autre créancier; ce pouvait être aussi le *curator bonorum*, et même le débiteur, ce dernier, bien entendu, dans le cas seulement où,
pour une cause quelconque, la vente des biens était devenue impossible. D'après l'édit du préteur, cette action ne pou-

---

[1] *Lex 8, § 3. D.* xliii, 5. — [2] *Lex 8, § 4, D.* xliii, 5. — [3] *Lex 15, § 1.
D.* xliii, 5.

vait avoir pour objet autre chose que les fruits tirés des biens de la masse pendant la durée de la possession effective[1].

Le créancier n'était pas responsable pour le seul fait d'avoir mis du retard dans la prise de possession, ou de l'avoir abandonnée trop tôt. Il n'était pas responsable, non plus, pour les *fructus percipiendi*. On pouvait, toutefois, actionner le créancier qui avait omis la vente ou la location des fruits. Tout ce qui était obtenu par le créancier pendant la durée de la possession devait être considéré comme fruits, et la nature de l'action était traitée d'après l'analogie de l'*actio negotiorum gestor*. L'*actio in factum* passait activement et passivement aux héritiers[2] et durait un certain temps.

Une autre *actio in factum*, introduite aussi par le préteur, était accordée au créancier gérant[3] ayant fait des dépenses de bonne foi pour la gestion des biens, afin de lui donner les moyens de réclamer la restitution de ces dépenses. Cette action pouvait être dirigée contre toutes personnes ayant droit à l'*actio in factum* ci-dessus exposée. Elle pouvait d'ailleurs avoir lieu même dans le cas où les dépenses du gérant n'avaient été d'aucune utilité pour la masse des biens; elle n'était restreinte à aucun délai et passait activement et passivement aux héritiers.

Le préteur accordait, enfin, une *actio in factum* contre celui qui avait détérioré les biens pendant sa possession. La faute d'un *missus* n'est pas prise en considération. Cette action était accordée à tous ceux qui avaient subi une perte par suite de cette détérioration. C'était une action pénale qui durait un an. Elle passait activement et pas-

---

[1] *Lex* 9, § 1, 3. 6, *D.* xlii, 5. — [2] *Lex* 9, § 7, *D.* xlii, 5. — [3] *Lex* 9, § 2, 4, *D. h. t.*

sivement aux héritiers, seulement dans la mesure de la richesse à eux acquise, par le délit de leur *de cuju s*[1].

§ 2.

MOYENS EMPLOYÉS PAR LES DÉBITEURS POUR EMPÊCHER L'ENVOI EN POSSESSION.

Les créanciers ayant obtenu l'envoi en possession, l'administration de ces biens n'était pas tout à fait enlevée au débiteur; mais sa fortune et sa position n'en étaient pas moins compromises. Il avait donc tout intérêt à empêcher cette concession. Dans ce but, deux moyens étaient à sa disposition :

A. L'atermoiement accordé par l'empereur;

B. Le délai accordé par les créanciers mêmes au débiteur; une sorte de concordat.

A. L'atermoiement accordé par l'empereur.

La suspension de payement accordée par l'empereur pour un certain temps, pendant lequel les créanciers ne pouvaient exiger leurs créances, se nomme en latin *induciæ;* en latin du moyen âge, elle porte le nom de *litteræ respirationis, moratorium,* lettres moratoires. Elle avait la même conséquence que celle obtenue en France par les lettres d'État.

Déjà les empereurs Gratien, Valentinien et Théodose avaient étendu le délai de payement de trente jours à deux mois; d'où il résulte que ce bénéfice du débiteur avait son origine au temps de la république. Pourtant, ce bénéfice n'était accordé qu'avec une grande réserve. Sous la répu-

---

[1] *Lex* 9 *, § 8, 9, 10, 11, D. h. t.* — Voir encore sur cette question Heimbach, *Bonorum possessio (in bona missio*), dans Weiske, *Rechts-Lexicon,* vol. II, p. 284-288; Leipzig, 1840.

blique, le préteur accordait incontestablement des délais
aux débiteurs pour se procurer les moyens de satisfaire
leurs créanciers; mais ces délais n'étaient ordinairement que
des délais de justice, trop courts pour pouvoir offrir un
avantage réel aux débiteurs. D'ailleurs, ces délais accordés
par le préteur ne devaient pas trop nuire aux intérêts des
créanciers. Au temps des empereurs, le pouvoir du préteur
était, on le sait, encore plus restreint. Les débiteurs insolvables, afin d'échapper à la procédure rigoureuse de l'exécution sur les biens, commencèrent à s'adresser directement
à l'empereur pour obtenir de lui ce que le magistrat ne
pouvait leur accorder. En principe, l'empereur ne consentait
qu'à des délais très-courts; mais bientôt, pour faire valoir
sa toute-puissance, il prolongea ces délais à un, deux et
même trois ans, sans toutefois excéder jamais cinq ans. Du
moins, dans les sources romaines, nous ne retrouvons aucune trace d'un délai plus long.

Peu à peu, et par la nécessité des choses, s'établit ainsi
la coutume d'adresser directement à l'empereur les demandes
de concession de délai pour le payement d'une dette. Nous
trouvons la première trace de cette coutume dans le *Codex
Theodosianus*. Nous y voyons que la concession des lettres
moratoires était déjà une chose parfaitement établie au temps
de Gratien, Valentinien et Théodose. Avant eux, ces lettres
étaient accordées sans aucune recherche des faits, et aussi
sans égard pour les créanciers et sans distinction entre eux.
Ces empereurs sont les premiers qui aient mis un terme à cet
abus, en n'accordant aucune lettre à un débiteur avant qu'il
n'ait fourni des garanties sérieuses à ses créanciers[1].

[1] *Lex 4, c. 1. 19.*

Les lettres moratoires n'étaient donc pas accordées légè-
rement à tous les débiteurs, et, pour les obtenir, il fallait
remplir les conditions suivantes :

Le débiteur devait adresser une supplique à l'empereur.
Dans cette supplique, il devait exposer toute la vérité de
l'affaire. S'il avait obtenu la lettre moratoire par un exposé
faux, la concession de l'empereur devenait nulle. Il devait
encore démontrer, dans la supplique, qu'il possédait assez de
fortune pour satisfaire ses créanciers après le délai accordé,
mais qu'il courait le danger de devenir complétement insolvable, s'il restait obligé de payer immédiatement ses créanciers. Ce débiteur devait, en outre, garantir à ses créanciers
l'accomplissement de ses obligations après le délai écoulé.
Cette garantie consistait, soit dans le nantissement de ses
biens présents, soit dans une caution solvable. Le but de
cette garantie était d'assurer la créance. En somme, c'était
l'assurance que la situation présente du débiteur ne serait
pas empirée pendant ce délai, et qu'au contraire la renonciation à la poursuite immédiate serait compensée par un
actif plus considérable, par une somme à partager plus
élevée que celle qui aurait été obtenue par l'envoi en possession immédiat. Cette idée nous paraît exprimée par les
mots *fidejussio idonea super debiti solutione præbeatur*.

Il ne faut pourtant pas conclure de là que les lettres
moratoires n'étaient accordées qu'avec le consentement des
créanciers. L'empereur, au contraire, donnait cette concession malgré leur volonté, mais seulement après une
causæ cognitio. Il ne faut pas croire non plus que les lettres
moratoires n'étaient accordées qu'aux débiteurs honnêtes,
c'est-à-dire à ceux qui étaient insolvables, non pas par leur

faute, mais par suite d'accidents indépendants de leur volonté. Car combien trouverait-on de débiteurs à l'abri de
ce reproche ? Combien trouverait-on de débiteurs qui n'ont
pas créé par leurs propres actions, soit directement, soit
indirectement, la situation de leur insolvabilité ? Nous
pensons qu'en exigeant du débiteur la condition d'être
hors de cause au sujet de son insolvabilité, on rendrait
complétement illusoire l'institution des lettres moratoires.
Nous admettons bien que les informations sur le caractère
et même sur le passé du débiteur formaient, en grande
partie, la procédure de la *causæ cognitio;* qu'on examinait
sérieusement, avant d'accorder le délai de grâce, si le
débiteur avait la ferme intention de remplir ses obligations;
nous convenons que cette intention ne pouvait être jugée
que d'après sa *vita ante acta;* mais nous ne croyons pas qu'on
exigeât un certificat de bonne conduite. Nous ne pouvons
non plus admettre l'opinion de certains jurisconsultes, soutenant que les lettres moratoires étaient un bénéfice personnel accordé au débiteur. Il ne faut pas oublier, en effet,
que l'ajournement du payement peut, en certains cas, être
favorable aux créanciers; car ceux-ci, en faisant valoir
immédiatement leurs droits sur les biens du débiteur,
peuvent n'obtenir qu'une part très-modique de leur créance,
tandis que, par la concession accordée au débiteur, il peut
se faire que ce dernier se crée une position plus solvable et
qu'il augmente ainsi la garantie offerte à ses créanciers.

W. H. Puchta a bien raison de dire que les lettres moratoires sont un *beneficium commune*[1]. Mais ce serait pousser

[1] W. H. Puchta, *Ueber den Concurs-Process*, Erlangen, 1827. p. 229.

cette opinion trop loin, de dire que les lettres moratoires
étaient plutôt accordées en faveur des créanciers qu'en faveur du débiteur. Si les lettres moratoires étaient un *beneficium commune*, il suit de là que leur concession ne doit créer
à aucune des parties une situation plus avantageuse. Par
conséquent, le débiteur reste toujours obligé dans la même
forme; il n'est pas dispensé, par exemple, de payer les intérêts, si la dette contractée comporte le payement des intérêts.

Le débiteur n'ayant obtenu par la lettre moratoire qu'un
ajournement du payement, qu'un délai de grâce pour satisfaire plus tard complétement ses créanciers, ne reçoit pas
par ce fait seul le privilége de se créer une situation meilleure à leur égard. L'obligation contractée antérieurement
à la lettre moratoire subsiste dans toutes ses parties après
la concession obtenue. Aussi ne pouvons-nous admettre
l'opinion de ces jurisconsultes qui soutiennent que, pendant
le temps suspensif, le débiteur était dispensé du payement
des intérêts.

Les lettres moratoires étaient, comme on le voit, une
atteinte au droit commun; elles ne pouvaient être accordées
que par l'empereur. Pour la demander et l'obtenir, la forme
était celle des suppliques en général. L'empereur, nous
l'avons dit, ne l'accordait qu'après une *causæ cognitio*. Dans
les cas les plus fréquents, ce n'était pas lui-même qui décidait l'affaire, mais il nommait un *iudex delegatus* qui l'é-
tudiait plus amplement. Le *rescriptum* était rédigé dans les
bureaux impériaux, sous la surveillance du *quæstor sacri
palatii*[1]. Le juge délégué était ordinairement un fonction-

____

[1] *Lex 1, c. th. ii, 7.*

naire haut placé, pris dans la classe des illustres, ou *specta-biles*. Si l'empereur décidait lui-même l'affaire, elle était alors analysée dans son conseil privé, connu déjà, au temps de Dioclétien, sous le nom de *consistorium principii*. Devant cette assemblée, la partie exposait, par l'organe de ses défenseurs, les motifs de sa demande. Si l'empereur était présent, on votait immédiatement, et le résultat était communiqué par le chancelier impérial, *quæstor sacri palatii*. S'il était absent, la décision n'avait lieu qu'après un rapport qui lui était adressé.

Les lettres moratoires ne pouvaient pas être appliquées à toutes les obligations. Certaines obligations ne souffraient aucun retard : ainsi l'impôt, l'obligation alimentaire, les intérêts, etc. etc. n'étaient pas suspendus par ces lettres. Elles n'étaient d'ailleurs valables que pour les dettes contractées antérieurement à leur concession ; toutes les autres pouvaient faire l'objet d'une action. Les obligations nées d'un quasi-délit ne pouvaient non plus être ajournées par une lettre moratoire. Le délai accordé n'est pas fixé ; il ne paraît pas avoir jamais dépassé cinq ans. C'est pour cela que ces lettres sont, en Allemagne, nommées *quinquennales* ou *quinquennellen*. Elles ont donné lieu dans ce pays à de tels abus, qu'on en a formé le proverbe *Quinquennellen gehören in die Höllen :* « Les quinquennelles appartiennent à l'enfer. »

Nous avons déjà dit qu'une institution semblable existait en France. Les lettres d'État avaient le même but que les lettres moratoires. Il en est de même dans notre droit moderne français, et notamment dans l'article 1244 du Code civil, avec cette différence que, dans notre Code, la concession du délai est laissée à l'appréciation du magistrat, tandis que, dans le droit romain, elle était une prérogative de l'empereur.

B. Le délai accordé par les créanciers eux-mêmes ; une sorte de concordat.

Le second moyen pour prévenir la déconfiture était la convention volontaire faite entre le débiteur et ses créanciers. Ceux-ci accordaient souvent au premier une prolongation de terme ou une diminution de sa dette pour sauver le reste de leur créance. Ils faisaient ainsi une sorte d'atermoiement ou une sorte de concordat. Ce traité est appelé en Allemagne : *Moratorium conventionale, Stundungs* ou *Nachlass-Vertrag.* C'était donc un *pactum de non petendo,* limité à un certain temps. Les créanciers s'engageaient à ne pas exiger pendant un délai déterminé la somme due par le débiteur. La conséquence naturelle de ce traité était que si, pendant ce temps, un des créanciers engagés par le *pactum* réclamait le payement, le débiteur pouvait repousser cette demande par une exception résultant du *pactum.* Mais, si la réclamation avait lieu après le délai fixé par le *pactum,* le débiteur ne pouvait plus opposer aucune exception[1]. Il est évident que ce traité ne pouvait être que le résultat d'une entente libre entre les parties.

Les créanciers n'étaient point forcés d'accorder un atermoiement à leur débiteur. Toutefois il est un cas faisant exception à cette règle, dans lequel les créanciers peuvent être contraints à donner au débiteur un délai pour le payement de ses dettes : c'est lorsqu'un débiteur, pour satisfaire ses créanciers et échapper aux conséquences d'une déconfiture,

---

[1] § 10, Inst. *De exceptionibus,* IV. 13.

manifeste l'intention d'abandonner sa fortune. Si une partie des créanciers accepte cet abandon et l'autre préfère accorder un délai ?..... comment pourra-t-on arranger ce dissentiment entre eux ? Justinien résout ainsi la question. « Dans ce cas, dit-il, tout dépendra de la majorité des créanciers ; si la majorité préfère accorder l'atermoiement et que le délai ne dépasse pas cinq années, la minorité sera forcée de subir la décision de la majorité. Cette majorité se compose de tous les créanciers sans distinction, aussi bien des créanciers chirographaires que des créanciers hypothécaires. La résolution de la majorité n'était pas prise d'après le nombre des voix, mais bien d'après la quotité des sommes dues. »

Le traité d'une rémission des dettes ne peut être non plus que le résulat d'une libre convention entre les parties ; mais, dans ce cas aussi, il y a une exception, et la minorité peut également être obligée d'adhérer à la décision de la majorité. Le traité de rémission paraît avoir existé déjà avant l'époque de l'empereur Divus Marcus. Celui-ci n'a fait que lui donner une forme plus précise et plus déterminée. Voici le cas d'une rémission forcée. Un héritier, avant d'accepter la succession, désire s'arranger avec les créanciers de cette succession. Si, dans ce cas, la majorité pense qu'il est de son intérêt d'accorder à l'héritier la rémission plutôt que de s'emparer de la succession, la minorité sera obligée de se soumettre à la décision de la majorité[1], formée, comme dans le cas précédent, de la quantité des sommes. Si les sommes sont égales de deux côtés, la majorité décidera d'après le nombre des personnes ; dans le cas où cette for-

---

[1] *Lex* 7, § 17, 18. 19. — *Lex* 8. 9. 10. D. *De pactis*, n. 14. — *Lex* 58, § 1. D. XVII. 1.

mation de la majorité ne parvenait pas à trancher la question, c'était alors la dignité civique des citoyens qui formait la majorité; enfin, si rien ne pouvait établir définitivement la situation, c'était au magistrat qu'il appartenait de prononcer d'après l'équité.

Il faut encore faire observer que, dans ce traité de rémission, la formation de la majorité par personnes ne se faisait pas de la même manière que dans le cas précédent. Les créanciers hypothécaires n'étaient pas comptés, à moins toutefois qu'ils ne renonçassent à leurs hypothèques. Alors ils rentraient dans la catégorie des créanciers chirographaires, et étaient contraints de se soumettre à la décision de la majorité. Quelques doutes existent au sujet des créanciers n'ayant pas une hypothèque, mais munis d'un *privilegium exigendi*. Étaient-ils liés par la décision de la majorité des créanciers présents ? Nous le croyons; car les créanciers absents étaient également liés par cette décision. Cette rémission forcée pour la succession d'un défunt insolvable ne pouvait être appliquée du vivant d'un débiteur. C'était le seul cas où la minorité dût se soumettre à la majorité[1].

On a encore demandé si la minorité contrainte avait au moins le droit d'exiger du débiteur le montant de chaque créance, dès qu'il se trouvait dans une meilleure situation. Nous ne le pensons pas; car on ne pouvait même pas rescinder le traité en vertu de la *læsio enormis*. Le *pactum remissorium* étant, en outre, une transaction, les parties devaient être bien d'accord sur l'objet du traité, que l'une doit demander et l'autre accorder. Il y a donc parfaite connaissance

---

[1] *Lex* 7, § 19, *D.* II. 14.

de la part des créanciers, et, par conséquent, il n'y a ici ni don ni désavantage. Les créanciers contractaient cette convention à cause de l'avantage qu'ils croyaient avoir en acceptant quelque chose de certain. Ils n'agissaient ainsi que dans leur propre intérêt, et le débiteur, qui est l'héritier dans le cas de la rémission forcée, était toujours libéré en remplissant ses obligations.

§ 3.

LES CRÉANCIERS PRIVILÉGIÉS.

Lorsque le débiteur n'avait pas obtenu d'atermoiement ni un *pactum remissorium*, mais qu'il s'était déclaré par la *cessio bonorum*, ou qu'on l'avait déclaré par la *missio in bona*, insolvable, la déconfiture était prononcée. Les créanciers étaient alors obligés de chercher la satisfaction de leur créance dans la vente des biens du débiteur, et de se partager le prix obtenu de cette vente. Pourtant tous les créanciers ne recevaient pas une part égale dans le partage. Le droit romain a organisé, dans le cours de son développement, plusieurs classes de créanciers, ayant des droits et des priviléges différents.

Au début, les Romains n'attribuèrent aucun privilége à une créance quelconque. A l'origine de ce droit, nous trouvons seulement une forme de nantissement pouvant procurer un privilége au créancier nanti. En contractant la dette, le débiteur offrait à son créancier un objet en garantie. Sur cet objet le créancier avait le droit de se dédommager entièrement, à l'exclusion des autres créanciers. Le créancier nanti de cet objet n'avait aucune collision à craindre de la part des autres. « La fiducie, dit avec raison Tambour, consiste dans la translation faite au créancier de la propriété d'un objet appartenant au débiteur, sauf l'obligation que contracte le créancier de retransférer la propriété de cet objet, si la dette est payée à l'échéance[1]. » Le nantissement n'était donc autre chose que la transmission de la propriété sur le créancier nanti. Celui-ci avait, pour ainsi dire, une propriété provisoire; il était seulement lié par le *pactum fiduciæ*, qui l'obligeait à rendre l'objet au débiteur dès que ce dernier avait payé sa dette au terme fixé. Si, au contraire, il ne remplissait pas son engagement, le créancier avait le droit de vendre l'objet sans aucune autre formalité, même dans le cas où ce droit n'avait pas été expressément établi dans le traité. Quand le droit de vendre l'objet était formellement interdit par une clause du traité, le créancier ne pouvait procéder à la vente qu'après une triple sommation faite au créancier d'avoir à payer sa dette[2]. La vente devait, en outre, se faire publiquement, et le débiteur avait, pendant le délai d'une année, le droit de dégager l'objet[3]. « Si inter creditorem, dit le jurisconsulte Paul, et debitorem convenerit ut fiduciam sibi vendere non liceat, non solvente debitore, creditor denuntiare ei solemniter potest et distrahere. »

Avec le développement des transactions, un semblable nantissement devait forcément paraître trop gênant. Les Romains ne tardèrent pas à introduire un autre genre de nantissement. Ce mode, qui devait faire disparaître complétement la fiducie, fut nommé *pignus*, parce que, ainsi que

---

[1] Tambour, p. 327.

[2] *Lex 4*, D. xiii, 7.

[3] *Lex 3,* pr. c. *De cur. dom. imp.* viii, 34.

le dit le jurisconsulte, *pignus appellatum est a pugno, quia res, quæ pignori dantur, manu traduntur*[1]. Dans ce mode de nantissement, l'objet ne passait plus dans la propriété du créancier, il restait chez le débiteur; seulement le créancier était le possesseur de la chose, et, comme tel, il avait tous les avantages de la possession; il pouvait défendre son droit par les interdits possessoires.

Pourtant, avec le temps, ce gage devint aussi trop onéreux, et les Romains établirent à côté du *pignus* un autre nantissement, celui de l'hypothèque. Dans celui-ci, la translation de la possession n'était plus nécessaire; une simple convention suffisait pour procurer au créancier un droit réel sur les biens du débiteur. Ces deux droits de nantissement, *pignus* ou gage et hypothèque, existent concurremment dans le droit romain. Ils diffèrent seulement dans quelques éléments. Ainsi, le gage procure au créancier la possession de l'objet, tandis que l'hypothèque lui offre seulement un droit réel sur les biens de son débiteur. La loi explique assez clairement cette différence : « Proprie pignus dicimus, quod ad creditorem transit; hypothecam, cum non transit, nec possessio, ad creditorem. » Cependant, comme l'hypothèque procurait au créancier un droit de suite, qui lui permettait, au moyen de l'action servienne ou hypothécaire, d'aller chercher l'objet engagé en quelques mains qu'il se trouvât, le débiteur devait lui payer sa dette, ou abandonner l'objet. C'est à cause de ce droit que le jurisconsulte Marcianus dit aussi : « Inter pignus autem et hypothecam tantum nominis sonus differt[2]. »

Le cadre de ce travail ne nous permet pas de donner un

---

[1] *Lex* 238, § 2, *D. L.* 16. — [2] *Ler* 5, *D. De pign. et imp.* II, 1.

examen plus détaillé du droit hypothécaire. Il suffit d'indiquer que le créancier hypothécaire cherchait sa satisfaction dans l'objet engagé, et que le droit d'exécution n'appartenait qu'au premier créancier hypothécaire, à celui qui avait sur les autres un droit de préférence. Si le prix de l'objet vendu dépassait le montant de sa créance, le premier créancier devait restituer le surplus au créancier venant après lui, ou, à défaut de créancier hypothécaire, au débiteur lui-même. Les créanciers primés par d'autres avaient le *ius offerendæ pecuniæ*. Ils pouvaient, en offrant aux créanciers antérieurs le payement de leur créance, se rendre maîtres du droit de l'exécution.

A. Hypothèque légale.

A côté de l'hypothèque constituée par la volonté du débiteur, se trouve aussi l'hypothèque constituée par la loi. La nécessité impose des garanties tacites et efficaces, en d'autres termes, des hypothèques privilégiées, qui se distinguent des hypothèques conventionnelles par leur nature de préférence. Elles ne sont pas assujetties, comme les hypothèques simples, à la nécessité des dates, et, étant dispensées de la forme de l'ordre utile, elles ont la préférence sur toutes les autres par la volonté de la loi. L'intérêt de cette institution est facile à comprendre. Certaines créances ont besoin d'une garantie pour combattre la volonté que peut avoir le débiteur de leur contester ce caractère. L'État est, par conséquent, en droit d'intervenir et d'assurer à ces créances un droit de préférence sur toutes les autres.

L'objection faite par certains légistes que l'État n'est pas compétent pour intervenir ne nous paraît pas sérieuse. Personne ne contestera le droit ni même l'obligation de l'État d'intervenir dans certains cas pour exiger une garantie. Nous n'avons qu'à rappeler le cas où les biens d'un mineur sont confiés à un tuteur.

L'hypothèque légale, ou, pour employer l'expression des sources romaines, *hypotheca tacita*, est une nécessité absolue des transactions sociales. Certainement, l'abus et la multiplication de ces hypothèques, telles qu'elles se sont produites sous les empereurs chrétiens, peut avoir des conséquences très-fâcheuses, en détruisant, en quelque sorte, le crédit réel; mais, appliquée avec modération, cette institution ne peut que donner une impulsion très-efficace aux affaires, en garantissant les transactions. Le droit romain, pénétré de cette idée, n'a pas tardé à introduire l'hypothèque légale. Nous ne pensons pas, toutefois, qu'elle ait été inconnue au temps de la République. L'introduction n'en eut lieu que très-lentement et avec une grande précaution [1]. La première occasion en a été offerte par les nécessités de la vie quotidienne.

Les propriétaires romains avaient l'habitude de faire engager par leurs locataires les objets qu'ils introduisaient, et le fermier affectait ses fruits d'une hypothèque. Cette habitude était si usuelle, que, dans le cas où le propriétaire oubliait d'insérer cette clause dans le contrat, on ne considérait pas moins ces objets ou ces fruits comme grevés de cette hypothèque. On se disait que les parties, ayant gardé le silence sur cette question, avaient entendu se soumettre à la règle générale et n'avaient pas l'intention de s'écarter de

---

[1] Thomasius, *De origine atque progressu hypothecarum tacitarum;* Leipsig. 1732.

l'usage. L'impulsion une fois donnée par une hypothèque tacite, les Romains ne se contentèrent pas de ce seul cas, et ils donnèrent au principe une plus grande extension. C'est pour cela que, dans le droit romain, les hypothèques légales sont très-nombreuses et appartiennent à différentes époques.

Nous pensons donc rendre l'aperçu plus facile en les exposant suivant l'ordre chronologique de leur introduction. Toutefois, les lacunes des sources sont telles, que nous ne pourrons établir toujours l'année exacte de l'introduction d'une hypothèque légale. Nous serons alors forcé de recourir aux auteurs les plus anciens qui en fassent mention.

Le premier jurisconsulte qui cite les hypothèques légales est Neratius, contemporain de Trajan (99-117). C'est chez cet auteur que nous trouvons mentionnés :

1° Le gage du propriétaire d'un édifice, ou d'un *prædium urbanum*, sur les *illata* du locataire [1]. Cette règle générale est limitée par la disposition de la Loi 7, § 1, *D.* xx, 2, ainsi conçue : « Videndum est ne non omnia illata vel inducta, sed ea sola quæ, ut ibi sint, illata fuerint, pignori sint. »

2° Le gage du propriétaire d'un terrain, d'un *prædium rusticum*, sur les fruits produits par ce terrain [2]. « In prædiis rusticis, fructus, dit la Loi 7, pr. xx, 2, qui ibi nascuntur, ta-

---

[1] *Lex 4, pr. D.* ii, 20 ; *Lex 4, pr. D.* ii, 14. — Une étude approfondie sur cette question se trouve chez Dernburg, *Pfandrecht, nach den Grundsätzen des heutigen römischen Rechts,* vol. I, p. 294 ; Leipsig, 1860.

[2] *Lex 3, pr. D.; Lex 4, § 1, D.; Lex 2, D.* xx, 2 ; *Lex 11, § 3, D.* i, 3, 7 ; *Lex 24, § 1, D.* xix, 2 ; *Lex 3,* c.; *Lex 16, D.* iv, 5. — Voir encore Dernburg, *Pfandrecht,* p. 308-316, et Westphal, *Versuch einer systematischen Erläuterung der sämmtlichen römischen Gesetze vom Pfandrecht,* 2ᵉ éd. p. 209, 274, Leipsig, 1791 ; et enfin Gemlin, *Die Ordnung der Gläubiger,* 3ᵉ édit. p. 211, 276 ; Leipsig, 1783.

cite intelliguntur pignori esse domino fundi locati, etiamsi nominatim id non convenerit. » Les controverses relatives à cette question sont assez nombreuses, mais l'objet de ce travail ne nous permet pas de donner une analyse complète du droit hypothécaire. Nous nous préoccupons ici surtout des gages légaux, et nous éviterons toutes les questions incidentes.

Un autre jurisconsulte mentionnant les hypothèques légales est Pomponius, contemporain de Marcus Aurelius Phisophus et de Lucius Ælius Aurelius Verus Antoninus Suivant Pomponius, la personne qui faisait les frais des funérailles avait aussi un gage légal. Ce gage avait la préférence sur toutes les autres hypothèques, et cette particularité paraît avoir sa base plutôt dans les coutumes romaines que dans la loi expresse. « Impensa funeris semper ex hereditate deducitur, quæ etiam omne creditum solet præcedere, cum bona solvendo non sint [1]. » Le mot *solet* n'est pas mis ici accidentellement, mais pour indiquer que la coutume est la principale base de ce privilége. Les frais de funérailles avaient donc, ainsi que nous venons de le dire, la préférence sur les autres gages légaux ; cependant Wesphal croit que les mots *omne creditum*, précédant le mot *solet* dans la loi déjà citée, n'ont pas un sens aussi général que celui qu'on veut bien leur accorder ; mais que *creditum*, signifiant ici plutôt une dette personnelle, n'a pas le caractère d'un *privilegium absolute tale*, mais celui d'un *privilegium exigendi*. Cette opinion est réfutée par Dabelow. Ce jurisconsulte fait remarquer avec raison que la loi ne reconnaît pas une semblable restriction, qui serait, du reste, en contradiction formelle avec les mots *nec ære alieno deducto*, 26, *D. h. t.;* ce qui dé-

---

[1] *Lex 45, De rel. et sumt. fun.*

montre suffisamment que les frais de funérailles devaient,
dans tous les cas, être préférés à toutes les autres dettes [1].
Car ce privilége n'existe pas seulement pour les frais des
funérailles faites pour le débiteur, mais encore pour celles
de toutes les personnes aux funérailles desquelles le débiteur était obligé de pourvoir. Dans ces frais sont comprises
toutes les dépenses faites :

1° Pour l'habillement, la surveillance du cadavre et la
cérémonie;

2° Pour le cercueil;

3° Pour le tombeau et l'ornement du monument.

Les dépenses pour les habits de deuil et les repas ne sont
pas admises par le droit romain. Le monument ne doit pas
être non plus trop coûteux; il ne doit pas dépasser les moyens
du défunt et doit être conforme à son état. Si les dépenses
pour l'ornement du monument sont trop élevées, elles ne
sont prises en considération qu'autant qu'elles ont été faites
en vertu de la dernière volonté du défunt [2].

Papinien nous assure qu'une autre hypothèque légale fut
introduite par l'empereur Marcus Aurelius Antoninus Phi-
losophus, dit Divus Marcus. Cet empereur accorda une hypothèque légale au créancier ayant prêté de l'argent *in re-
fectionem œdium*, pour le rétablissement d'un édifice. Depuis
longtemps les lois s'occupaient de l'embellissement de la
ville de Rome, pour dédommager le peuple de la perte de
sa liberté. Divus Marcus, voulant donner à cet embellissement une plus grande extension, cherchait à encourager
par une loi le rétablissement des édifices tombés en ruines.

---

[1] *Ausführliche Entwicklung der Lehre vom Concurs der Gläubiger*, p. 184-
191. — [2] *Lex 14, §§ 3, 4, 5, D. 11, 7; Lex 37, § 1; Lex 14, § 6.*

Tout créancier, nous dit Ulpien, ayant procuré à une personne les moyens de rétablir sa maison, avait, conformément à l'édit un *privilegium exigendi* [1]. La première cause de cet édit paraît, d'après l'opinion de Capitolinus, avoir été une grande inondation du Tibre [2], qui causa beaucoup de dégâts. Marc-Aurèle crut pouvoir amoindrir en quelque sorte les ravages causés par les eaux, en encourageant les prêts pour la restauration ou la réédification des maisons, et en accordant aux créanciers le *privilegium exigendi*. Ce moyen ne réussit sans doute qu'imparfaitement, car le même empereur, pour rendre les transactions encore plus efficaces, accorda à ces prêts une hypothèque tacite, c'est-à-dire une hypothèque légale. Du moins Papinien l'affirme, car il dit : « Senatusconsulto, quod sub Marco imperatore factum est, pignus insulæ creditori datum, qui pecuniam ob restitutionem ædificii exstruendi mutuam dedit; ad eum quoque pertinet, qui redemtori, domino mandante, nummos ministravit [3]. »

Cette loi de Papinien, la seule source relatant cette hypothèque légale, a donné lieu, à cause de sa trop grande concision, à une quantité de controverses que nous ne pourrions exposer sans nous écarter du but que nous poursuivons.

Un fragment de Papirius Justus, conservé dans la Loi 7, *D. De publican.*, mentionne l'hypothèque légale du fisc. Selon Papirius, Antonin aurait attribué au fisc un privilége pour

---

[1] *Lex* 24, § 1, *D. De reb. auct. jud. poss.*

[2] *In vita M. Antonini*, c. VIII.

[3] Voir l'analyse de toutes ces questions chez Dernburg, *Pfandrecht*, etc. vol. I, p. 314-321, Leipsig, 1860, et chez L. Dabelow, *Ausführliche Entwicklung der Lehre vom Concurs der Gläubiger*, p. 197-202. Halle. 1801.

les contributions. Cette hypothèque avait aussi une préférence sur les autres hypothèques légales[1]. Le même empereur aurait étendu ce droit du fisc à tous les contrats conclus avec l'État[2].

L'empereur Alexandre Sévère accorda au pupille une hypothèque légale sur les biens acquis avec son argent[3]. Les empereurs Dioclétien et Maximinien en accordèrent :

1° A celui qui avait prêté de l'argent pour l'acquisition d'un terrain, et qui s'était réservé une hypothèque. Il avait un droit de préférence sur tous les autres créanciers[4].

2° Au fisc, pour les dettes *ob causam primipili*. Primipile signifiait dans la Rome antique un supérieur de soixante centurions; plus tard, on entendit par *primipilus* le fournisseur de l'armée[5].

Les pupilles et les mineurs reçurent de Constantin, en l'an 314, une hypothèque légale sur les biens de leurs tuteurs[6].

Les empereurs Valentinien, Théodose et Arcadius accordèrent, dans l'année 390, aux enfants du premier lit, une hypothèque légale sur les biens du second mari de leur mère, quand celui-ci avait contracté le mariage avant que la mère eût liquidé tous les comptes de gestion de la tutelle; en d'autres termes, avant qu'elle eût abandonné la tutelle.

---

[1] *Lex 1*, c. viii, 15; *Lex 1*, c. iv, 46. Reinhardt, *Die Lehre vom Gant und Gantverfahren*, p. 43.

[2] Dernburg, *Pfandrecht*, p. 334-354; Dabelow, *Ausfürhrliche Entwicklung*, etc. p. 204-214.

[3] *Lex 6*, c. vii, 8; *Lex 3*, pr. D. xxvii. 9; *Lex 7*, pr. D. xx. 4.

Dernburg, p. 321-328; Dabelow, p. 216-219.

[4] *Lex 7*, c. viii, 18. Dabelow. p. 230.

[5] *Lex 3*, c. xii, 63. Dabelow, xxxii, xxxiii. p. 231.

[6] *Lex 20*, c. v, 57. Dernburg, p. 357-373; Dabelow. p. 233-235.

Les deux lois qui traitent cette question (la Loi 2, c. v, 35, et la Loi 6, c. *In quibus caus. pig.* viii, 15) ont donné lieu à quelques interprétations forcées. Ainsi, Dabelow soutient que les trois empereurs n'ont accordé aux enfants du premier lit une hypothèque légale sur les biens du second mari de leur mère que dans le cas où celui-ci continuait, pendant le mariage, la tutelle sur les enfants, et quand il résultait de sa gestion quelque désavantage pour eux. Cette disposition n'a été changée, pense Dabelow, que par Théodose et Valentinien, en l'an 439, par un décret portant que tous les biens du second mari sont assujettis à une hypothèque légale, même pour la gestion antérieure au mariage de la mère [1].

Cette opinion nous paraît peu concluante; car il résulte déjà de la première loi que la mère, après avoir contracté le second mariage, était obligée d'abandonner la tutelle de ses enfants issus d'un premier lit. Les empereurs Théodose et Valentinien III n'ont fait que corroborer les décisions de Valentinien, Théodose et Arcadius [2].

Dans l'année 469, les empereurs Léon et Anthémis accordèrent aux enfants des premières noces une hypothèque légale sur les biens de leur mère qui a contracté un second mariage, pour leur garantir les biens qu'elle a reçus de son défunt mari, père des enfants. Ces empereurs décidèrent que cette hypothèque commencerait du jour où ces biens seraient transmis à la mère [3].

Enfin, l'empereur Léon ordonna que toute hypothèque accordée devant les notaires (*tabularii*) et deux témoins,

---

[1] *Lex 6*, c. viii, 15.
[2] Dabelow, p. 235.
[3] *Lex 6*, § 2. c. v, 9. Dabelow, p. 236.

ou seulement devant des témoins, devait avoir une préférence sur toutes celles qui ne recevaient pas cette publicité[1].

Justinien, croyant devoir développer ce système d'hypothèques légales, ne se contenta pas d'en augmenter le nombre ; il donne encore une plus grande extension à celles qui existaient déjà. Nous ne pourrions, sans nous écarter de notre sujet, entrer dans une analyse détaillée de cette question ; il nous suffira d'indiquer les augmentations et les changements introduits par cet empereur dans le système de l'hypothèque légale.

Dans l'année 528, il accordait aux créances hypothécaires des banquiers, des marchands de soie (*metaxarii*) et autres commerçants, une hypothèque légale sur les *militiæ* achetées par eux à leurs enfants et autres parents, même dans le cas où ils ne pouvaient prouver que cet achat de la *militia* eût été fait avec leur argent. Si cependant le débiteur prouvait que l'achat avait été fait avec l'argent d'un tiers, l'hypothèque légale n'avait pas lieu. Lorsque cette classe de débiteurs achetait au tiers étranger une *militia*, les créanciers, en vertu de leur hypothèque légale, pouvaient s'en tenir à eux de leur vivant, et à leur décès exiger la valeur de la *militia* au possesseur présent. Pour bien comprendre cette hypothèque légale, il est nécessaire, avant tout, de bien préciser la notion de la *militia*. Tambour s'exprime ainsi à ce sujet : « Le mot *militia* désigne un emploi public. Il y avait à Rome un certain nombre d'emplois transmissibles aux héritiers et pouvant être vendus. On douta longtemps qu'ils pussent être hypothéqués, mais Justinien leva ces doutes[2]. » La *militia* était, en effet, une charge de la cour transmissible

<hr>

[1] *Lex 11*, c. viii, 18. — [2] Tambour, p. 373.

par succession ou par vente; elle était sous la surveillance du *quœstor palatii*[1].

Une réforme, introduite par Justinien dans le système de l'hypothèque légale, fut celle relative aux enfants du premier lit. Il élargit leurs droits en leur accordant une hypothèque tacite :

1° Sur les biens patrimoniaux du second mari, à cause des biens provenant de leur propre père et qui lui ont été transmis par son mariage avec leur mère;

2° Sur le patrimoine de leur propre père, à cause des biens provenant de leur mère décédée ou d'un ascendant maternel, biens dont il avait l'usufruit et l'administration[2]. Cette hypothèque commence du jour de l'administration des biens par le père[3].

La femme reçut aussi de Justinien une hypothèque légale sur les biens dotaux, pour la garantie de sa dot[4], et une hypothèque légale sur le patrimoine du mari, pour la restitution de cette dot.

Une hypothèque légale fut accordée au mari sur les biens de la personne ayant promis la dot, aussi bien pour la garantie du payement de cette dot que comme garantie de la non-revendication de la dot donnée. L'hypothèque continuera donc même après le versement de la dot dans les mains du mari, et aura lieu non-seulement sur les biens de la femme et de son père, mais aussi sur le patrimoine de celui qui a promis la dot[5].

---

[1] Cujas, *In exp. ad Nuv.* xxv, p. 62, 63; et Vinnius, *De collat.* cap. xiii. § 16, Amst. 1651.

[2] *Lex 8, § 4, c. v, 9.*

[3] *Lex 6, § 5, c. v, 9.*

[4] *Lex 30, c. De iur. dotium.*

[5] *Lex una, § 1, c. De rei uxor. actione.*

Justinien a, en outre, donné au légataire et au fidéicommissaire non-seulement une action pour la revendication
des biens légués par le *de cujus*, mais aussi une hypothèque
légale[1].

Enfin il a élargi le droit des propriétaires de Rome et de
Constantinople sur les biens de leurs locataires, en l'accordant à tous les propriétaires de la province[2].

B. Privilége personnel.

Beaucoup des cas privilégiés ci-dessus exposés ont un
caractère réel, c'est-à-dire que les priviléges peuvent être
transmis aux héritiers ou cédés à des tiers; mais d'autres
n'ont qu'un caractère personnel. Le plus ancien de ceux-ci
fut introduit par Marcus Divus. Cet empereur accorda au
créancier ayant prêté de l'argent pour la reconstruction d'un
édifice un bénéfice personnel sur les biens de son débiteur.
Ce bénéfice fut plus tard élargi, et obtint, comme nous
l'avons vu, le caractère d'une hypothèque légale.

Un autre cas d'un bénéfice personnel nous est cité par
Papinien. La personne qui a déposé de l'argent chez un
banquier public, sans en tirer intérêt, est munie à l'égard
de ce débiteur d'un privilége personnel[3]. Ulpien nous a
conservé plusieurs détails sur ce point. Nous savons par lui :

1° Que ce privilége est accordé seulement à ceux qui ne
tirent aucun intérêt de leur argent;

2° Que ce privilége a un droit de préférence sur tous
les autres;

3° Enfin que la priorité de temps n'a aucune influence,

---

[1] *Lex* 1, c. vi, 43. — [2] *Lex* 7, c. viii. 15. — [3] *Lex* 8, D. xvi, 3.

puisque tous les créanciers munis du même privilége ont des droits égaux [1].

Papinien est encore le premier jurisconsulte qui mentionne le bénéfice personnel du pupille sur les biens du tuteur. Ce privilége était accordé non-seulement au pupille, mais aussi à tous les mineurs et autres personnes qui, pour un motif quelconque, étaient mis sous la tutelle. Les prisonniers, les absents et les administrateurs d'une succession non encore acceptée sont exceptés. Ce bénéfice n'a pas seulement lieu contre les tuteurs, mais aussi contre toute personne ayant géré les affaires [2]. Constantin changea ce bénéfice personnel du pupille et du mineur en une hypothèque légale [3].

La femme avait aussi un privilége personnel pour sa dot. Il fut également accordé à la fiancée pour sa dot avancée, dans le cas où le mariage ne s'est pas réalisé [4]. La femme présomptive (c'est-à-dire celle qui au moment du mariage était de bonne foi, mais qui par des empêchements légaux n'a pu devenir épouse) est munie aussi de ce privilége [5].

Le jurisconsulte Paulus mentionne un autre cas de privilége personnel, celui de la commune pour des obligations issues d'un contrat, et le cas où quelqu'un a prêté de l'argent pour construire ou acheter un navire [6]. Marcien soutient encore à ce sujet que ce privilége était accordé au vendeur du navire. Il prétend en outre, et avec raison, à notre avis, que le fisc avait toujours un bénéfice personnel

---

[1] *Lex* 7, § 2 et 3, *D.* XVI, 3: *Lex* 24, § 2, *D.* 42. 5.

[2] *Lex* 23, *D.* XLII, 5.

[3] *Lex* 1, c. VII. 74.

[4] *Lex* 17, § 1. *D.* XLII. 5; *Lex* 74, *D.* XXIII. 3.

[5] *Lex* 22, § 13. *D.* XXIV. 3.

[6] *Lex* 26. *D.* XLII: *Lex* 34. h. t.

lorsque la loi ne l'avait pas investi d'une hypothèque légale. Cette opinion est appuyée par l'affirmation du jurisconsulte Paulus, qui assure que ce bénéfice avait un droit de préférence sur tous les autres, et que le fisc pouvait le céder à un tiers[1].

C. *Vindicatio utilis.*

A côté de ces priviléges personnels ou réels, la loi procurait encore à quelques personnes certains avantages sur certains objets. Elle leur donnait le droit de propriété sur des choses dont elles n'étaient pas propriétaires. En d'autres termes, ces personnes avaient l'action de la propriété, la *vindicatio utilis.* Le premier exemple de cet avantage nous est exposé par Paulus. Il nous raconte que la femme avait la *vindicatio utilis* pour revendiquer les choses achetées par son mari avec l'argent qu'elle lui avait transmis par donation. Cette revendication avait lieu surtout dans le cas suivant : La femme a transmis à son mari par donation une somme quelconque, et, par une circonstance imprévue, elle est forcée de révoquer plus tard cette donation. Le mari, surchargé de dettes, se trouve dans l'impossibilité d'exécuter cette révocation. C'est alors que la femme a une action pour revendiquer les choses achetées avec son argent et qui existent encore. Mais, si la valeur de l'objet dépasse le montant de sa revendication, elle est obligée de restituer le surplus à la masse des créanciers[2].

Ulpien cite aussi le cas d'une *vindicatio utilis.* Le pupille avait, suivant lui, un droit de propriété sur le terrain

---

[1] *Recep. sent.* l. V; tit. XII, § 10; *Lex 3* et 7, c. vii. 73. — [2] *Lex 55,* D. xxiv. 1.

acheté par le tuteur avec son argent, lorsque ce tuteur se trouvait dans une situation d'insolvabilité[1].

L'empereur Gordien accorda aussi ce droit aux soldats pour revendiquer les choses achetées de leur argent[2]. Enfin Valérien et Gallien étendirent ce bénéfice en accordant la *vindicatio utilis* à tous les donataires, pour revendiquer la donation quand elle avait été faite sous la condition de fournir des aliments et que le donateur refusait de remplir cette condition[3].

D. Le bénéfice de la séparation.

Dans tous les cas jusqu'ici exposés, nous nous sommes toujours placé au point de vue de la masse des biens, c'est-à-dire que nous avons considéré les biens du débiteur comme une totalité. Tous les créanciers viennent concurremment exercer leurs droits sur cette masse et y chercher une satisfaction, sauf, bien entendu, les créanciers privilégiés par la loi, qui ont une préférence et sont satisfaits avant tous les autres. Cependant il peut arriver que les biens, au lieu de former une seule masse, destinée à contenter tous les créanciers du débiteur, soient partagés en deux parties, et que chacune d'elles serve à satisfaire différents créanciers. Le cas se présentera surtout par suite de succession. Ainsi, dans le cas le plus fréquent, l'héritier réunira la succession à ses propres biens, et la succession et son patrimoine ne formeront plus qu'une seule masse. Cette confusion des biens pourra cependant parfois préjudicier à quelques intérêts.

Il est évident que, si les deux patrimoines réunis offrent

[1] *Lex* 2, *D.* XXVI. 9. — [2] *Lex* 8, c. III. 32. — [3] *Lex* 1. c. VIII. 55.

aux créanciers toutes les garanties de solvabilité, si, en un mot, l'actif des deux patrimoines réunis est supérieur au passif, la confusion de la succession avec le patrimoine de l'héritier ne présente plus aucun danger; mais il peut se faire que la garantie des créanciers de la succession diminue par cette confusion à cause de la mauvaise situation de l'héritier; les créanciers de la succession ont alors le plus grand intérêt à empêcher cette confusion. Prenons pour exemple ce cas : le défunt est insolvable, mais son héritier ne l'est pas; ou bien encore celui-ci : le *de cujus* et l'héritier sont insolvables, mais ce dernier est encore plus obéré de dettes que le défunt. Il est hors de doute que les créanciers de la succession auront à souffrir de leur concurrence avec les créanciers de l'héritier.

Par contre, si l'héritier est solvable et que le *de cujus*, ne l'étant pas, laisse un passif excédant de beaucoup son actif, il est évident que la réunion des deux patrimoines pourra rendre l'héritier insolvable, et qu'il aura tout intérêt à ne pas confondre les deux masses de bien.

Pour obvier à un semblable danger, les Romains ont créé le *beneficium separationis*, accordé surtout aux *creditores hereditarii* ou créanciers de la succession. Ceux-ci, munis de ce privilége, peuvent exiger la séparation du patrimoine du défunt de celui de l'héritier ou du débiteur présent, pour être satisfaits par les seuls biens de la succession, à l'exclusion des créanciers de l'héritier. Le bénéfice de la séparation était donc particulièrement accordé aux créanciers de la succession.

Examinons maintenant ce que les Romains entendaient par *creditores hereditarii*. Ils appelaient de ce nom tous les créanciers du défunt, devenus aussi ceux de l'héritier par

suite de l'acquisition de la succession. Il est certain que
le fait ne peut se présenter que dans le cas de l'acquisition
d'une succession endettée. Si les créanciers sont munis
d'une hypothèque, on peut également soutenir qu'une semblable acquisition de la part de l'héritier ne pourrait leur
nuire, puisqu'ils sont couverts à l'égard des autres créanciers du débiteur; mais une semblable disposition est tout
à fait contraire à l'esprit du droit romain. L'acquisition de
la succession produisait une telle confusion de droits et
d'obligations, et l'unité de la personne du défunt et de
celle de l'héritier était si bien reconnue chez les Romains,
que les droits de préférence des créanciers étaient complétement anéantis par cette confusion. Les créanciers chirographaires, et même les créanciers privilégiés, ne pouvaient
plus exiger un droit de préférence sur les créanciers de
l'héritier. Ils se trouvaient mêlés avec les autres créanciers
de l'héritier, en vertu de la confusion produite par l'acquisition de la succession. Ils étaient placés, si l'héritier était
trop surchargé de dettes, dans une situation de commu-
nauté très-défavorable.

C'est pour ce motif que les Romains accordèrent le *beneficium separationis* aux créanciers du défunt contre l'héritier
et contre ses ayants cause. Ce privilége est, comme on le
voit, basé sur l'équité; il a pour but d'adoucir la sévérité
de la loi, et pour conséquence d'anéantir la confusion faite
par l'héritier et produite par l'acquisition de la succession.

Suivant Ulpien, l'auteur de ce bénéfice paraît avoir été
le préteur; car il fut introduit par un édit prétorien[1]. Cette
supposition est d'ailleurs corroborée par les faits postérieurs.

---

[1] *Lex* 2, c. *De bonis auctoritate judicis poss.* VII. 72.

puisqu'il était nécessaire d'avoir un décret du préteur pour obtenir la *separatio bonorum*[1]. Le nom du préteur n'est pas connu, et l'époque où ce bénéfice a été introduit n'est pas non plus déterminée avec exactitude. Mais il est indubitable qu'il était déjà employé au temps d'Antonin, qui introduisit le bénéfice pour l'héritier judiciaire.

Cette séparation a un effet bien déterminé par les sources romaines; elle y est désignée avec raison comme une *indemnitatis remedium* ou comme un *commodum*[2], puisqu'elle sépare les patrimoines unis par l'héritier et qu'elle emploie chaque patrimoine à la satisfaction de créanciers différents. La masse des biens de la succession servira donc, avant tout, au payement des créanciers du défunt, et si, après cette liquidation, il reste un excédant, alors, mais seulement alors, les créanciers de l'héritier pourront attaquer ce patrimoine; mais il faut, bien entendu, que tous les créanciers de la succession aient été satisfaits avant[3]. C'est pourquoi la séparation, une fois obtenue, demeure irrévocable, surtout pour ceux qui ont fait valoir ce bénéfice[4]. Il résulte en outre de ce fait que, si les créanciers du défunt, ayant obtenu la séparation des biens, ne peuvent être satisfaits complétement par cette masse séparée, ils n'ont aucun droit sur les autres biens de l'héritier, car c'est leur faute s'ils ont demandé la séparation des biens, sans se renseigner exactement sur la situation des patrimoines.

Les cas suivants forment exception à cette règle :

[1] *Lex 1, pr. D. De separationibus,* 42, 6, l. 2, 6, 7, 70.

[2] *Lex. 2, c. VII, 72; Lex 1, § 10, D. XLII, 6.*

[3] *Lex 1, § 17, D. XLII, 6.*

[4] *Lex 1, § 17, D. XLII, 6; Lex 5, D. ibid.*

1° Si les créanciers séparatistes peuvent excuser leur ignorance par des arguments valides ;

2° Si le créancier séparatiste exige sa créance en vertu d'une obligation à l'accomplissement de laquelle était tenu non-seulement le défunt, mais aussi l'héritier. Par exemple, si le garant meurt et si le débiteur principal reste seul débiteur, le créancier peut demander la séparation des biens du garant de ceux du débiteur principal [1], et, s'il n'a pas été intégralement payé par la première masse, il peut attaquer, pour le reste, les biens de l'héritier débiteur. Dans ce cas, toutefois, il sera forcé de subir, pour ce qui lui reste dû, le sort commun aux autres créanciers.

Nous avons déjà indiqué, dans ce paragraphe, que le préteur était le magistrat qui avait pouvoir pour accorder la séparation ; c'était donc à lui, et dans les provinces au président, qu'il fallait s'adresser pour obtenir le décret du *beneficium separationis*. Le mot *decretum* des sources romaines exprime suffisamment que le préteur, en pareil cas, n'agissait qu'après une *causæ cognitio*. *Sciendum est separationem solere impetrari decreto prætoris* sont les propres termes de la loi [2]. Une séparation de biens ne pouvait donc avoir lieu sans un décret du magistrat et sans une *causæ cognitio* [3]. Si l'on demande quel est le magistrat compétent pour accorder ce bénéfice, les sources romaines répondent que c'est celui qui est muni de l'*imperium*, car, dans quelques passages du *corpus iuris*, le préteur et le *præses provinciæ* sont spécialement désignés comme les seuls capables de l'accorder [4]. Dans

---

[1] *Lex 3*, § 1, *D.* XLII, 6.
[2] *Lex 1, D. De separat.* XLII. 6.
[3] *Lex 2, c.* VII. 72 ; *Lex 1.* § 14
D. XLII. 6. — [4] *Lex 1,* p. et § 14, *D.* XLII. 6 : *Lex 2. c.* VII. 72.

d'autres passages, il est dit encore que la concession du décret pour la séparation des biens est réservée aux magistrats chez lesquels on a introduit la procédure de la déconfiture[1], et justement cette demande d'introduction ne peut être adressée qu'au magistrat muni de l'*imperium*[2].

Ce magistrat sera forcé, avant d'accorder le décret de séparation, de rechercher tous les faits; il examinera si celui qui fait la demande de séparation a qualité pour la faire, si cette séparation de patrimoine est encore possible, s'il n'y a pas eu de déchéance encourue[3].

Pothier croyait pouvoir induire de cette loi la conséquence que la délégation n'était pas possible à ce sujet. Tambour réfute avec succès cette opinion; il s'exprime ainsi : « La délégation est admise pour tous les actes que le magistrat fait en vertu de sa juridiction, et elle n'est impossible que pour les droits qu'il tient d'une loi spéciale; or le droit d'accorder la séparation, le magistrat le tient de sa juridiction, et par conséquent elle est admissible[4]. » Malgré l'avis de Tambour, il est évident que la véritable question, celle de la compétence, reste encore à résoudre. Il s'agit de savoir à quel magistrat il fallait demander le décret de séparation. Est-ce à celui qui avait eu la juridiction sur le défunt ou à celui sous la juridiction duquel se trouve l'héritier, débiteur présent ? Les sources romaines sont insuffisantes pour trancher la question. En lisant la Loi 1, § 14, *D. De separationibus*, nous trouvons cette considération générale : « De his autem omnibus, an admittenda

---

[1] *Lex* 1, § 9, *D.* XLII, 6; *Lex* 3, § 1; *Lex* 5, *D. h. t.*

[2] *Lex* 26, *pr.* et § 1. *D. Ad mu-* nicipalem, 50. 1; *Lex* 4, *D. De iurisdictione*, 11. 1. — [3] *Lex* 1, § 14, *h. t.*

[4] Tambour, *loc. cit.* p. 260.

separatio sit, necne, prætoris erit vel præsidis notio, nullius alterius..... »

Au premier abord, cette loi semble nous indiquer que la demande de la *separatio bonorum* devait être intentée devant le magistrat ayant la juridiction sur le débiteur défunt, et l'on pourrait dire que, l'obligation de ce défunt n'étant pas changée en passant à l'héritier, la situation des débiteurs de la succession n'est pas non plus altérée[1]. Cette interprétation serait pourtant en contradiction formelle avec l'esprit du droit romain.

Ainsi, il est certain que, sauf quelques exceptions, l'héritier ne peut être atteint que dans son *forum;* en d'autres termes, qu'il est soumis à la juridiction de son magistrat. Le cas du *beneficium separationis* (que l'on nous permette cette nomenclature, admise aussi du reste par les jurisconsultes allemands) ne faisait pas partie de ces exceptions. L'héritier ne pouvait être actionné que devant son magistrat compétent[2].

La séparation pouvait, suivant la loi, être demandée dans plusieurs cas. La concession de cette séparation étant pourtant un privilége, il est évident que ces cas ne pouvaient être multipliés arbitrairement. Il résulte également du caractère de ce bénéfice que, seuls, ceux qui l'ont exigé en profiteront. Ainsi, ce seront, non point tous les créanciers du défunt qui seront satisfaits sur cette masse séparée, mais seulement ceux qui auront demandé la séparation. Les autres créanciers de la succession, n'ayant pas fait valoir ce privilége, étaient considérés comme créanciers de l'héri-

[1] *Lex* 2, § 3, *D. h. t.*

[2] Dabelow, p. 340; Heimbach, dans le *Rechts-Lexicon de Weisske,* vol. I, p. 919, Leipsig, 1844.

tier. La demande de séparation des biens, faite par un créancier, ne profitera donc pas aux autres, comme dans la procédure de l'envoi en possession. Chacun d'eux était forcé de faire une demande individuelle. Tambour admet ce principe ; il dit « que chacun des créanciers devait au moins manifester son intention à cet égard[1]. » Nous ne pensons cependant pas qu'une simple manifestation de volonté ait suffi. Un bénéfice ne s'accorde pas en vertu seulement d'une simple manifestation d'intention ; il faut, pour l'obtenir, le demander avec toutes les formalités possibles.

Les cas dans lesquels la séparation des biens pouvait être accordée sont les suivants :

1° Quand l'héritier d'un défunt est insolvable. Dans ce cas, les créanciers de la succession peuvent exiger la séparation du patrimoine du *de cujus* du patrimoine de l'héritier[2]. C'est principalement dans l'intérêt des créanciers du défunt que la séparation des biens a été admise. Ceux-ci ne se sont évidemment rendus coupables d'aucune négligence, d'aucune légèreté. Ils ont fait crédit au défunt, comme à une personne solvable ; sa fortune leur a paru suffisante pour lui accorder confiance. Ce qu'ils ont fait de son vivant, ils en demandent la continuation après sa mort : ils n'exigent que le maintien de la situation passée. Ils ne veulent pas avoir affaire avec le successeur, qui ne leur semble pas pouvoir offrir assez de garanties, soit à cause de son caractère, soit à cause de sa situation de fortune. Le préteur n'obéissait donc qu'aux exigences de l'équité, en protégeant les créanciers du défunt contre tous les préju-

---

[1] Tambour, *loc. cit.* p. 262.   § 1 et § 7, *D.* ; *Lex 3*, p. et § 1, *D.*
[2] *Lex* 2, *C.* VII, 72 ; *Lex* 1.   XLII, 6.

dices que pouvait leur causer la transmission des biens à l'héritier. Il ne fait que conserver la situation actuelle des créanciers de la succession, et, comme il ne veut pas laisser empirer leur position, il leur accorde le droit exclusif de se faire payer sur les biens de la succession, sans avoir à craindre le concours des créanciers de l'héritier. Ces créanciers abandonnent du reste leurs droits à tous les biens de l'héritier. De ce que ces créanciers de la succession sont protégés de leurs droits par le préteur, il ne faut pas conclure que leur position soit pour cela améliorée, ou qu'ils obtiendront une préférence sur les débiteurs de l'héritier. Le préteur ne fait que séparer les deux catégories de créanciers, en donnant à chacun des groupes la masse des biens qu'il avait antérieurement au décès du *de cujus*.

Admettons aussi le cas où les créanciers de la succession ont demandé et obtenu la séparation du patrimoine du défunt de celui de l'héritier, et où ce patrimoine n'a pas suffi à les satisfaire intégralement ; les créanciers de la succession pourront-ils s'en tenir, pour le reste, au patrimoine de l'héritier, et venir en concurrence avec les héritiers de ce dernier ?

Si facile que semble cette question au premier abord, elle n'a pas été résolue d'une manière uniforme, et les diverses solutions des sources romaines sont loin de diminuer la difficulté. Ainsi, Papinien semble admettre l'affirmative. Il s'exprime en ces termes dans la Loi 3, § 2, *D.* xlii, 6 : « Sed in quolibet alio creditore qui separationem impetravit, probari commodius est, ut, si solidum ex hereditate servari non possit, ita demum aliquid ex bonis heredis ferat, si proprii creditores heredis fuerint dimissi ; quod sine dubio admittendum est circa creditores heredis, dimissis hereditariis. » C'est sa propre opinion qu'il donne, et il s'exprime d'une façon très-réservée sur la question; il termine par cette considération, nullement contestée, que les créanciers de l'héritier ont le droit d'attaquer la succession, quand ils ne sont pas satisfaits par le patrimoine de leur débiteur : *quod sine dubio admittendum est*, tels sont les propres termes du jurisconsulte. Il n'est cependant pas impossible que Papinien veuille parler ici du cas où les créanciers, ayant une juste cause d'ignorance, se seraient fait relever des conséquences de leur demande imprudente. Dans tous les cas, cette opinion ne paraît pas avoir prévalu dans le droit romain. Paulus et Ulpien l'ont formellement repoussée, en se basant sur cette considération que, si les créanciers du défunt ont obtenu la séparation des biens, c'est parce que eux-mêmes l'ont demandée volontairement. Il serait, par conséquent, injuste de leur permettre de revenir sur le parti qu'ils ont pris librement. C'était à eux à ne pas demander la séparation des patrimoines, et, s'ils l'ont fait, c'est à leurs risques et périls. *Qui impetravit separationem sibi debet imputare suam facilitatem* [1], dit Ulpien, et Paulus, analysant avec plus de détails encore cette question, cherche à détruire l'opinion de Papinien, en distinguant la position des créanciers de la succession de celle des créanciers de l'héritier. Les premiers ont renoncé par la demande de séparation au patrimoine de l'héritier, *recesserunt a persona heredis* [2], et de cette renonciation volontaire le jurisconsulte tire la conséquence que tout dédommagement est impossible. Plusieurs autres jurisconsultes ont cherché à concilier l'opinion de Paulus et d'Ulpien avec celle de Papinien.

---

[1] *Lex* 1, § 17. *D.* xlii. 6. — [2] *Lex* 5, *D. h. t.*

Cujas [1], Doneau [2] et Samuel de Coussi [3] ont repoussé cette conciliation. Nous croyons toutefois que, en admettant notre interprétation de l'opinion de Papinien, toute conciliation n'était pas impossible.

2° Le bénéfice de la séparation de biens étant, ainsi que nous l'avons dit, accordé à tous les créanciers de la succession, il suit de là que les créanciers hypothécaires n'étaient pas exclus de ce privilége. Cependant un certain nombre de jurisconsultes ont contesté ce droit aux créanciers hypothécaires. Ainsi Brunnmann [4], Cramer [5] et Huber [6] partagent cette opinion. Frik [7] et Dabelow [8] la réfutent avec beaucoup de succès. Il est hors de doute que les lois relatives à cette question s'expriment d'une manière générale. Elles accordent ce bénéfice à tous les créanciers hypothécaires, et, si la loi n'établit aucune exception, l'interprétation ne peut le faire non plus sans être arbitraire. Ainsi, les Digestes parlent d'une manière générale, et, de plus, il est dit dans la Loi 2, *C. De reb. auct. iud. possid.* que le préteur accordait le *remedium indemnitatis* aux *creditoribus hereditariis* sans restreindre ce *remedium* aux créanciers chirographaires. Les biens de la succession sont exclusivement réservés aux créanciers du défunt : la Loi 1, § 3, *D. De separat.* ne fait que confirmer cette décision, en déclarant que les créanciers de la succession sont préférés, même à ceux ayant

----

[1] *Quest. pap.* lib. XXVII, 673-675; *Lex 3, De separat.*

[2] XXIII, xvi, 14.

[3] *Juris civilis controvers.* lib. XLII; tit. *Quest.* iii, p. 500.

[4] *Ad L. 1, D. De separ.* n. 2, et tract. *De concursu cred.* c. v. § 12.

[5] *Wetzlarische Nibenst.* 94, n. 2.

[6] *Prælect. Jur. civ. Tit. de separ.* § 1.

[7] *Liber. sing. de deb. de mortui creditoribus ad sep. benef. admittendis,* Helmest. 1783, § 17.

[8] P. 332, *ibid.*

une hypothèque sur une *res hereditaria*, si cette hypothèque a été conférée après l'acquisition de la succession.

Le bénéfice de la séparation est accordé aux créanciers *sub die* ou *sub conditione*. La loi est assez explicite à cet égard. Ils ont une préférence sur tous les autres créanciers, même *adversus fiscum et municipes impetraretur separatio*[1].

De tout ce que nous venons de dire il résulte que les créanciers de la succession, ayant fait avec l'héritier quelque transaction par laquelle ils l'ont reconnu comme leur propre débiteur, seront exclus de ce bénéfice. Ainsi, si le créancier de la succession contracte avec l'héritier une stipulation pour la somme due par le défunt, avec l'intention d'annuler complétement l'ancienne dette[2], s'il exige de l'héritier les intérêts de la somme due par le défunt, ou enfin s'il se fait conférer une hypothèque ou toute autre garantie pour sa créance, dans ces cas, ce créancier montre l'intention formelle de renoncer au privilége de la séparation et d'accepter l'héritier pour son débiteur. Le créancier du défunt ne perdra pourtant pas l'avantage de la séparation, dans le cas où il engage une *litis contestatio* avec l'héritier, relativement à la somme due. Le créancier n'accomplit pas par cela un acte ayant pour but de libérer son ancien débiteur, c'est-à-dire le défunt; il engage seulement une procédure avec l'héritier, procédure dictée du reste par des nécessités extérieures pour conserver sa créance[3].

L'héritier, le débiteur actuel, pouvait-il demander la séparation des biens? Dans ce cas, il n'y aurait pas de difficulté, si l'héritier était lui-même créancier du défunt, car

---

[1] *Lex 1, § 4, D. De separat.* — [2] *Lex 1, § 10, D.* xlii. 6. — [3] *Lex 7, D.* xlii, 6.

l'objection, que par la confusion des deux patrimoines la dette sera éteinte, est écartée par ce fait que la succession peut avoir plus de passif que d'actif[1]. On ne pourra, par conséquent, refuser à l'héritier le bénéfice de la séparation, puisqu'il est engagé d'une manière absolue pour les dettes du défunt, comme pour ses propres dettes. En dehors de ce cas même, la loi accordait encore à l'héritier le bénéfice de la séparation.

Mais, dira-t-on, pourquoi cette anomalie?... L'héritier ne pourrait-il pas répudier la succession? Cette objection est très-sérieuse, et, dans toute autre législation, elle détruirait nécessairement le bénéfice de la séparation pour l'héritier; seulement le droit romain, en reconnaissant les héritiers comme une institution nécessaire, ne pouvait guère empêcher de protéger leur patrimoine et d'écarter tous les préjudices que la confusion des biens pouvait leur causer. Ainsi, dès qu'un *heres necessarius* était institué *cum libertate*, et qu'il ne s'était pas immiscé dans la gestion de la succession, il pouvait exiger le bénéfice de la séparation pour son patrimoine acquis ou à acquérir, et même pour la somme due par son patron[2].

Autre exemple. L'héritier fiduciaire est contraint d'accepter la succession. Dans ce cas, le bénéfice de la séparation lui sera accordé, car il est injuste de lui causer un préjudice, en le forçant à agir contre ses propres intérêts. Si, par conséquent, l'héritier fiduciaire croit mauvaise la succession qu'il est forcé d'accepter, et si, par des circons-

---

[1] Schmidt (Jean-Louis), *Rechtliche Abhandlung von Separatisten in geistlichen und weltlichen Sachen*, Jena, 1788, IIe partie, § 11, p. 81. — [2] *Lex 1*, § 18, *D.* XLII, 6.

tances indépendantes de sa volonté, la succession ne peut être restituée au fidéicommissaire, cet héritier fiduciaire pourra demander la séparation des deux patrimoines et l'ouverture de la déconfiture sur la masse des biens de la succession, comme si l'addition n'avait pas eu lieu. Les créanciers du défunt ne pourront que faire vendre les biens de la succession, comme si l'héritier fiduciaire n'avait pas accepté et qu'il fût hors de cause.

Cet avantage fut accordé à l'héritier fiduciaire par un rescrit de l'empereur Antonin. Plus tard, par voie d'analogie, ce bénéfice fut étendu aux créanciers du fiduciaire, dans le cas où celui-ci ne l'aurait pas fait valoir [1]. Ce bénéfice du fiduciaire n'est pas tout à fait le même que celui de la séparation. Ils diffèrent à plusieurs égards, mais tendent au même but. Les sources romaines l'ont mis sur la même ligne que le bénéfice de la séparation des biens, en le désignant par l'expression : *quasi separatio quædam* [2]. Les jurisconsultes modernes ont formé de cette expression la nomenclature de la *quasi separatio*.

En vertu de ce bénéfice, le patron pouvait aussi demander la séparation dans les biens acceptés par son affranchi, quand celui-ci a été institué héritier par un tiers et si l'affranchi a demandé la *bonorum possessio*, malgré la volonté du patron [3].

3° Le bénéfice de la séparation pouvait encore être demandé par les légataires d'un testament institué par le défunt. Cette demande avait lieu surtout dès que l'héritier était considéré comme insolvable. Ce cas de séparation n'est

---

[1] *Lex* 1, § 6. *D.* xlii. 6. — [2] *Lex* 1, § 6, *D.* xlii, 6. — [3] *Lex* 6, § 1, *D.* xlii, 6.

pas explicitement indiqué par l'édit du préteur. Il paraît toutefois que déjà, de très-bonne heure, les jurisconsultes romains, inspirés par l'esprit d'équité, mettaient sur la même ligne les légataires du défunt et les créanciers de la succession. Ils donnaient, par conséquent, une préférence aux légataires sur les créanciers de l'héritier. Nous croyons qu'il est superflu d'ajouter que les légataires ne venaient qu'après les créanciers de la succession [1].

4° Les créanciers d'un *pécule castrense* appartenant à un fils de famille pouvaient exiger la séparation de ce pécule de ses autres biens, afin d'être satisfaits, sur ce patrimoine, avant les autres créanciers. Ces créanciers privilégiés, nommés *creditores peculii castrensis*, n'avaient ce bénéfice que dans les conditions suivantes :

a. Si le prêt est fait postérieurement à l'engagement du fils comme soldat;

b. Si le prêt est fait expressément en vue du *pécule castrense;*

c. Enfin si le prêt n'a pas été employé en faveur du *pater familias.*

Ulpien décrit comme suit ce cas de séparation : « Si filii familias bona veneant, qui castrense peculium habet, an separatio fiat inter castrenses creditores cæterosque videamus. Simul ergo admittentur dummodo si qui cum eo contraxerunt, antequam militaret, fortasse debeant separari : quod puto probandum. Ergo, qui ante contraxerunt, si bona castrensia distrahantur, non possunt venire cum castrensibus creditoribus. Item si quid in rem patris versum est, forte

____

[1] *Archiv für civilistische Praxis*, publié par Löhr, Mittermaier et Thibaut. vol. XII. p. 226-247. Heidelberg. 1829.

poterit et creditori contradici, ne castrense peculium inquietet, quum possit potius cum patre experiri[1]. »

Si nous soumettons cette loi à une juste interprétation, nous trouvons qu'elle ne veut dire autre chose que ceci : Si un fils de famille ayant un *pécule castrense* tombe en déconfiture, les *creditores peculii castrensis* remplissant les conditions ci-dessus exposées doivent être préférés à tous les autres créanciers du fils de famille. Les derniers créanciers ne pourront réclamer le payement de la masse des *bona castrensia* avant que les créanciers du *pécule castrense* soient complétement satisfaits[2]. Le créancier, qui avait le droit d'attaquer le père par une action *de in rem verso*, ne pouvait pas être satisfait par le *pécule castrense;* mais il avait une autre ressource, il pouvait se faire payer par le père, et l'équité exigeait, par conséquent, qu'il ne pût être admis à concourir avec les créanciers qui n'avaient de droits que sur les *bona castrensia*[3].

Vangerow[4] a donc bien raison de dire qu'il y a ici moins un véritable bénéfice de séparation qu'une réglementation du rang des créanciers; car, à l'époque d'Ulpien, une séparation de biens n'était pas possible, les fils de famille ne possédant alors d'autres biens que leur *pécule castrense*.

Les créanciers de l'héritier pouvaient-ils demander la séparation du patrimoine du débiteur de celui de défunt? Nous n'hésitons pas à résoudre cette question négativement. Il est hors de doute pour nous qu'ils n'avaient pas ce droit. En contractant avec un débiteur sans se faire donner des

---

[1] *Lex 1*, § 9, *D.* XLII, 6.

[2] Schweppe, *Syst. des Concursus der Gläubiger*, Gœtt. 1829, p. 256.

[3] *Lex 7, D. De castrensi peculio*, XLIX, 17.

[4] *Loc. cit.* Pandect. § 242.

garanties spéciales pour leur créance, les créanciers ne pouvaient pas l'empêcher de contracter de nouvelles dettes ou de commettre tout autre acte. Ils suivent la foi du débiteur. Si ses actes compromettent leurs droits, s'ils sont faits dans l'intention de leur porter préjudice, ils n'ont d'autre ressource que celle de l'action Paulienne pour les faire rescinder. Mais admettre une demande de séparation des biens, ce serait mettre une entrave à la liberté d'action du débiteur et lui enlever légalement tous les moyens d'augmenter son patrimoine. La loi ne pouvait donc pas accorder au créancier le droit d'empêcher son débiteur de contracter de nouvelles obligations, et, comme l'acceptation d'une succession n'est, en définitive, qu'une obligation contractée, il avait toute la liberté de le faire, sauf, bien entendu, la réserve du droit des créanciers d'en demander la résiliation, si l'acception avait lieu avec l'intention frauduleuse de nuire à leurs intérêts.

Les créanciers pouvaient-ils, au moins, réclamer leur payement sur le reste du patrimoine de la succession échue au débiteur, quand il y avait eu une séparation sur la demande des créanciers du défunt? En d'autres termes, si tous les créanciers de la succession sont satisfaits par le patrimoine du défunt, et si ce payement n'absorbe pas toutes les sommes de la succession, les créanciers de l'héritier pourront-ils attaquer le reste de la succession échue à leur débiteur?

Il est pour nous indiscutable que cette demande ne peut leur être refusée. La situation des créanciers de l'héritier diffère essentiellement de celle des créanciers du défunt. Les premiers suivent le sort de leur débiteur, s'ils n'ont pas de garanties spéciales. Ce sont eux qui souffrent, lorsque

le débiteur est de mauvaise foi; ils sont les ayants cause.
C'est pour cela que tout le patrimoine du débiteur est af-
fecté à la sûreté de leurs créances, et que, conséquemment,
dès qu'une partie de la succession échoit à leur débiteur,
elle doit être employée à l'extinction de ses dettes. Les créanciers de la succession ont évidemment une autre situation. Lorsque ceux-ci ont contracté avec le défunt, homme
honnête, dont le patrimoine n'était pas endetté et dont
l'actif surpassait le passif, celui-ci offrait toutes les garanties
désirables. En les forçant à accepter comme débiteur, en
place du défunt, un homme de mauvaise foi, un homme
surchargé de dettes, on leur créerait une situation incompatible avec la justice et l'équité. C'est pourquoi la loi leur
a donné le bénéfice de la séparation.

Ce bénéfice doit être demandé dans un délai de cinq ans.
Ce terme passé, le bénéfice ne peut plus être accordé, car
ce serait perpétuer l'incertitude[1]. Ce délai ne devait pas être
interrompu. Il commence au moment de la confusion des
deux patrimoines dans la personne de l'héritier. La séparation ne pourra avoir lieu, non plus, lorsque la confusion
s'est effectuée de telle manière que la séparation des objets
appartenant aux deux patrimoines est devenue impossible.
S'il n'y a eu confusion que d'une partie seulement des objets, la séparation pourra être demandée pour les objets
non encore confondus, à la condition que le délai de cinq
ans ne soit pas écoulé[2]. Enfin, dans le cas où l'héritier
a vendu ou aliéné de bonne foi la succession, la séparation
ne pourra pas être accordée[3].

[1] *Lex 1*, § 13, *D.* XLII. 6. — [2] *Lex 1*, § 12, *D.* XLII, 6. — [3] *Lex 2*, *D.*
XLII, 6.

Tous les actes faits par l'héritier avant la séparation, s'ils sont faits de bonne foi, sont maintenus. Cependant les hypothèques conférées par l'héritier ne pouvaient être opposées aux créanciers du défunt, et ne constituaient qu'un droit de préférence pour les créanciers de l'héritier.

LIVRE III.

LES MOYENS DES CRÉANCIERS POUR RESCINDER LES ACTES FRAUDULEUX DE LEUR DÉBITEUR.

CHAPITRE PREMIER.

L'ACTION PAULIENNE ET L'*INTERDICTUM FRAUDATORIUM*.

§ 1.

LE RAPPORT ENTRE L'ACTION PAULIENNE ET L'*INTERDICTUM FRAUDATORIUM*.

Nous avons vu que l'envoi en possession procurait aux créanciers les moyens nécessaires pour sauvegarder leurs intérêts. Le débiteur, toutefois, n'était pas, par ce seul fait, enlevé à la gestion de ses affaires; au contraire, le plus souvent c'était lui qui était chargé de l'administration de ses biens, et tout acte ayant préjudicié aux intérêts de ses créanciers ne pouvait lui être reproché, s'il avait été accompli de bonne foi. Cependant, si la gestion des affaires était dirigée par un débiteur de mauvaise foi; s'il avait contracté des affaires dans l'intention frauduleuse de nuire à ses créanciers, la loi ne devait pas reconnaître ces actes, et le créancier devait être muni d'un droit pour les faire rescinder. Ce droit se nomme *action Paulienne*. Cette action offre aux créanciers le moyen de faire revenir dans le patrimoine du débiteur les objets que celui-ci a aliénés aux dépens de leurs intérêts.

Les créanciers qui ont contracté des obligations avec

leurs débiteurs ne l'ont fait qu'en vertu de leur situation de fortune, et parce que leur situation de fortune leur paraissait suffisante pour garantir leur créance. C'est pour cette raison qu'ils n'avaient exigé aucune garantie spéciale. Ils exercent un droit général sur sa fortune, et le débiteur n'a pas le droit de détruire à son gré toute la sécurité de ses engagements. Le préteur, inspiré de ces sentiments et de l'idée que les intérêts sociaux ont avant tout besoin d'une sûreté durable, qui ne pouvait pas être arbitrairement ébranlée, ne pouvait pas reconnaître au débiteur le droit de se soustraire à ses obligations par des faits frauduleux. Si la nécessité des circonstances le force à cesser ses payements, la loi lui vient en aide et lui procure les moyens de conserver intacte son honorabilité; mais, dès qu'il cherche, par toutes les voies possibles, non-seulement à invalider ses obligations, mais encore à causer un préjudice considérable à ses créanciers, la loi doit intervenir et briser tous les actes par lesquels le débiteur a augmenté encore l'incertitude de son patrimoine.

C'est là le principal but et le caractère essentiel de l'*action Paulienne*. Son origine est assez obscure; cependant il est plus que probable qu'elle fut introduite par l'édit d'un préteur nommé Paulus. Dans le droit Justinien, cette action est confondue avec l'*interdictum fraudatorium*, qui paraît avoir concouru avec elle dans les temps antérieurs. Le rapport entre ces deux voies de procédure n'est pas très-clair. Tambour, au lieu de résoudre la question, la laisse de côté. Mais, comme elle nous offre non-seulement un intérêt historique, mais aussi un intérêt pratique, nous craindrions d'être incomplet dans cet exposé en omettant les développements de son existence. Il est hors de doute pour nous que l'*interdictum fraudatorium* est antérieur à l'*action Paulienne ;* en d'autres termes, que l'action est le développement de l'interdit. M. Rudorff pense que l'*interdictum fraudatorium* est antérieur au prétoriat de Rutilius Rufus (636), l'auteur de la *venditio bonorum,* tandis que l'action Paulienne est beaucoup plus récente[1]. M. Huschke a la même opinion sur ce sujet. Il croit aussi que l'interdit est antérieur à l'action ; car, dit-il, cet interdit est moins complet et moins développé que l'action[2]. Rudorff, qui a admis l'opinion de M. Huschke sur l'origine de ces deux actions, diffère pourtant sur le caractère de l'interdit et de l'action. Nous reviendrons bientôt sur cette question.

La vie juridique du peuple romain corrobore encore l'opinion de ces deux jurisconsultes sur l'origine de l'*interdictum fraudatorium* et de l'action Paulienne. Rappelons en peu de mots leur système de procédure. La *legis actio* était, comme on le sait, la procédure ordinaire pour juger un litige, sous la surveillance de la juridiction ; par elle on pouvait même, en cas de nécessité, exécuter la sentence, c'est-à-dire écarter le point de litige, sans pouvoir cependant prévenir les litiges futurs ou empêcher la rébellion contre l'ordre public. Pour prévenir de semblables événements, les Romains donnaient à leurs plus hauts dignitaires le pouvoir de se faire obéir, soit par une ordonnance de défense (*interdic-*

[1] *Zeitschrift für Rechtsgeschichte,* édité par MM. Rudorff, Bruns, Roth et Bühlau, vol. VIII, p. 83, Weimar, 1869 : l'article *Ueber die rutilische Concursordnung und das fraudatorische Interdict.*

[2] *Zeitschrift für Civil-Recht und Process,* publié par Linde, Marezoll et Schröter, vol. XIV (*neue Folge*), p. 119-122, Giessen, 1857 : l'article sur P. Rutilius Rufus, ou A. F. P. R. et l'*interd. fraudatorium.*

tum), soit par un décret (*decretum*). Le préteur accordait cet interdit en vertu de son *imperium*, et seulement dans des cas spéciaux, c'est-à-dire lorsqu'un citoyen faisait appel à son pouvoir. L'interdit pouvait être un *interdictum restitutorium*, ou *exhibitorium*, ou enfin *prohibitorium*, suivant les circonstances. Il ne tenait cependant pas lieu de sentence définitive, et servait plutôt d'introduction à la procédure légale[1]. L'affaire venait devant un *iudex* ou devant les *recuperatores*. La procédure des interdits appartenait donc à l'*ordo iudiciorum privatorum*. Nous n'avons pas l'intention de traiter ici plus amplement cette question, il est cependant indispensable d'indiquer quelle était la cause principale de la procédure des interdits, et quelle était surtout son importance.

Thibaut croyait que les interdits donnaient lieu à une procédure sommaire[2]. Savigny fait observer, avec raison, que cette opinion n'est juste que dans le cas où le défendeur se soumettait immédiatement et ne laissait pas arriver l'affaire jusqu'au procès; mais, si le procès était engagé, la procédure des interdits était aussi peu sommaire que celle des actions. Ainsi, dans le discours de Cicéron *pro Cæcina*, l'exposé de la procédure des interdits n'est pas plus sommaire que celle indiquée dans ses autres discours juridiques[3]. Il faut, au contraire, convenir avec Puchta qu'à l'origine les interdits avaient pour but de procurer un moyen de défense à ceux qui n'en avaient pas, et non pas de créer une procédure plus rapide. « Il est probable, dit ce jurisconsulte, que les interdits sont nés dans un temps où le préteur ne pouvait pas

[1] Puchta, *Cursus der Instit.* § 169.
[2] *Archiv für civilistiche Praxis,* vol. X, p. 23.
[3] Savigny. *Recht des Besitzes,* publié par Rudorff. 7e éd. p. 381.

accorder des actions. » La loi Æbutia ne changea en rien la forme juridique; seulement le préteur avait déjà le droit d'accorder des *actiones in factum* à côté des interdits. Le préteur pouvait, en d'autres termes, permettre la demande d'une *formula arbitraria*.

L'importance pratique de la procédure interdictale, dans un temps où le préteur pouvait déjà accorder des actions, s'explique par la procédure des *sponsiones*[1]. Cette procédure variait, en effet, suivant les différentes procédures interdictales (nous admettons ici la terminologie allemande *interdicten Verfahren*). Ainsi, dans les *interdicta restitutoria et exhibitoria*, les parties avaient le choix entre la procédure *per sponsionem* et celle *per formulam arbitrariam*, tandis que, dans la procédure pour certains interdits, et notamment dans les *interdicta prohibitoria*, la voie *per sponsionem* était la seule admise.

Le demandeur, dans cette procédure, provoquait l'accusé à une *sponsio*, et celui-ci promettait une somme pénale, si on le trouvait coupable d'avoir agi contre l'édit du préteur : *Si adversus edictum prætoris possidenti mihi a te vis facta est*[2]. De son côté, l'accusé obtenait une *restipulatio* ayant le même caractère. Les deux parties recevaient alors des *formulæ* dans lesquelles les sommes de la *sponsio* et de la *restipulatio* étaient relatées, ce qui donnait lieu, incidemment seulement, à une analyse de la question, si l'une des parties avait agi contre l'édit du préteur. Cette procédure, comme on le voit, avait pour but essentiel d'empêcher la provocation d'un procès à la légère. Gaius la nomme *cum pœna agere*[3].

<hr>

[1] Puchta, *Cursus der Institutionen*, vol. II. 5ᵉ éd. p. 160.

[2] Gaius, liv. IV, § 166.

[3] Gaius, liv. IV, § 141.

Cependant elle ne tranchait pas la question de l'exhibition (dans le sens romain du mot) et de la restitution de la chose. C'était là l'objet d'une nouvelle *formula*, ajoutée à celle de la *sponsio*, et qui avait pour conséquence l'exhibition ou la restitution de la chose, ordonnée par une sentence. Cette sentence condamnait ordinairement l'accusé au payement du prix de l'objet, *quanti ea res est*.

Dans la procédure *per formulam arbitrariam*, chacune des parties pouvait solliciter du préteur la nomination d'un arbitre, et, par ce seul fait, exclure la procédure *per sponsionem*. L'arbitre nommé par une *formula arbitraria* était chargé de condamner l'accusé sur la valeur de la chose, s'il n'en réalisait pas l'exhibition ou la restitution suivant la décision du *iudex*.

Il n'est pas difficile d'expliquer pour quelles raisons, dans les *interdicta prohibitoria*, la procédure *per formulam arbitrariam* n'était pas admise. La procédure *per sponsionem* était la plus ancienne, et, à l'origine, la seule, pour les interdits. Ce ne fut que plus tard qu'on admit une *formula arbitraria* à la place des *sponsiones*. La procédure pénale est la seule qui convienne essentiellement au caractère des interdits. L'interdit accordé par le préteur n'aurait, en effet, aucun sens, s'il n'était pas rendu dans la forme des *sponsio* et *restipulatio*. La *conceptio interdicti* serait superflue si on la commençait par une formule d'action. « Un commencement, dit Puchta, auquel manquerait la fin. »

La *conceptio interdicti* étant admise, il est évident que la substitution des actions aux *sponsiones* est une chose anomale. Cependant les *interdicta restitutoria* et *exhibitoria* se prêtaient encore à cette substitution, puisqu'ils avaient plutôt le caractère des actions; mais il était nécessaire de s'arrêter là et de ne pas élargir l'anomalie sans aucune raison. Il est hors de doute que l'introduction de la *formula arbitraria* était le premier pas vers l'abolition de la procédure interdictale, et c'est pour cela qu'elle ne fut pas admise dans celle des *interdicta prohibitoria*. Cette procédure avait, en effet, pour objet essentiel le payement d'une somme pénale; en l'abolissant, on détruisait évidemment la procédure *per sponsionem*, c'est-à-dire qu'on dégageait les parties de cette pénalité. Une action ne pouvait pas, en ce cas, être substituée à la procédure *per sponsionem*, qui ne pouvait avoir d'autre but que le payement d'une somme pénale. En outre, l'action ne pouvait faire plus que la *sponsio;* elle ne pouvait empêcher l'accomplissement d'un fait. Tout au plus pouvait-elle donner au demandeur un avantage par lequel il pouvait arbitrairement tracasser le défendeur; ce qui n'était pas juste. La *formula arbitraria* ne pouvait donc logiquement être introduite dans les interdits prohibitoires [1].

M. Bethmann-Hollweg ne partage pas cette opinion [2]. Il croit, et MM. Rudorff [3], Leist [4] et Keller [5] sont de son avis, que l'objet principal des interdits était la défense des *loca sacra publica;* qu'ils avaient encore pour but de trancher les litiges de la possession, mais sans résoudre la question de droit, et que leur seule tendance était, dans ce cas, d'empêcher le trouble de l'ordre public. Si pourtant quelques interdits dépassaient ce but, alors, soutiennent ces jurisconsultes, ils

---

[1] Puchta, *Cursus der Institutionen*, vol. II, p. 157, 158.

[2] *Civil-Process*, etc. § 54 et *Handbuch des Civil-Process*, § 37.

[3] *Rechtsgeschichte*, vol. II, § 53.

[4] *Bonorum possessio*, § 51.

[5] *Civil-Process*, § 22.

servaient à préparer ou à exécuter un jugement, ou même à juger une affaire par des voies exceptionnelles. Dans tous ces cas, la procédure interdictale excluait, bien entendu, la marche régulière de la justice (*legis actio*); ce qui n'empêchait pas pourtant le préteur d'analyser l'affaire au fond avant de prononcer la *mulcta*, ou la peine. Plus tard, les interdits furent modifiés dans leurs formes, pour préparer le *iudicium*.

Cette opinion de M. Bethmann-Hollweg et des autres jurisconsultes nous paraît peu fondée. Elle est, dans tous les cas, en contradiction avec les sources romaines. Nous ne pouvons admettre que l'idée de la procédure interdictale excluait celle de la *legis actio*. La meilleure preuve à l'appui de notre opinion se trouve dans le discours, déjà cité, de Cicéron, *pro Cæcina*. Nous y voyons l'*interdictum de vi armata* déjà ordonné, et pourtant la question de savoir si Æbutius a exercé la violence dans le sens de cet édit n'est pas encore résolue. Un autre fait, encore plus éloquent, en faveur de notre opinion, est la circonstance que les faits avoués *in iure* devaient motiver la concession de l'interdit. Et encore, dans certains cas, l'interdit n'était pas ordonné[1]. Gaius aussi s'exprime à peu près de la même manière : *Certis igitur ex causis prætor aut proconsul principaliter auctoritatem suam finiendis controversiis interponit;* et, dans cette phrase, l'expression *principaliter* ne peut s'interpréter que comme caractérisant un côté particulier de l'interdit. Gaius veut dire par là que l'ordonnance du magistrat avait lieu dès le début, c'est-à-dire avant la recherche de la vérité sur l'exposé fait par les parties. Enfin

---

[1] *Lex 6, § 2, De confessis; Lex 1, § 1, De tab. exhib.*

Théophile partage cette opinion. Dans sa définition de l'interdit, il le nomme une déclaration du préteur, n'étant pas une sentence finale, que le juge était obligé de prononcer.

Quelque intéressante que soit cette question, l'objet de ce travail ne nous permet pas d'en continuer le développement. Il nous suffira de l'avoir signalée [1].

Il résulte de tout ce que nous venons de dire que les interdits étaient notés dans les édits du préteur ; mais cela ne nous donne pas une connaissance plus certaine de leur origine. Tout est obscur, et l'on ne peut se baser que sur des suppositions. On pourrait, en effet, démontrer que quelques interdits étaient accordés *adjuvandi iuris civilis causa :* par exemple, l'*interdictum uti possidetis*, qui servait à régler les fautes de possession de ceux qui réclamaient la propriété d'un terrain ; l'*interdictum quem fundum et quam hereditatem*, pour obtenir la possession d'un terrain ou d'un héritage réclamé par une *in rem actio*, et non défendu par l'accusé. Mais on pourrait aussi démontrer que certains interdits étaient accordés pour remplir des lacunes du *ius civile*, ou pour le modifier : tel est l'*interdictum quorum bonorum*, qui contenait en lui l'origine de la succession prétorienne (*bonorum possessio*). Le rapport des interdits au *ius civile* n'a pas encore été établi jusqu'à présent. Quelques jurisconsultes ont attribué les interdits au *ius civile*, et non à l'initiative du préteur ; mais cette opinion est absolument détruite par Savigny. Ce qui est certain, c'est que les interdits ne contenaient pas une pro-

---

[1] Le lecteur qui serait curieux de poursuivre le développement de cette question trouvera, dans l'excellent ouvrage de M. K. A. Schmidt : *Das Interdicten-Verfahren der Römer*, p. 1, 8, Leipzig, 1853, les plus intéressants renseignements.

cédure sommaire. Le témoignage d'Ulpien, de Simplicius et de Cicéron suffit pour démontrer la vérité de cette assertion. Si Zimmern admet jusqu'à un certain point la nature sommaire des interdits, il ne le fait qu'en se mettant en contradiction avec lui-même. Que l'*interdictum de vi armatis hominibus* et l'*interdictum de cloacis* n'aient admis aucune exception, cela ne prouve encore rien, car nous trouvons ailleurs une série d'exceptions particulières qui n'étaient même pas opposées aux actions. L'opinion de Zimmern ne démontre rien, et il est pour nous hors de doute que la procédure des interdits n'avait aucune nature sommaire.

Il faut donc chercher ailleurs la raison de l'introduction des interdits. Nous avons déjà indiqué qu'ils pouvaient être introduits *adiuvandi, supplendi, corrigendi iuris civilis causa;* mais les sources romaines sont muettes sur les motifs pour lesquels justement a été instituée cette forme de procédure. Si le temps de leur introduction était encore connu, on pourrait presque résoudre la question; mais, même sur ce point, nos sources sont insuffisantes. Pour les *in factum actiones,* nous avons au moins une limite négative; nous savons qu'elles ne peuvent pas être antérieures à la procédure formulaire, tandis que, pour les interdits, cet indice même nous fait défaut. Nous trouvons pourtant que la loi *Cincia* mentionnait déjà l'*interdictum utrubi,* et que l'*interdictum de præcario* est antérieur à l'*actio præscriptis verbis.* Nous pouvons encore admettre avec certitude que, au temps de Cicéron, certains interdits avaient déjà leur histoire, par exemple l'*interdictum de vi.* Le mot de Cicéron dans le discours *pro Cæcina* prouve victorieusement la justesse de cette assertion. Il dit : « Prætor interea, Piso, tanta de re tacebit? Quemadmodum te res-

tituat in ædes tuas, non habebit? Qui dies totos aut vim
fieri vetat, aut restitui factam iubet; qui de fossis, de cloacis,
de minimis aquarum itinerumque controversiis interdicit,
is repente obmutescet? »

Ces paroles indiquent suffisamment l'existence de beaucoup d'interdits; la procédure en était déjà fort pratiquée,
puisque le préteur l'exerçait pendant des journées entières.
Le développement de cette procédure, pense avec raison
Schmidt, n'a pu se faire pendant le temps écoulé entre la
loi Æbutia et l'époque de Cicéron, et, par conséquent, les
interdits existaient déjà avant la loi Æbutia, c'est-à-dire à
l'époque de la *legis actio*[1].

Une autre question, non moins grave que la précédente,
est celle de connaître le rapport existant entre les *interdits*
et les *actiones in factum*. On se demande généralement pour
quelle raison le préteur a développé deux formes pour le
même but. Les savants ne sont pas d'accord sur la question. Les uns veulent trouver une différence dogmatique
et les autres une différence historique entre ces deux systèmes d'action. En ce qui concerne l'opinion dogmatique.
M. Schmidt fait observer qu'il n'existe aucun édit dont le
but n'aurait été également atteint par une action, et les
interdicta prohibitoria eux-mêmes ne font pas exception à
cette règle. D'un autre côté, toutes les dispositions d'*actiones
in factum* pouvaient facilement tenir dans le cadre des interdits, savoir : *prohibitoria*, *restitutoria* et *exhibitoria*, car ils
étaient suffisants pour toutes les exigences sociales. Le
préteur, dans un cas de nécessité, n'aurait évidemment
pas hésité à créer de nouvelles formes; par exemple, pour

[1] *Das Interdicten-Verfahren der Römer*, p. 304.

les conventions, à instituer la forme *solvas*. La différence entre
les *in factum actiones* et les interdits n'est donc pas dans leur
caractère dogmatique; elle est autre part, et c'est dans un
développement graduel qu'il faut la chercher.

Nous avons déjà dit que l'introduction des *in factum actiones* était postérieure à la procédure formulaire, tandis
que la probabilité établit que les interdits existaient déjà à
l'époque des *legis actiones*. On peut donc déduire de ces
prémisses que l'interdit était la première forme, et que les
actiones in factum ne sont que le même sujet plus développé
dans sa forme originelle. Aucune autre différence entre ces
deux classes d'actions ne nous paraît avoir existé.

Si maintenant nous appliquons à notre sujet la théorie
des interdits, nous devons dire que l'*interdictum fraudatorium*
est antérieur à l'*actio in factum*. Quel était, en effet, le caractère de l'*interdictum fraudatorium?* D'après les paroles de
l'édit du préteur, il était compté parmi les *interdicta restitutoria;* on peut même le considérer comme un *interdictum
adipiscendæ possessionis*. Il faut avouer, toutefois, que nos
sources ne le citent pas comme tel. Cette objection ne nous
paraît pas absolument fondée, car, de ce qu'il n'est pas directement mentionné, il ne suit pas qu'il soit exclu. Du
reste, plusieurs *interdicta adipiscendæ possessionis* sont en
même temps cités comme *interdicta restitutoria:* l'*interdictum
quorum bonorum*, par exemple[1]. La Loi 3 des Institutes, même
livre[2], cite comme *interdicta adipiscendæ possessionis* seulement les *interdicta quorum bonorum* et l'*interdictum Salvianum;*
et la Loi 2, § 3, *D. De interdictis sive extraordinariis actionibus,*

---

[1] § 1. Inst. IV. 15. — [2] § 3, *id.* IV. 15.

quæ pro his competunt[1], ajoute encore l'*interdictum quo itinere venditor usus est, quominus emtor utatur, vim fieri veto.*

Le nombre des *interdicta adipiscendæ possessionis* n'est pas épuisé par cette émunération, car l'*interdictum quod legatorum* est expressément nommé à un autre endroit, comme étant un *interdictum adipiscendæ possessionis*[2]. M. Huschke, comme M. Rudorff, compte aussi l'*interdictum fraudatorium* parmi les interdits *adipiscendæ possessionis*[3]. Mais, tandis que M. Rudorff assigne à l'*interdictum fraudatorium* un rang dans l'édit après l'*interdictum Salvianum*, M. Huschke le place imméditement après l'*interdictum quorum bonorum*[4].

Le rapport entre l'*interdictum fraudatorium* et l'action Paulienne ne peut donc, d'après cet exposé, trouver son explication que dans un développement graduel de ces deux actions. Nous voyons, en effet, que l'action a une plus grande étendue que l'interdit. Il est donc évident que, puisque l'action Paulienne a un plus grand développement dans sa forme et ses conséquences, elle est postérieure à l'*interdictum*. Ulpien, d'ailleurs, sépare aussi ces deux moyens de procédure, car il traite de l'action Paulienne dans le livre LXVI de son commentaire sur l'édit, à l'occasion de la *missio servandæ rei*[5], et de l'interdit dans le livre LXXIII, sur le système des interdits[6].

Cette question résolue, il ne nous reste plus qu'à exposer les éléments qui composent ces différents modes de procédure. Pourtant, avant d'aborder cet exposé, rappelons

---

[1] *Lex* 2, § 3, *D.* xliii, 1.

[2] *Lex* 1, § 1, *D.* xliii, 3.

[3] *Zeitschrift für Rechtsgeschichte,* loc. cit. vol. VIII. p. 74. 76.

[4] *Zeitschrift für Rechtsgeschichte,* vol. IX, p. 346.

[5] *Lex* 1 et 6, *D.* xlii, 8.

[6] *Lex* 10, *D.* xlii, 8.

en peu de mots que M. Rudorff nie complétement la concurrence de l'action *in factum* avec l'*interdictum fraudatorium*[1]. M. Huschke fait, au contraire, plusieurs distinctions entre ces deux actions, non-seulement dans son premier article à ce sujet, mais encore dans sa réponse à M. Rudorff[2]. Nous reviendrons plus tard sur cette question. L'*interdictum fraudatorium* fera l'objet de notre premier exposé, et nous passerons ensuite à l'action Paulienne.

§ 3.

L'INTERDICTUM FRAUDATORIUM.

On nomme ainsi, d'après M. Huschke, un interdit restitutoire ayant pour but de mettre les créanciers ou leurs représentants en possession des objets aliénés par le débiteur dans l'intention de diminuer son patrimoine et de causer un dommage à ses créanciers. Cette aliénation, d'après ce jurisconsulte, peut résulter de tous les actes qui peuvent être désignés par le mot *factum*[3]. M. Rudorff croit que cet interdit était une action accordée seulement au *bonorum emtor*[4].

Les éléments de cet interdit sont les mêmes que ceux de l'action *in factum*. C'est pour cette raison que les compilateurs des Pandectes ont confondu dans le même titre ces deux voies de procédure, quoique dans l'ordre de l'édit elles fussent séparées, ainsi que nous l'avons vu. Quels sont

---

[1] *Zeitschrift für Rechtsgeschichte*, vol. VIII, p. 68, 69.

[2] *Zeitschrift für Civil-Recht und Process*, vol. XIV, *neue Folge*, p. 79, 101, 102 et 105; et Rudorff, *Zeitschrift für Rechtsgeschichte*, vol. IX, p. 342.

[3] *Zeitschrift für Civil-Recht und Process*, vol. XIV, p. 25, 81, 103, 105.

[4] *Id.* vol. VIII, p. 73.

maintenant les différents éléments qui composent cet interdit? La première condition est évidemment l'intention frauduleuse du débiteur de causer un dommage à ses créanciers[1]. La formule de l'interdit exprime cette pensée en termes assez nets : *fraudandi causa*. Cependant, comme l'intention est toujours un fait intérieur, il faut qu'elle se soit révélée par un acte extérieur : *si eventum fraus habuit*. La fraude doit avoir été commise en temps utile, c'est-à-dire après que les créanciers ont obtenu du préteur au moins l'envoi en possession; en d'autres termes, à l'époque où le débiteur était déjà déclaré insolvable, mais où il avait encore le soin et la gestion de ses affaires. *Scilicet*, continue l'édit, *si hi creditores, quorum fraudandorum causa fecit, bona ipsius vendiderunt*[2].

Une autre condition de l'interdit, qui n'est pas moins importante que la première, c'est la complicité de l'acquéreur. Il faut, en un mot, que l'acquéreur ait connu l'intention frauduleuse du débiteur. *Te sciente* est l'expression laconique des Romains. Le complice participe donc à cette fraude en se rendant acquéreur de l'objet que le débiteur devrait toujours avoir dans son patrimoine. Les différents modes de l'acquisition ne changent rien à la question, car le mot *fecit* de l'interdit prouve abondamment que ces actes mêmes sont admis, bien qu'ils n'aient exercé qu'une influence indirecte sur l'acquisition de l'objet. D'où il résulte que non-seulement les aliénations sont prises en considération, mais aussi les délégations par lesquelles on a obtenu un payement. Unterholzner fait remarquer avec raison que, en vertu de

[1] *Lex* 10, D. xlii, 8. — [2] *Lex* 2, 5, D. h. t.

cette exigence, l'objet acquis doit être une chose matérielle[1]. Cet élément, bien qu'il ne soit qu'indirectement exprimé par nos sources, se sous-entend par le caractère même de l'interdit, qui est *exhibitoire*, ce qui est encore prouvé par son analogie avec l'*interdictum quorum bonorum*.

Comme nous venons de le dire, l'objet doit se trouver dans le patrimoine du défendeur par un fait quelconque du débiteur. Cet acte ne doit jamais avoir été approuvé par les créanciers, soit expressément, soit tacitement. « Præterea illud sciendum est, eum, qui, consentientibus creditoribus, aliquid a fraudatore vel emit, vel stipulatus est, vel quid aliud contraxit, non videri in fraudem creditorum fecisse; nemo enim videtur fraudare eos, qui sciunt et consentiunt[2]. »

Si toutes ces conditions se trouvent réunies, le préteur accorde aux créanciers (ou, suivant M. Rudorff, au *bonorum emtor*) un interdit ayant pour objet la restitution de la chose, *restituas cum omni causa*, tels que *partus, fructus percepti et percipiendi*. Mais les dépenses faites sur les *fructus percepti* devaient être déduites. Ces dépenses étaient fixées par un *arbitrium iudicis*. Si l'objet ne pouvait pas être restitué, alors le défendeur était condamné suivant sa valeur ou sa production. Walter soutient que l'interdit avait pour objet la restitution de la chose, et l'action Paulienne le dédommagement[3].

L'édit du préteur restreint cette exception à un an, et ce délai doit être jugé d'après le principe d'un *annus utilis*. *Et si non plus quam annus est, cum de ea re, qua de agitur, experiundi potestas est*, sont les termes de l'édit.

---

[1] *Die Lehre von den Schuldverhältnissen*, vol. II, p. 145. — [2] *Lex 6. § 9. D. h. t.* — [3] *Geschichte des römischen Rechts*, Bonn, vol. II, 1861, p. 400.

§ 3.

L'ACTION PAULIENNE.

Ce moyen de procédure, ainsi que nous venons de le voir, est postérieur à l'*interdictum fraudatorium*. Sa tendance est pourtant la même, car il a pour objet de mettre à l'abri les droits d'un créancier, qu'un débiteur insolvable peut rendre illusoires par des actes frauduleux. M. Huschke soutient que ces actes doivent être le résultat seulement d'un *gestum*, tandis que M. Rudorff ne veut pas admettre cette différence subtile entre le *gestum* et le *factum*. Ce jurisconsulte accorde donc l'action Paulienne à tous les créanciers ou à leurs représentants, mais il ne la donne pas au *bonorum emtor*.

Cette action ayant non-seulement un intérêt historique, mais étant encore aujourd'hui d'une grande importance pratique, nous ne craindrons pas de la développer.

L'action Paulienne, ayant une nature exhibitoire, doit nécessairement former un appendice à la vente de l'objet; en effet, le délai de prescription court de ce moment. Il semblerait donc naturel de traiter en premier lieu la *venditio bonorum*, et d'exposer ensuite le caractère et l'effet de cette procédure. Il nous semble pourtant plus opportun de traiter, avant la question de la *venditio*, celle de l'action Paulienne; car la vente des biens n'est autre chose que le résultat de toute la procédure suivie par les créanciers. C'est le dénoûment qui donne satisfaction à leur demande.

Il est certain que, suivant le droit romain, il y a un lien prononcé entre l'action Paulienne et le sytème de la *missio in possessionem*, comme avec la *venditio bonorum*. Il suffit, pour s'en apercevoir, d'examiner l'ordre suivi par l'édit, par les jurisconsultes, par les Digestes et par le Code; on y verra que l'action Paulienne vient immédiatement après ce qui est relatif à cette voie d'exécution[1].

La raison de l'action Paulienne, par suite de l'insuffisance de nos sources, nous paraît bien difficile à établir. Nous avons dit que cette action semblait avoir été introduite par un préteur du nom de Paulus. Dans les deux fragments de l'édit conservés par Ulpien dans ses livres LXVI et LXXIII *ad edictum*, et reproduits dans les Lois 1 et 10 du titre VIII du Digeste : *Quæ in fraudem creditorum facta sunt, ut restituantur,* 42, 8, nous trouvons encore la trace d'une semblable désignation. Ulpien, pourtant, traite là un sujet identique à celui qui fait l'objet de l'action Paulienne. Voici ces deux fragments :

« Ait prætor : Quæ fraudationis causa gesta erunt, cum eo, qui fraudem non ignoraverit, de his curatori bonorum, vel ei, cui de ea re actionem dare oportebit, intra annum, quo experiundi potestas fuerit, actionem dabo, idque etiam adversus ipsum, qui fraudem fecit, servabo[2]. »

Le second fragment continue ainsi :

« Ait prætor : Quæ Lucius Titius, fraudandi causa, sciente te, in bonis, quibus de ea re agitur, fecit, ea illis, si eo nomine, quo de agitur, actio ei ex edicto meo competere esseve oportet, et si non plus quam annus est, cum de ea re, qua de agitur, experiundi potestas est, restituas; interdum causa cognita, etsi scientia non sit, in factum actionem permittam[3]. »

---

[1] Tambour, *Des voies d'exécution,* t. I, p. 172.

[2] *Lex* 1, D. XLII, 8.

[3] *Lex* 10, D. h. t.

Ajoutons encore à ces lois un passage des Inst.itutes, traitant le même sujet :

« Item si quis in fraudem creditorum rem suam alicui tradiderit, bonis eius a creditoribus possessis ex sententia præsidis, permittitur ipsis creditoribus, rescissa traditione, eam rem petere, id est, dicere eam rem traditam non esse, et ob id in bonis debitoris mansisse. »

Dans tous ces fragments, nous ne voyons pas mentionné le nom de l'action Paulienne. Nous le trouvons dans un passage de Paulus, liv. VI, *ad Plautiam*, conservé dans la Loi 38, § 4 du tit. I, *D.* liv. XXII, *De usuris et fructibus et causis et omnibus accessionibus et mora.* Cette loi est ainsi conçue : « In Faviana quoque actione et Pauliana, per quam quæ in fraudem creditorum alienata sunt revocantur, fructus quoque restituuntur. Nam prætor id agit ut perinde sint omnia, atque si nihil alienatum esset, quod non est iniquum; nam et verbum *restituas*, quod in hac re prætor dixit, plenam habet significationem, ut fructus quoque restituantur[1]. »

A la lecture de ces lois, la première observation qui s'empare de notre esprit, c'est la distinction faite entre les deux sortes d'actions : l'une accordée par le préteur contre l'acquéreur d'un objet aliéné par le débiteur pour causer un dommage à son créancier, mais sans que l'acquéreur sache rien de la fraude; l'autre dirigée aussi contre l'acquéreur, mais accordée dans le cas seulement où l'acquéreur participe à la fraude. Ainsi, supposons, par exemple, un individu sachant que le débiteur aliène un objet au détriment de ses créanciers, et qui, loin de s'abstenir, achète au contraire cet objet, cet acquéreur sera soumis à une action, comme

---

[1] *Lex 38, § 4. XXII. 1.*

en droit sous le nom d'action Paulienne. Ulpien la nomme *actio in factum.* « Quod ait prætor, dit-il, sciente, sic accipimus, te conscio et fraudem participante : non enim, si simpliciter scio illum creditores habere, hoc sufficit ad contendendum teneri eum in factum actione, sed si particeps fraudis est[1]. »

Et il continue ailleurs : « Annus huius in factum actionis computabitur ex die venditionis bonorum[2]. » Et plus loin : « Hac in factum actione, non solum dominia revocantur, verum etiam actiones restaurantur. Ea propter competit hæc actio, et adversus eos, qui res possident, ut restituant, et adversus eos, quibus actio competit, ut actione cedant. Proinde si interposuerit quis personam Titii, ut ei fraudator res tradat, actione mandati cedere debet. Ergo et si fraudator pro filia sua dotem dedisset scienti fraudari creditores, filia tenetur, ut cedat actione de dote adversus maritum[3]. »

Si la distinction faite par la loi entre ces deux actions est évidente, il ne suit pas de là qu'elle soit nettement précisée dans nos sources. Certains jurisconsultes ont même considéré l'action Paulienne comme le nom générique de toutes les actions prétoriennes, ayant pour objet de rescinder les actes d'un débiteur insolvable faits pour causer un dommage aux créanciers. Les actions introduites dans ce but sont :

A. *In factum actio;*

B. *Rei vindicatio necessaria;*

C. *Interdictum fraudatorium.*

La lecture de ces lois soulève une autre controverse :

[1] *Lex 10,* § 2, *D.* XLII, 8. — [2] *Lex 10,* § 18, *D.* XLII, 8. — [3] *Lex 14, D.* XLII, 8.

l'action Paulienne a-t-elle un caractère personnel ou réel ?
Les jurisconsultes ne sont pas d'accord sur ce point.

Avant d'entrer dans la discussion, il est important de
poser une autre question.

Cujas, et avec lui Tambour, croient que l'action était déjà
bien connue sous Cicéron [1]. Puchta est du même avis; il
croit, lui aussi, qu'elle fut introduite par Rutilius. Cependant
cette opinion n'est pas démontrée; elle n'est corroborée
que par de spirituelles subtilités. Mais, en admettant même
la justesse de cette opinion, la question sur le caractère de
l'action ne serait point tranchée, et, comme nous l'avons
dit, les jurisconsultes modernes sont loin d'être d'accord à
cet égard.

Quelques-uns d'entre eux attribuent à l'action Paulienne
un caractère réel. Ils en donnent pour motif la place qu'elle
occupe dans les Institutes. Justinien, en effet, la range parmi
les actions réelles du préteur. En outre, l'expression *eam
rem petere*, employée par lui, sert ordinairement à désigner
une action réelle, et, en employant le mot *petitio*, Justinien
lui-même lui attribue un caractère réel.

Ce serait vraiment faire preuve de trop de subtilité que
de nier le caractère réel de cette action des Institutes. Cette
action est indubitablement une *rei vindicatio necessaria*, dirigée contre l'acquéreur ayant reçu par fraude du débiteur
un objet que celui-ci a aliéné avec l'intention de diminuer
son patrimoine, seule garantie de ses créanciers. C'était,
suivant sa formule, une *actio fictitia*, c'est-à-dire qu'elle
contenait la fiction que la tradition n'avait pas été faite et
qu'elle avait pour résultat la restitution de l'objet *cum omni*

[1] Tambour, *Des voies d'exécution*, p. 274.

causa. Théophile, du reste, confirme aussi le caractère réel de cette action. Ainsi, la réalité (qu'on nous passe le mot) de cette action est hors de doute.

Comment, maintenant, concilier l'action Paulienne des Institutes, avec le caractère personnel de l'action Paulienne des Digestes? Cette recherche d'une conciliation entre ces deux actions a donné lieu justement à de grandes et infructueuses discussions. Parmi les auteurs anciens, Vinnius [1], surtout, conteste le caractère réel de l'action des Institutes. Les rédacteurs des Institutes étaient amenés, suivant lui, à la rapprocher des *actiones fictitiæ*, à cause de la fiction sur laquelle elle se fonde. L'*intentio*, d'ailleurs, n'était pas non plus *rem suam esse*, mais bien *rem in bonis debitoris mansisse*. Strick a une autre opinion. Dans son *Usu moderno Pandectarum* [2], ce jurisconsulte distingue entre l'aliénation de l'objet faite avant ou après la *missio in bona*. Dans le premier cas, l'action Paulienne a un caractère personnel; dans le second, un caractère réel. Doneau et Voet [3] soutiennent que le paragraphe 6 des Institutes ne traite nullement de l'action Paulienne. Il n'y a là qu'une application du *ius pignoris* résultant de la *missio in bona* et donnant aux créanciers un droit de suite.

Les deux premières opinions n'ont besoin d'aucune discussion, car elles se réfutent d'elles-mêmes, étant en contradiction formelle avec les sources des Pandectes. La dernière opinion seule a quelque apparence de raison : elle est assez habilement réfutée par Tambour. Ce spirituel savant fait

---

[1] *In commentario institionem.* Venetiis, 1793. p. 256, 257.

[2] *Liv.* XLII. tit. VIII, § 5. *In operibus præstantioribus*, Halle-Magdebourg, 1746, vol. I. p. 1046.

[3] *Ad pandectes, etc.* inédit. v. 12.

remarquer avec raison « que le texte distingue bien cette action accordée aux créanciers de l'action *quasi Serviana*, et on ne pourra pas, en outre, en vertu de cette opinion, s'expliquer la condition indiquée par le texte sur l'aliénation ayant eu lieu *in fraudem creditorum*.

Doneau répond en quelque sorte à ces objections, car il fait observer que la mention spéciale de cette action s'explique par les différences entre le *pignus prætorium* et l'hypothèque conventionnelle, et qu'au nombre de ces différences se trouve précisément cette règle spéciale du *pignus prætorium* qui laisse valables les aliénations faites sans fraudes et ne portant aucun préjudice aux créanciers. Tambour répond, de son côté, à ces subtiles combinaisons, « que ces conjectures ne s'appuient sur aucun texte; qu'il faut admettre, en droit romain, l'existence de deux actions au profit des créanciers, l'une personnelle et l'autre réelle. »

L'action Paulienne, en tant qu'action réelle, avait un avantage sur l'action personnelle, puisqu'elle protégeait les créanciers contre l'insolvabilité du défendeur. Il est également possible, d'ailleurs (mais Tambour n'admet pas cette opinion), qu'il n'y ait pas à faire une semblable distinction entre l'action réelle et l'action personnelle, relativement à la bonne foi des tiers. D'un autre côté, l'action personnelle avait sur la réelle l'avantage d'une plus grande généralité. Tambour ne conteste donc pas l'existence de ces deux actions de même rang, mais il cherche à en détruire l'anomalie par le développement historique. Il croit avec M. Bonjean que l'action personnelle a été introduite avant la réelle, tandis que MM. Ducaurroy et Ortolan sont d'un avis contraire. Les opinions de Tambour peuvent se résumer dans ces quelques mots : « Si l'action réelle était antérieure à la personnelle, on en aurait trouvé une mention dans nos sources. Le silence gardé à cet égard fait supposer qu'elle n'existait pas au temps des jurisconsultes. Il préfère croire qu'il y a là une création des derniers temps du droit romain, dans le but de fortifier le droit des créanciers; mais qu'on avait probablement maintenu les distinctions équitables de la jurisprudence prétorienne contre les acquéreurs de bonne ou de mauvaise foi [1]. »

Cette opinion, quelque ingénieuse qu'elle soit, ne nous semble pas d'accord avec nos sources, elle n'est, en effet, que le résultat de simples suppositions individuelles. Quant à nous, nous admettrions plutôt l'opinion de Heimbach [2]. Ce jurisconsulte soutient que, au temps de Justinien, l'action Paulienne était le nom générique de toutes les actions dont l'objet était de garantir les créanciers contre les dommages causés par un débiteur insolvable et de mauvaise foi. La personnalité ou la réalité de l'action était ici sans importance. On ne pourrait pas, en effet, s'expliquer autrement la dualité de cette action. La question de savoir si l'action réelle est antérieure à la personnelle, ou celle-ci à l'autre, nous offre peu d'intérêt, et nous n'hésitons pas à l'abandonner. Il suffit de savoir que, dans la législation de Justinien, ces deux actions ne sont pas confondues, qu'elles subsistent séparément, chacune avec un caractère différent, et qu'ainsi elles offrent dans la vie pratique des conséquences différentes. Si les rédacteurs du Digeste avaient étendu le caractère de l'action réelle à la personnelle, il est

[1] Tambour. *loc. cit.* p. 318-321. — [2] Weiske. *Rechts-Lexicon*, art. *Actio*, p. 82, v, 1.

hors de doute qu'un changement si remarquable n'aurait point été passé sous silence dans le Digeste et dans le Code. Ils ne se seraient pas contentés d'une mention rapide dans les Instilutes, car on sait que Justinien et ses prédécesseurs aimaient à entourer les plus petites réformes de phrases longues et pompeuses, et qu'ils n'auraient pas fait le silence autour d'une réforme si importante.

M. Rudorff, nous l'avons dit, n'admet aucune distinction entre l'action Paulienne et l'*interdictum fraudatorium*. Il attribue à tous deux un caractère réel, mais sans vouloir toutefois reconnaître l'existence d'une *actio in factum*.

Les jurisconsultes qui soutiennent le caractère personnel de l'action Paulienne s'appuient sur les faits suivants :

1° La Loi 9, ainsi conçue : « Is qui a debitore, cujus bona possessa sunt, sciens rem emit, iterum alii bona fide ementi vendidit; quæsitum est, an secundus emtor conveniri potest? Sed verior est Sabini sententia, bona fide emtorem non teneri, quia dolus ei duntaxat nocere debeat, qui eum admisit; quemadmodum diximus, non teneri eum, si ab ipso debitore ignorans emerit; is autem, qui dolo malo emit, bona fide autem ementi vendidit, in solidum pretium rei, quod accepit, tenebitur[1]. »

2° La Loi 10, *D.* xlii, 8, déjà citée, et la Loi 5, *C.*, dont la teneur est : « Ignoti iuris non est, adversus eum, qui, sententia condemnatus, intra statutum tempus satis non fecit, nec defenditur, bonis possessis, itemque distractis, per actionem in factum contra emtorem, qui sciens fraudem comparavit, et eum, qui ex lucrativo titulo possidet, scientiæ mentione detracta, creditoribus suis esse consultum[2]. »

____

[1] *Lex* 9, *D.* xlii, 8. — [2] *Lex* 5, *C.* vii. 75.

3° Enfin les conclusions de leur opinion individuelle. — Ces jurisconsultes ont les arguments suivants. L'action Paulienne est une *actio in factum*, et elle est toujours personnelle. Du reste, disent-ils encore, le jurisconsulte Paulus la désigne spécialement comme telle, car la Loi 38 commence ainsi : « Videamus, generali quando in actione, quæ est in personam, etiam fructus veniant[1]. »

L'action Paulienne, soutiennent-ils encore, a surtout pour base la *restitutio in integrum*, et, par conséquent, ce seul fait suffira pour lui attribuer un caractère personnel. Reinhardt[2] ajoute à ces considérations l'observation suivante : « Si, dit-il, la jurisprudence désigne ordinairement une action réelle par la phrase : *In rem actio est, per quam rem nostram, quæ ab alio possidetur, petimus; et semper adversus cum est, qui rem possidet*[3]; si cette idée est de même exprimée dans les Instilutes par ces mots : *Aut cum eo agit, qui nullo iure ei obligatus est; movet tamen alicui de aliqua re controversiam : quo casu, proditæ actiones in rem sunt, reluti si rem corporalem possideat quis, quam Titius suam esse affirmet, et possessor dominum se esse dicat; nam si Titius suam esse intendat, in rem actio est*[4]; si l'on compare ces définitions avec la Loi 9, *D.* xlii, 8, et avec la Loi 14, *D.* xlii, 8, ainsi conçue : *Ea propter competit hæc actio, et adversus eos, qui res possident, ut restituant, et adversus eos, quibus actio competit, ut actione cedant. Proinde si interposuerit quis personam Titii, ut ei fraudator res tradat, actione mandati cedere debet. Ergo, et si fraudator pro filia sua dotem dedisset scienti fraudari creditores, filia*

---

[1] *Lex 38, L.* xxii, 1.

[2] *Die Lehre vom Gant und Gant verfahren,* Stuttgard, 1819, p. 344-348.

[3] *Lex 25, D. De obligationibus et actionibus,* xliv, 7.

[4] Inst. *De actionibus,* § 1. iv. 6.

tenetur, ut cedat actione de dote adversus maritum; alors, dit Reinhardt, il est certain que l'action Paulienne a un caractère personnel, c'est-à-dire une *actio ex quasi delicto, ex dolo.* »

Tambour suit le même ordre d'idées, relativement à l'action Paulienne des Digestes; ses propres mots sont : « Mais quant à l'action Paulienne des Digestes, elle est certainement personnelle[1]. » Il accepte encore, avec Antoine Favre, l'idée que l'action Paulienne était une action arbitraire, opinion assez juste et assez conforme à l'esprit des sources romaines. Mais Tambour, pas plus que M. Rudorff, ne fait de distinction entre l'action Paulienne et l'action *in factum.* Il est certain que l'objet et la tendance sont les mêmes dans ces deux actions, puisque les sources elles-mêmes les confondent souvent dans leur désignation; pourtant, en soumettant ces deux lois à une analyse critique, on ne pourrait nier leur divergence sur plusieurs points, ainsi que le fait justement remarquer M. Huschke.

Quel est, en effet, le caractère essentiel de l'action Paulienne? Nous l'avons déjà dit, elle était l'action du créancier contre le tiers de mauvaise foi, ayant acquis un objet d'un débiteur frauduleux. Et quel était le caractère de l'action *in factum?* C'était un moyen de réparer tous les préjudices causés par le débiteur de mauvaise foi; en d'autres termes, c'était une action accordée au créancier, même contre le *fraudator.*

Avant d'entrer dans la discussion de la différence entre ces deux actions, il convient d'en bien préciser les éléments essentiels.

1° L'affaire contractée avec un tiers par le débiteur

[1] Tambour, p. 313.

doit produire son insolvabilité; par conséquent, toute affaire n'affectant pas sérieusement sa solvabilité ne peut pas être attaquée par ces actions[1]. Elle doit, en outre, contenir une transmission de propriété ou de tout autre droit ou omission de droit de la part du débiteur insolvable en faveur d'un tiers[2] : « Quodcunque igitur fraudis causa factum est, videtur... qualecunque fuerit... Sive ergo rem alienavit, sive acceptilatione vel pacto aliquem liberavit[3]. » Il faut ajouter à ces cas ceux qui sont mentionnés par les lois suivantes du même chapitre, afin de pouvoir se former une juste opinion de ce que la loi entendait par *qualecunque fuerit*.

2° Le débiteur, au moment où il contracte l'affaire, doit déjà être insolvable, ou, du moins, doit le devenir par la conclusion de cette affaire[4]. Il faut donc au débiteur l'intention frauduleuse de diminuer par cet acte la garantie de ses créanciers. L'action intentée contre le tiers a pour but de rescinder l'affaire, *revocatur negotium, rescinditur*[5]. Dès qu'elle est intentée contre le débiteur frauduleux, elle a pour objet la restitution de tout le gain produit par cette affaire. Cette restitution est une obligation et une obligation imposée, à laquelle on ne peut se soustraire, même si, par la *venditio bonorum*, on produisait la destruction complète de toute la fortune du débiteur. Cette obligation sévère a sa cause dans sa fiction; elle était, en effet, considérée comme une pénalité pour le débiteur ayant commis un acte frauduleux.

Jusqu'ici nous n'avons rencontré aucune différence entre

---

[1] *Lex 6*, § 7, *D.* XLII. 8; et *Lex 25*, § 1.

[2] *Lex 1*, § 1. *D. h. t.*

[3] *Lex 1*, § 2. *D. h. t.*

[4] *Lex 10, D.* 4 à 7.

[5] *Lex 10*. § 11. 25, *D.* XLII. 8.

l'action Paulienne et l'action *in factum*, et cela n'est pas difficile à comprendre. L'élément de ces deux actions est partout
égal. Dans les deux cas, il s'agit de la même personne;
dans les deux cas, la condition essentielle est la mauvaise
volonté par laquelle le débiteur cause un dommage à ses
créanciers. Mais cette similitude des deux actions change dès
que l'on considère le tiers acquéreur. Il est nécessaire ici
de distinguer l'acquéreur de bonne foi de l'acquéreur de
mauvaise foi. Ce serait, en effet, une flagrante injustice de
les placer tous les deux sur le même rang. C'est aussi pour
cette raison que l'action Paulienne était seulement accordée
contre le tiers participant en connaissance de cause à la
fraude du débiteur, c'est-à-dire contre toutes les personnes
tierces connaissant son insolvabilité et son intention de
causer par cette aliénation un dommage à ses créanciers,
et ne s'abstenant pas néanmoins de traiter avec lui.

La question ne change pas, que l'acquisition soit faite à
titre onéreux ou lucratif, *titulo oneroso vel lucrativo*. Ne sont
pas considérés comme ayant participé à la fraude du débiteur, tous ceux qui connaissaient vaguement les dettes,
mais ignoraient son intention de tromper ses créanciers par
ces transactions : « Alias autem qui scit aliquem creditores
habere; si cum eo contrahat simpliciter, sine fraudis con-
scientia, non videtur hac actione teneri[1]. » Ainsi le tiers,
averti de l'insolvabilité du débiteur et ne s'abstenant pas
pour cela d'acquérir un objet, même en vertu d'une convention passée avec ce débiteur, était considéré comme
ayant participé à la fraude, et les créanciers avaient contre
lui l'action Paulienne.

____

[1] *Lex 10, § 4. D. xlii. 8.*

La situation changeait nécessairement dès que l'acquisition était faite avec le consentement ou à la connaissance des créanciers. Dans ce cas, ils adhéraient à la transaction, et, par conséquent, dans l'intérêt public on ne pouvait plus leur donner le droit de revenir sur une première décision prise. Les créanciers qui pouvaient introduire l'action Paulienne devaient être ceux mêmes que le débiteur et le tiers avaient l'intention de tromper. Le nombre en importe peu; qu'il n'y ait qu'un seul membre contre lequel ait été dirigée l'intention frauduleuse, celui-ci pourra néanmoins faire valoir son droit par l'action Paulienne.

Une question assez intéressante se présente à ce sujet. Comment résoudre ce cas particulier, dans lequel un tiers aurait acquis l'objet d'un débiteur sachant que celui-ci avait l'intention de causer un préjudice à un seul de ses créanciers, à Titius, par exemple, lorsque cette aliénation frauduleuse a réellement causé un dommage aux autres créanciers ? Dans ce cas, tous les créanciers auront le droit d'intenter contre l'acquéreur l'action Paulienne, à la condition, toutefois, que celui contre lequel était surtout dirigée la fraude n'ait pas reçu une entière satisfaction. Mais, si des tiers le désintéressent, les autres créanciers perdent leurs droits. Les termes de la loi sont assez explicites à ce sujet : « Illud certe sufficit, et si unum scit creditorem fraudari, cæteros ignoravit, fore locum actioni. Quid ergo, si ei, quem quis scit, satisfactum est, numquid deficiat actio, quia qui supersunt non sunt fraudati ? Et hoc puto probandum, non tamen si dicat aliquis : Offero, quod debetur, ei, quem scio creditorem, audiendus erit, ut actionem eludat [1]. »

____
[1] _Lex_ 10, §§ 7 et 8. _D._ xlii. 8.

L'action *in factum* était aussi réservée contre l'acquéreur de bonne foi, et seulement après une *causa cognita*[1]. L'édit exige formellement cette condition pour la concession de l'action *in factum* : « Interdum causa cognita, etsi scientia non sit, in factum actionem permittam. »

Cette action est encore accordée dans le cas où le tiers a acquis un objet à titre lucratif, comme, par exemple, en vertu d'une donation ; en ce cas, la participation de l'acquéreur ou sa connaissance de la fraude du débiteur ne peut être prise en considération. L'action a lieu de même dans le cas où le fisc est demandeur, car il jouit du privilége de rescinder toutes les aliénations, sans qu'on ait à considérer la bonne ou la mauvaise foi du défendeur : « In fraudem fisci, non solum per donationem, sed quocunque modo, res alienatæ revocantur : idemque iuris est, et si non quæratur ; æque enim in omnibus fraus punitur[2]. »

Une autre distinction faite entre l'action Paulienne et l'action *in factum*, c'est que la première a pour objet la restitution immédiate des objets aliénés, sans demander si l'acquéreur est en possession ou non de ces objets ; tandis que l'action *in factum* a pour objet la restitution du gain fait ou tiré par l'acquéreur au moyen d'une aliénation frauduleuse. La loi dit, en effet, sur l'action Paulienne : « Per hanc actionem res restitui debet, cum sua scilicet causa. » *Causa* est ici dans le sens d'usufruit, d'usage, d'accroissement et même de dégâts. Et la Loi 14 ajoute cette décision : « Hac in factum actione[3], non solum dominia revocantur, verum etiam ac-

---

[1] Huschke, *Zeitschrift für Civil-Recht und Process*, loc. cit. p. 86.

[2] *Lex* 45, *D.* 49. 14.

[3] *In factum actione* signifie ici l'action Paulienne. Nous répétons ce que nous avons déjà dit, que, bien que

tiones restaurantur. *Ea propter competit hæc actio, et adversus eos, qui res possident, ut restituant, et adversus eos, quibus actio competit, ut actione cedant. Proinde si interposuerit quis personam Titii, ut ei fraudator res tradat, actione mandati cedere debet. Ergo et si fraudator pro filia sua dotem dedisset scienti fraudari creditores, filia tenetur, ut cedat actione de dote adversus maritum.* »
La Loi 6, §§ 11 et 12, et la Loi 11, § 24, confirment encore cette distinction entre l'action *in factum* et l'action Paulienne.

Une question se présente ici : Un acquéreur de bonne foi ayant acquis un objet par une transaction conclue avec un tiers de mauvaise foi, qui l'avait lui-même obtenu d'un débiteur frauduleux, pourra-t-il être actionné et forcé de rendre cet objet ? Rendons cette question plus claire par un exemple. Gaius, homme de bonne foi, a acheté de Titius, homme de mauvaise foi, un objet que celui-ci avait acquis pour aider Mævius, débiteur insolvable, à causer un dommage à ses créanciers. Gaius pourra-t-il être contraint à rendre l'objet acheté ? Sabinus croit que le deuxième acquéreur de bonne foi, c'est-à-dire Gaius, n'est pas responsable, parce que le préjudice ne doit frapper que celui qui l'a arbitrairement provoqué. En d'autres termes, ce n'est que le premier acquéreur, Titius, qui a vendu l'objet au deuxième acquéreur, qui sera forcé de rendre le prix entier provenant de la vente de cet objet.

cette action ne soit pas souvent distinguée de la véritable *actio in factum* par le droit Justinien, la distinction n'en reste pas moins vraie ; car les sources mêmes font une distinction entre ces différentes *actiones in factum*. Pour rendre, en consé-quence, notre travail plus clair, nous avons préféré désigner l'*actio in factum* par le nom d'action Paulienne dès qu'elle s'écarte de sa nature, et lui laisser son nom quand elle remplit toutes les conditions de sa nature propre.

Reinhardt fait également entre l'action Paulienne et l'action *in factum* les distinctions suivantes :

Par la première, le requérant peut demander du tiers de mauvaise foi non-seulement les fruits perçus, mais encore ceux à percevoir. Mais on en déduisait les dépenses nécessaires, ou celles faites du consentement du créancier. Les autres dépenses n'étaient pas restituées.

Par la seconde, l'action *in factum*, l'acquéreur n'est forcé de rendre que les fruits existant au moment de l'aliénation et ceux perçus depuis l'introduction du litige. Dans ce cas, comme dans l'autre, il y a lieu de déduire les dépenses nécessaires ou faites du consentement du créancier.

Les lois faisant cette distinction, c'est-à-dire la Loi 10, §§ 20, 21 et 22, et la Loi 25, §§ 4, 5 et 6, ont donné lieu à une large discussion entre les jurisconsultes, car elles semblent se contredire, et les savants ont cherché à les mettre d'accord entre elles. Il y a donc, à cet égard, plusieurs opinions. Avant tout, il faut faire remarquer que les mots *omnis generis* du § 6 de la Loi 25 ne semblent pas se rapporter à *alienationem*, bien que la disposition de ces mots paraisse établir le contraire; car on ne parle pas dans cette loi des différents modes d'aliénation, mais des différents fruits. Par conséquent, avant de s'occuper de l'interprétation grammaticale, il faut chercher l'interprétation logique, et celle-ci démontre que *omnis generis* se rapporte plutôt à *fructus* qu'à *alienationem*. Voici, en effet, la teneur de cette loi : « Fructus autem fundo cohæsisse, non satis intelligere se Labeo ait, utrum duntaxat qui maturi, an etiam qui immaturi fuerint. (Il s'agit donc ici de différents fruits.) Prætor significet: ceterum etiamsi de his senserit, qui maturi fuerint, nihilo magis possessionem restitui oportere; nam quum fundus alienaretur, quod ad eum fructusque ejus attineret, unam quandam rem fuisse, id est fundum, *cujus omnis generis alienationem* fructus sequi. »

La distinction est ainsi toujours dans les fruits, et non dans l'aliénation. Cette opinion est encore corroborée par l'exemple suivant, puisé dans la même loi : « Nec eum, qui hiberno habuerit fundum centum, si sub tempus messis vindemiæve fructus ejus vendere possit decem, idcirco duas res, id est fundum centum et fructus decem, eum habere intelligendum, sed unam, id est fundum centum, sicut is quoque unam rem haberet, qui separatim solum ædium vendere possit. » D'après certains jurisconsultes, Ulpien. l'auteur de la Loi 10, soutiendrait que les *commoda medii temporis* (*propter quod etiam medii temporis commodum, quod quis consequeretur liberatione non facta, præstandum erit*[1]) doivent être restitués, mais non les *fructus medii temporis*. Cette opinion est complétement d'accord avec celle de Venulejus, l'auteur de la seconde loi, dans laquelle est seulement contesté le *fructus medii temporis*[2]. Dabelow est d'un autre avis; il croit, comme M. Rudorff, qu'il n'y a pas de distinction à établir entre l'action Paulienne et l'action *in factum*, et que, par conséquent, dans la question de restitution des fruits, il n'y a pas non plus à distinguer entre l'acquéreur de bonne ou de mauvaise foi. La première loi, soutient-il, est applicable aux deux actions et aux deux cas, et la Loi 25 traite seulement de l'*interdictum fraudatorium*, d'où il déduit qu'il n'y a aucune contradiction entre ces deux lois[3]. La plupart

---

[1] *Lex 10, § 22, D.* XLII. 8. — [2] Voir là-dessus Jacob-Constantinau-Gmelin, Hopp. Lauterbach. Wissembeck. — [3] Dabelow. *loc. cit.*

des jurisconsultes, tels que Bœhmer, Claproth, Dantz, Günther, Hoffacker, Thibaut, Voet, admettent pourtant l'opinion
qu'Ulpien avait pour but de caractériser, dans la première
loi, les faits soumis à l'action Paulienne et de traiter la situation d'un acquéreur de mauvaise foi, tandis que Venulejus
expose, dans la seconde, le cas de l'action *in factum* et de
l'acquéreur de bonne foi. Reinhardt se range aussi parmi
les partisans de cette opinion[1], qui nous paraît d'ailleurs la
plus vraisemblable.

La plus grande distinction que l'on croit avoir trouvée
entre l'action Paulienne et l'action *in factum*, c'est leur nature
différente de prescription. Les jurisconsultes allemands sont
en désaccord sur la question du temps de la prescription de
l'action Paulienne. Quelques-uns soutiennent la prescription
d'une année, et ils se basent sur la Loi 6, § 14, dont les termes
sont : « Huius actionis annum computamus utilem, quo experiundi potestas fuit, ex die factæ venditionis, » et sur la
Loi 10, § 18, *D. h. t.*, dont la teneur est : « Annus huius in
factum actionis computabitur ex die venditionis bonorum. »

A ces arguments, les jurisconsultes qui soutiennent la
prescription de quatre ans opposent l'autorité de la Loi 7,
c. 11, 53, qui détruit l'opinion d'Ulpien, exposée dans les deux
lois précédemment citées. Il faut donc chercher ailleurs la
conciliation, et nous pensons que ces deux délais de prescription se rapportent à deux actions différentes. L'action *in factum* a cependant cela de commun avec l'action Paulienne,
que toutes les deux commencent à prescrire du même moment, c'est-à-dire dès que les créanciers ont eu connaissance
du fait de la diminution du patrimoine de leur débiteur.

[1] Reinhardt, *loc. cit.* p. 361.

C'est, d'ailleurs, le seul moment possible, puisque, avant, ils ne pouvaient savoir s'ils devaient actionner le débiteur.

Il s'agit maintenant de bien préciser le moment où la prescription commence à courir, car cela a une grande importance. Les jurisconsultes ne sont pas non plus d'accord sur cette question. Les uns, comme Reinhardt, Bœhmer, Dabelow, Dantz, Gmelin, Günther, Malblanc, Vinnius, Voet, etc. soutiennent que les créanciers pouvaient le connaître, du moment où l'on opérait la vente des biens du débiteur. C'est pourquoi Ulpien emploie les termes *ex die factæ venditionis* [1], *ex die venditionis bonorum*. Les autres, tels que Claproth, Heineccius, Hellfeld, Wissembeck, ont cherché à donner à ces termes une autre interprétation, d'ailleurs assez subtile. D'après ces jurisconsultes, la prescription de cette action commence à courir du moment de la vente frauduleuse du débiteur. Cette opinion ne nous paraît pas avoir été suffisamment justifiée.

Une autre analogie entre l'action Paulienne et l'*actio in factum* consiste en ce que les deux actions sont admises seulement contre une véritable diminution de patrimoine, mais jamais contre des omissions d'acquisition. Ulpien exprime assez nettement cette pensée par les mots suivants : *Pertinet... patrimonium suum, non ad eos, qui id agunt, ne locupletentur* [2] ? Ainsi, par exemple, un héritier refuse une succession afin de la faire arriver à un de ses parents; le créancier ne pourra pas l'atteindre, car, dans ce cas, le débiteur n'a pas diminué sa fortune : il a seulement refusé de s'enrichir. Les exemples fournis par la même loi des Digestes offrent une clarté suffisante sur cette question.

[1] *Lex* 6, § 14, *D.* XLII, 8; *Lex* 10, § 18, *D.* 42, 8. — [2] *Lex* 6, *pr. D.* XLII, 8.

Les deux actions peuvent être intentées contre les héritiers et les successeurs de l'acquéreur; mais ceux-ci ne sont obligés que pour la partie qui leur est parvenue. Elles passent de même aux héritiers et aux successeurs du créancier, c'est-à-dire que ceux-ci ont le droit d'intenter des actions contre l'acquéreur et le débiteur [1] : « Cassius actionem introduxit in id, quod ad heredem pervenit... Hæc actio heredi ceterisque successoribus competit : sed et in heredes similesque personas datur, » Mais ces actions ne passent jamais sur les héritiers et les successeurs du débiteur. La loi est formelle sur cette question : « Filios debitoris, dit en effet la loi [2], ei succedentes, veluti in creditorum fraudem alienatorum, facultatem revocandi non habere, notissimi juris est. »

Il est superflu d'exposer encore l'opinion de ces jurisconsultes soutenant tantôt le caractère réel de l'action Paulienne, en vertu de la loi des Institutes, tantôt son caractère personnel, en vertu des Digestes. Ils cherchent par les subtilités les plus abstraites à concilier les deux natures opposées de cette action. Nous pensons avoir suffisamment réfuté cette opinion, et une discussion plus approfondie nous semble inutile. Ce serait pourtant une lacune que de passer sous silence l'opinion du plus grand jurisconsulte de notre siècle, de M. Savigny. Ce savant, après avoir exposé les actions personnelles ayant un caractère réel, arrive à démontrer les actions réelles ayant parfois une allure personnelle, telles, par exemple, que la *hereditatis petitio*, qui ne pouvait être intentée que contre celui qui possédait *pro herede* ou *pro possessore*. Cette question devait certainement amener

---

[1] M. Huschke admet seulement l'action *in factum* contre les héritiers du *sciens*. — [2] *Lex* 4, c. VII. 75.

Savigny à parler aussi de l'action Paulienne. Cette action, dit-il, a lieu contre le tiers qui participe à la vente frauduleuse d'un débiteur pour causer un dommage à ses créanciers, ou contre le tiers qui a acquis l'objet par une donation. L'action Paulienne est, d'après Savigny, une action personnelle; mais elle peut être changée, par une introduction de demande en restitution, en une *in rem actio*, comme l'*actio quod metus causa*, et c'est ainsi qu'il arrive à expliquer le paragraphe 6 des Institutes. Pourtant les termes de cette loi ne permettent pas encore de déduire le caractère réel de l'action Paulienne; car cette action, en prenant un caractère différent, est seulement restreinte au cas de la restitution. Cette opinion est prouvée non-seulement par l'expression *rescissa traditione*, mais encore par la place qu'occupe cette loi dans les Institutes. Le paragraphe qui précède cette loi, c'est-à-dire le paragraphe 5, mentionne aussi un cas de *restitution* basé sur une *in rem actio*, et où l'expression *rescissa usucapione* se trouve également employée. L'intérêt du créancier d'employer une *in rem actio* plutôt qu'une *in personam actio* peut exister dans le cas où le tiers, ayant acquis l'objet par la fraude ou en vertu d'une donation, tombe lui-même en déconfiture; dans ce cas, le tiers acquéreur sera soumis à l'action Paulienne, laquelle, ayant un caractère personnel, n'aura aucune utilité. Pourtant il ne faut jamais oublier, continue Savigny, que les introductions de demandes d'actions personnelles contre des personnes indéterminées, comme aussi la restriction des *actiones in rem* à des personnes déterminées, doivent toujours être considérées comme des exceptions. Partout où l'on ne pourra pas démontrer la cause d'une semblable exception, il faudra s'en tenir à la règle, par laquelle l'action peut être dirigée contre des défendeurs déterminés ou indéterminés, selon la nature personnelle ou réelle de l'action [1].

Jusqu'à présent, notre préoccupation principale a été de bien faire comprendre la nature de l'action Paulienne; c'est pour cela que nous n'avons pas hésité à discuter toutes les questions qui se rattachent à ce sujet. Ces discussions étaient d'ailleurs nécessaires pour qu'on pût bien se rendre compte de l'autre partie de l'action Paulienne, c'est-à-dire de l'objet de cette action.

Nous avons déjà vu l'édit du préteur conservé par Ulpien. En vertu de cet édit, le créancier est protégé contre toute attaque frauduleuse. Le magistrat voulait ainsi accorder par l'action Paulienne non-seulement une protection contre certains actes frauduleux du débiteur, mais encore contre tous les actes de celui-ci qui avaient pour but la diminution de son patrimoine au préjudice de ses créanciers, quel que soit, du reste, le caractère de ces actes. Les termes employés par Ulpien sont les suivants : « Quæ fraudationis causa gesta erunt; hæc verba generalia sunt... Quodcunque igitur fraudis causa factum est, videtur his verbis revocari, qualecunque fuerit, nam late ista verba patent. » Ces termes font surgir une question fort importante. Pouvait-on, par l'action Paulienne, faire rescinder les affaires contractées par le débiteur frauduleux avant sa déclaration d'insolvabilité, ou seulement celles contractées après cette déclaration? Nous avons déjà démontré que, d'après le droit romain, le débiteur en déconfiture conservait la gestion de ses biens avant et

____

[1] Savigny, *System des heutigen römischen Rechts*, vol. V, p. 26, 27, 28; Berlin, 1841.

15

après la *misio in bona*. Tous ses actes n'étaient pas frappés, *ipso iure*, de nullité. Les jurisconsultes sont loin d'être d'accord sur cette matière. Les uns soutiennent que l'action Paulienne ne pouvait rescinder que les actes contractés par le débiteur après l'ouverture de sa déconfiture, car ce seul fait n'enlevait pas encore au débiteur la gestion de ses affaires. Les autres soutiennent que l'action Paulienne pouvait même annihiler les transactions passées par le débiteur avant l'ouverture de la faillite, dès que ces actes produisaient son insolvabilité.

Analysons ces différentes opinions.

La première opinion, celle qui n'accordait pas à l'action Paulienne le pouvoir de rescinder les actes contractés par le débiteur avant sa déclaration de faillite, c'est-à-dire avant la *missio in bona* des créanciers, est surtout défendue par les anciens jurisconsultes. Ainsi Stryck (nous l'avons déjà vu) était de cet avis. Mais, comme ce savant divise la nature de cette action en lui accordant tantôt un caractère personnel, tantôt un caractère réel, selon la période de la *missio in bona*, personnelle avant l'envoi en possession, réelle après, il en résulte qu'il se trouve dans une contradiction peu intelligible et qu'il se réfute ainsi de lui-même.

Parmi les jurisconsultes modernes, Vangerow a relevé cette opinion, en lui donnant toute la force de son autorité. Pour prouver la non-intervention de l'action Paulienne dans les transactions faites par le débiteur avant sa déclaration d'insolvabilité, il pose, en premier lieu, le cas où un débiteur paye à son créancier, avant l'ouverture de la faillite, une dette liquide, et, par conséquent, exigible. Ce créancier a donc reçu satisfaction à une demande légitime; il n'a pas fait un gain ; mais, s'il n'avait pas été payé, il aurait été forcé de faire tomber sa créance dans la masse, et alors il aurait reçu trop peu, ou peut-être rien. Peut-on, dès lors, demande Vangerow, attribuer à l'action Paulienne le pouvoir de résilier ce payement ?

A cette question il répond négativement; car, fait-il observer, les termes généraux de l'édit du préteur, *quæ fraudationis causa gesta erunt*, renferment certainement aussi le payement de la dette, à la condition, toutefois, que les trois éléments nécessaires se trouvent réunis dans cet acte, savoir : si le débiteur a eu le *consilium fraudandi;* si le créancier est de *mala fides*, et si enfin un *eventus fraudis* existe réellement. Il est incontestable, dit à peu près ce jurisconsulte, que dans l'acte du payement, comme dans tout autre, le premier et le troisième élément peuvent assurément se trouver réunis. Mais comment le deuxième, c'est-à-dire la *mala fides* du créancier, peut-il exister dans ce cas ? Cela lui paraît complétement impossible. D'après lui le créancier, en acceptant une dette liquide, ne se rend jamais coupable d'une fraude, même si l'insolvabilité du débiteur ne lui est pas inconnue. Le créancier peut, suivant lui, sans courir aucun danger avant l'ouverture de la faillite, dans le cas même où il a la parfaite connaissance de causer par l'acceptation de ce payement un dommage aux autres créanciers, se faire payer, plutôt que de s'exposer à supporter une perte considérable, s'il était contraint à rapporter sa créance à la masse. On ne peut, en effet, soutient Vangerow, exiger de personne cette abnégation de se soumettre volontairement à une perte certaine, ou de renoncer à un droit bien fondé, pour le seul motif de ne point faire subir de pertes aux autres. Le créancier, en acceptant son payement, ne se rend, dans ce cas, coupable d'aucune fraude; car si, par hasard, un tuteur ou un curateur refusait l'acceptation d'un semblable payement, il serait certainement responsable envers son pupille. L'acte du payement peut indubitablement paraître un chantage exercé par le débiteur à l'égard des autres créanciers, par suite de la préférence qu'il accorde à l'un d'eux; mais cet acte perd complétement ce caractère dans la personne du créancier satisfait. Celui-ci, en effet, n'a reçu que ce qui lui est dû, alors même que le motif frauduleux qui a guidé son débiteur ne lui a pas été inconnu.

Cette opinion, résultant, d'après Vangerow, de la théorie générale de l'action Paulienne, est encore corroborée par d'autres lois. Un premier appui lui est offert par l'expression de Paulus, dans la Loi 129, *pr. D. De diversis regulis iuris antiqui*, L, 17 : «Nihil dolo creditor facit, qui suum recipit,» et par la Loi 6, §§ 6 et 7 des Digestes, XLII, 8. Ces lois tranchent, suivant notre jurisconsulte, complétement et spécialement le cas. La première partie de la Loi 6, *D.* XLII, 8, il le reconnaît lui-même, ne touche pas directement à la question, puisqu'elle traite un cas différent, celui où le débiteur reçoit le payement d'une dette. Dans ce cas, les créanciers de ce débiteur perdent aussi une partie de leur garantie. Pourtant cette question n'est pas dépourvue de tout intérêt relativement au cas que nous traitons, car Vangerow veut trouver également dans cette loi le principe répété: *Eum, qui suum recipiat, nullam videri fraudem facere.* Le paragraphe 7 de la même loi du même titre des Digestes lui paraît résoudre directement la question. Le jurisconsulte Julius, soutient-il, a tranché le cas *ex professo;* il expose dans des termes assez précis le principe suivant lequel le créancier, ayant réussi à se faire payer sa dette liquide avant l'ouverture de la faillite, ne pourra jamais être atteint par l'action Paulienne, si même l'insolvabilité du débiteur ne lui était pas inconnue, et si par l'acceptation de ce payement il fait subir encore une plus grande perte à ces cocréanciers.

La Loi 24, *fin. h. t.* lui paraît confirmer encore cette opinion. Cette loi, soutient-il, ordonne évidemment la non-intervention de l'action Paulienne, dans le cas où le créancier a reçu le payement d'une dette librement offerte par le débiteur. Il peut y avoir quelques doutes dans le cas où le créancier, prévoyant la prochaine insolvabilité de son débiteur, le contraint au payement par des menaces ou tout autre moyen violent; ici, on pourra encore supposer la mauvaise foi de la part du créancier. Néanmoins, même dans ce cas problématique, la décision de la loi est : « Sed vigilavi, meliorem meam conditionem feci; ius civile vigilantibus scriptum est; ideo quoque non revocatur id, quod percepi. » Le jurisconsulte ajoute encore à cette opinion la Loi 10, § 16.

L'opinion de Vangerow se trouve pourtant en contradiction formelle avec la Loi 25, § 1, et le jurisconsulte emploie l'analyse suivante pour concilier son opinion avec le texte de cette loi. Il s'agit ici, dit-il, comme on le sait, d'une dot donnée par un beau-père à son gendre, *consilio fraudandi*. Deux cas peuvent alors se présenter : ou le gendre connaissait l'insolvabilité du beau-père, alors il peut être attaqué par l'action Paulienne, ou bien elle lui était inconnue, et alors aucune action ne peut être intentée contre lui, puisqu'il n'aurait pas contracté mariage avec une femme sans dot. Ce dernier cas offre certainement une analogie avec celui où le créancier accepte le payement d'une dette échue d'un débiteur frauduleux. Les termes de la loi font, en effet, cette comparaison : « In maritum autem, dit la loi, qui ignoraverit, non dandam actionem, non magis quam in creditorem, qui a fraudatore, quod ei deberetur, acceperit, quum is indotatam uxorem ducturus non fuerit. » Vangerow pense que, en vertu de cette loi, le gendre acceptant une dot de son beau-père, sans connaître son état d'insolvabilité, est dans la même position qu'un créancier satisfait. Venulejus, dit-il pourtant, voulait seulement indiquer ici la différence entre le mari de bonne foi et le mari ayant reçu des donations ; l'ignorance du gendre doit être prise en considération. L'auteur de la loi, continue notre jurisconsulte, ne fait aucune comparaison entre un *sciens maritus* et un *sciens creditor*, car le premier est soumis à l'action Paulienne, tandis que le second ne subit nullement la même conséquence. C'est pourquoi Venulejus se garde bien d'établir un parallèle entre ces deux cas. Vangerow trouve ainsi dans cette loi un argument de plus à l'appui de son opinion. Suivons ce jurisconsulte sur le terrain de son raisonnement. Dans l'exposé de notre propre opinion on en trouvera la réfutation.

La Loi 96, *pr. De solut.* xlvi, 3, lui présente une grande difficulté, lorsqu'il veut la mettre en harmonie avec son système d'argumentation. Il n'attache d'abord aucune importance à la question de savoir si la loi parle ici de l'*interdictum fraudatorium*, car il n'admet aucune différence essentielle entre cet interdit et l'action Paulienne. Il n'hésite pas un instant à accorder aussi bien l'*interdictum* que l'action contre tout créancier devenant *particeps fraudis* par l'acceptation de l'argent. La question n'est donc pas là. Le texte de cette loi lui offre un cas particulier. Il s'agit ici d'un créancier payé, non pas avec l'argent du débiteur, mais avec celui du pupille du débiteur. Si le créancier n'ignore pas ce fait, c'est-à-dire s'il sait que le débiteur exploite son pupille pour acquitter sa propre dette, il est alors incontestablement dans la *mala fides*, et l'action Paulienne peut l'atteindre. Il ne faut pourtant pas conclure de là, suivant Vangerow, à l'admission de l'action Paulienne contre le créancier payé par un débiteur insolvable au détriment même de ses autres créanciers.

Une autre difficulté lui est offerte par le texte de la Loi 6, §§ 1 et 2, *D.* xlii, 5, et de la Loi 24, *D.* xlii, 8. Ces lois sont, en effet, en contradiction formelle avec son opinion. Il croit pouvoir détourner cette contradiction par l'interprétation suivante.

Vangerow reconnaît lui-même que ces lois admettent explicitement la révocation des payements faits *per gratificationem*, c'est-à-dire quand le débiteur préfère un créancier à un autre. Il ne s'agit pourtant pas ici, dit-il, de la rescision d'un payement par l'action Paulienne, mais bien d'un *suus heres* satisfaisant quelques créanciers de la succession et faisant valoir, après ce payement, le droit du *beneficium abstinendi*. La question, dans ce cas, est de savoir quels actes faits par un *suus heres*, en sa qualité d'héritier, restent légalement reconnus? La réponse est faite par le principe aussi simple que généralement admis. Dans ce cas, la bonne ou la mauvaise foi du débiteur doit être prise en considération. Paulus exprime assez clairement cette idée dans la Loi 6, § 1, xlii, 5, et son opinion est encore confirmée par le texte de la Loi 44, *D.* xxix, 2, *Rata haberi debent, quæcunque pupillus bona fide gesserit.* La bonne ou la mauvaise foi de celui qui a contracté l'affaire n'est pas, bien entendu, prise en considération, et de là les deux décisions distinctes de ces lois. Elles ne peuvent pourtant pas être appliquées à l'action Paulienne, car il s'agit ici surtout de la *mala fides* du défendeur.

Si cette question laissait encore quelques doutes, il suffirait de continuer la lecture de la Loi 24 déjà citée. Scævola, après avoir exposé le cas où un *suus heres*, avant sa déclaration de s'abstenir, satisfait quelques créanciers de la succession, et après avoir distingué, dans ce cas, entre un payement *per gratificationem* et un autre payement, traite le second cas en commençant par ces mots : *Quid ergo, etc.* et là il expose la question d'un débiteur satisfaisant ses créanciers avant l'ouverture de la déconfiture, et il ne distingue pas ici entre le payement *per gratificationem* et un payement fait de toute autre manière; mais il rejette en général l'action Paulienne.

Un autre cas posé par Vangerow est celui dans lequel un débiteur paye une dette qui n'est pas exigible. Le payement, dans ce cas, ne peut pas être révoqué, d'après lui, par l'action Paulienne. Il ne croit pas qu'elle puisse avoir lieu contre celui qui cause un dommage aux créanciers par un payement anticipé. Elle pourra, tout au plus, faire révoquer l'*interusurium;* mais Vangerow n'admet pas la révocation de toute somme payée avant le terme échu et avant l'ouverture de la déconfiture, ni même après cette ouverture. Le créancier, dit-il, n'a pas encore une action efficace; mais il n'en est pas moins créancier réel, et, par conséquent, on doit lui appliquer le principe *nihil dolo creditor facit, qui suum recipit.* Il ne peut, du reste, être de mauvaise foi en acceptant sa créance; il serait, tout au plus, contraint par l'action Paulienne à restituer les avantages matériels obtenus par anticipation de payement, c'est-à-dire à rendre l'*interusurium*. C'est là le contenu des Lois 10, § 12, et 17, § 2, *D.* xlii, 8.

Le troisième cas présenté par Vangerow est celui où un créancier a une créance naturelle et est satisfait par son débiteur. Le jurisconsulte n'admet pas non plus, dans ce cas, la rescision du payement par l'action Paulienne. Le raisonnement qu'il emploie est le même que dans le cas précédent; mais il faut convenir que ce cas offre encore plus de certitude de la non-application de l'action, car l'objet de la *naturalis obligatio* implique une *vigilantia* plus prononcée de la part du créancier que pour une *civilis obligatio*. Une *mala fides* ou un *dolus* ne peut donc avoir lieu dans l'exécution de cet acte.

Le jurisconsulte pose un quatrième cas : celui d'une constitution de nantissement. Si, par exemple, un débiteur constitue *dolo malo*, à un créancier chirographaire, et avant l'ouverture de la déconfiture, un droit de nantissement, il est évident que l'action Paulienne peut être intentée contre ce créancier de mauvaise foi. Il ne s'agit pas ici, comme dans le cas précédent, de l'extinction d'une obligation; on en contracte une nouvelle, dans laquelle le créancier peut être de mauvaise foi. C'est le cas prévu par les Lois 10, § 13, et 6, § 6, et par la Loi 22, *h. t.*

Enfin, le dernier cas traité par Vangerow est la *datio in solutum*. L'analogie de celui-ci avec le précédent est assez visible. Ici, en effet, on contracte aussi une nouvelle obligation, une sorte d'*emtio venditio* entre le créancier et le débiteur, dans laquelle le créancier peut incontestablement être de mauvaise foi. Ce cas est prévu par la Loi 25, § 3, *h. t.*[1]

Je n'ai donné jusqu'à présent que l'opinion de Vangerow, un des plus grands jurisconsultes modernes, me réservant de la réfuter après l'exposé de l'ensemble, afin de ne préjuger en rien la question. Je crois nécessaire de reprendre chaque cas posé par cet éminent jurisconsulte et de le soumettre à une analyse détaillée. Je ne crains pas d'être trop long sur une question d'une si haute importance.

En effet, plusieurs jurisconsultes distingués n'admettent pas seulement l'action Paulienne pour les actes contractés postérieurement à l'envoi en possession, mais aussi pour ceux qui sont accomplis antérieurement. Franck la caractérise ainsi : « L'action Paulienne a pour but de faire revenir dans la masse commune, sur la demande du *curator bonorum* (auquel elle est dans l'édit particulièrement promise), toutes les parties du patrimoine du débiteur, que celui-ci a cherché à soustraire à ses créanciers, avant ou après la *missio in bona* des créanciers. L'opinion de Vangerow diffère donc de celle de Franck pour les actes contractés avant l'envoi en possesion, mais ils sont d'accord pour les actes postérieurs à cet envoi. Tous les deux acceptent l'action Paulienne pour ces sortes d'actes; mais Franck non plus ne donne pas une solution égale pour tous les actes antérieurs à l'envoi. Il admet des exceptions, c'est-à-dire qu'il croit, comme Vangerow, que certains faits accomplis avant l'envoi en possession ne peuvent être rescindés par l'action Paulienne. Ainsi.

---

[1] Vangerow. *Lehrbuch der Pandecten*, vol. III. 6ᵉ édit. 1863. p. 647-655.

l'action ne sera pas applicable au payement d'une dette liquide et exigible avant l'ouverture de la déconfiture. Son raisonnement est que la théorie *per gratificationem* est un système complétement erroné. Les motifs qu'il donne sont ceux-ci: L'action Paulienne ne peut pas être appliquée aux payements, puisque l'édit du préteur ne s'étendait qu'aux contrats, et non aux payements, pour lesquels les créanciers avaient un *ius quæsitum*. La théorie de la gratification lui paraît dépourvue de toute base sérieuse. Une gratification, d'après quelques jurisconsultes déjà cités, était le cas où un débiteur payait un créancier moins exigeant ou moins vigilant qu'un autre. En vertu de ce principe, d'autres jurisconsultes ont dû admettre plusieurs degrés de vigilance. C'est là une distinction qui mérite tous les reproches qui lui ont été adressés par Franck. Cette opinion, en effet, aurait eu pour conséquence naturelle de faire accorder l'action Paulienne au créancier le plus exigeant. Les autres, ne réclamant leurs créances que poliment et sans menaces d'actionner le débiteur en justice, n'auraient pas ce moyen de poursuite. Le résultat d'une semblable théorie est en vérité peu pratique et à peine soutenable. Comment, en réalité, accorder l'action à un créancier d'après le degré, plus ou moins fort, de son insistance? Ne sera-t-on pas forcé d'arriver ainsi à cette conséquence irrationnelle de contraindre le créancier à menacer son débiteur et à insister auprès de lui pour lui faire payer sa dette, alors même qu'il serait très-disposé à l'acquitter. D'après ce système, le créancier qui aurait reçu son argent après sa première demande au débiteur pourrait être poursuivi par les autres créanciers qui auraient insisté plus que lui et n'auraient pas été payés. La théorie *per gratificationem* a une autre conséquence encore plus grave, celle de rendre incertains et confus tous les rapports entre le créancier et le débiteur. Ainsi, un créancier actif et vigilant ne serait pas à l'abri des poursuites des autres créanciers, après avoir insisté auprès de son débiteur, même jusqu'à la menace, s'il n'a pas surpassé en vigilance tous les autres créanciers. Suivant cette théorie, un créancier, avant de recevoir son argent, serait obligé de surveiller les autres cocréanciers et de chercher à les surpasser dans la dureté de leurs exigences et dans la forme de leur demande. Ce système, aussi ridicule qu'absurde, ne soutient aucune analyse, si l'on pousse les éléments de la théorie jusqu'à ses dernières conséquences. L'erreur de ce système, suivant Franck, consiste dans les points ci-après :

1° Le payement fait par un débiteur, *animo gratificandi*, est soumis, d'après les défenseurs de la théorie, à la rescision par la procédure de l'action Paulienne. Cette assertion, d'après Franck, est détruite par la seule considération que le payement d'une dette n'est pas une donation.

2° Les mêmes défenseurs de cette théorie soutiennent encore que la gratification existe toujours, ou du moins doit être présumée dans le cas où un débiteur satisfait un créancier avant les autres, bien que ceux-ci exigent le payement avec autant et peut-être plus d'insistance encore. Franck fait observer, avec raison, qu'aucune action ne se trouve relatée dans nos sources à ce sujet. Imaginons-nous une personne surchargée de dettes. Ce débiteur satisfait ses créanciers suivant les circonstances, c'est-à-dire lorsque l'état de ses ressources le lui permet. Les créanciers d'hier et d'aujourd'hui n'ont pu être payés faute d'argent; mais il se peut qu'après leur départ leur débiteur touche une somme assez forte pour satisfaire les créanciers qui se présenteront après, bien qu'ils soient en retard dans leurs exigences. Il est certain que les premiers n'ont pas été favorisés par la chance, et que l'événement est fâcheux pour eux; mais pourra-t-on soutenir que ce fait contient la base d'une action Paulienne? Peut-on parler dans ce cas d'un payement *per gratificationem?* Il faut plutôt convenir qu'ici le créancier payé peut ne pas connaître les autres créanciers, ou croire sa créance plus forte et plus exigible.

Ces objections, adressées par Franck à la théorie *per gratificationem,* paraissent la renverser complétement. Les conséquences réelles, tirées par notre adversaire de l'exagération de ce système, sont en effet assez ridicules. La question changera pourtant de face, si l'on renferme cette théorie dans sa sphère étroitement juridique, en lui attribuant des effets purement légaux, sans pousser jusqu'au bout la rigueur de ses conséquences. *Summum jus, summa injuria,* est une règle générale. En effet, le payement d'une dette n'est pas une donation, car le débiteur ne fait que remplir un devoir, et, par conséquent, dans les cas les plus fréquents, le *consilium fraudandi* ne peut être présumé. Pourtant, il n'est pas encore démontré qu'un payement ne peut être fait *animo fraudandi.* Une aliénation faite par le débiteur, et ayant pour conséquence l'ouverture de la déconfiture, pourra incontestablement prouver l'existence de la *mala fides* de sa part; mais, dans un acte de payement, la bonne foi du débiteur doit être présumée, car il est forcé de remplir ses engagements, et, s'il cherche à s'y soustraire, son créancier pourra l'y contraindre. Nous ne contestons donc pas la présomption de bonne foi dans les cas les plus fréquents du payement; mais on ne saurait nier non plus qu'un débiteur, ayant une parfaite connaissance de sa situation de fortune et satisfaisant un seul de ses créanciers, son parent, par exemple, dans le seul but de lui procurer un avantage sur les autres, ne se rende coupable d'un *dolus*. Complétons notre exemple : supposons le créancier ayant non-seulement une connaissance exacte de l'insolvabilité du débiteur, mais étant aussi averti par les autres créanciers de son intention frauduleuse, et persistant néanmoins à accepter le payement, ne doit-on pas, en ce cas, le considérer comme un *fraudis particeps?* On ne peut soutenir ici que le créancier n'a reçu que ce qu'on lui devait, que ce qu'il pouvait légalement faire valoir. Ce créancier n'avait, en effet, un droit au payement complet que dans le cas où il n'y aurait pas insuffisance de patrimoine de son débiteur. Mais, si la situation est douteuse, le créancier, pour être intégralement payé, doit avoir au moins un droit de préférence sur les autres; s'il ne l'a pas, il doit se contenter de la distribution *pro rata* du patrimoine du débiteur.

Une condition principale de l'action Paulienne, ainsi que nous l'avons déjà dit, c'est l'*eventus fraudis*. Par cette condition, nous n'entendons pas seulement l'existence d'un *lucrum* de la part du tiers; il suffit d'un *damnum* causé au créancier demandeur pour lui permettre d'introduire avec succès l'action Paulienne. Les créanciers, dans ce cas, subissent incontestablement une perte considérable, car le payement fait à un seul d'entre eux peut considérablement diminuer la fortune du débiteur, ou même l'absorber tout entière. Pourtant, dira-t-on, le débiteur ne fait que remplir son obligation; on pourrait même, en cas de refus, l'y contraindre (bien que Vangerow conteste ce moyen), et c'est pour échapper à cette procédure qu'il a fait ce qu'il devait faire. Ce raisonnement ne manque pas d'une apparence de vérité; mais, en réalité, il manque de toute base pratique. Le créancier ne peut exercer la contrainte contre son débiteur qu'au moment où il a pris un jugement contre lui, ou du moins il ne peut l'intimider qu'en engageant le procès avec lui. Mais, alors, les autres créanciers seront également avertis de l'insolvabilité du débiteur et viendront aussi demander un jugement contre lui, et, lorsque la déconfiture sera ouverte, les créanciers seront payés au *prorata*. Ainsi, le créancier recevant plus que sa part cause un dommage aux autres. Si l'on ne peut considérer ce qu'il reçoit en plus comme une véritable donation, c'est néanmoins un avantage illégal, car il reçoit plus qu'il ne comptait et devait recevoir, et, par cette faveur illicite, il diminue ou absorbe peut-être les moyens qui doivent servir au payement de tous. La théorie *per gratificationem*, envisagée à ce point de vue, ne peut pas être considérée comme étant en contradiction avec les opérations de la vie pratique, comme elle n'est pas non plus en contradiction avec nos sources.

Il ne faut cependant pas s'abuser sur le sens de nos paroles. Nous ne soutenons pas que le débiteur est obligé de payer les créanciers les plus exigeants, car cette théorie conduit directement aux conséquences dont Franck a su habilement démontrer l'absurdité. Nous disons seulement que la théorie *per gratificationem* ne contient autre chose qu'une défense à la *fraudatio;* elle ne confirme que le principe sur lequel est basée l'action Paulienne. Le principe est celui-ci : Le débiteur ne doit pas tromper ses créanciers et ne doit faire aucun acte qui puisse leur causer un dommage. La difficulté est ici, comme partout, de prouver le *consilium fraudandi*.

Scævola reconnaît ce principe en opposant au *gratificari* du débiteur le *iuste exigere* du créancier. Cette idée est encore exprimée dans plusieurs autres lois.

La révocation du payement d'une dette pouvait avoir lieu seulement dans le cas où la *mala fides* du créancier satisfait serait démontrée. La connaissance de l'insolvabilité du débiteur ne suffit pas; le créancier doit lui-même participer à la fraude par laquelle il cause un dommage aux autres créanciers; il doit être en *dolus* pour qu'on puisse intenter avec succès contre lui l'action Paulienne. Il est évident que la preuve d'une semblable situation sera entourée de grandes difficultés. Mais cela ne prouve pas encore qu'un payement fait frauduleusement, dans lequel toutes les conditions pour l'introduction de l'action Paulienne se trouvent réunies, ne pourra être résilié.

Appliquons maintenant notre théorie aux cas posés par Vangerow, avec lequel nous sommes en complet désaccord.

Le premier cas, nous l'avons déjà vu, est le payement d'une dette échue avant l'ouverture de la déconfiture. Vangerow accepte pour cet acte l'opinion de Franck[1]; il se déclare catégoriquement contre l'admission de l'action Pau-

---

[1] *Archiv für die civilistische Praxis*, publié par Franck, Linde, Lehr, Mittermayer, Muehlenbruch, Thibaut et Wächter, vol. XVI. Heidelberg. 1833, p. 125-142 et 251-270. Article *Ueber Zulässigkeit der Actio Pauliana in Zahlungen, Pfandbestellung, Hingabe an Zahlungsstatt.*

lienne, dans ce cas comme dans tous les autres. Les conditions exigées par Franck et admises par Vangerow pour
l'introduction de l'action Paulienne sont surtout très-spiri-
tuellement développées par Laspeyres[1]. Ces conditions sont :

1° *Consilium fraudandi*, de la part du débiteur;

2° *Mala fides*, dans la personne des créanciers;

3° Enfin, *eventus fraudis.*

Vangerow admet bien la possibilité de deux éléments,
c'est-à-dire le *consilium fraudandi* et l'*eventus fraudis*, dans
l'acte du payement d'une dette échue; mais il ne peut pas
comprendre comment le créancier pouvait être en *mala
fides*, en acceptant sa créance légitime. Nous pensons avoir
réfuté cette opinion en exposant celle de Franck. Nous avons
vu que dans certains cas, très-rares il est vrai, la mauvaise
foi du créancier ne sera pas impossible à prouver, et, dans
ce cas, l'action Paulienne devra résilier le payement de la
dette échue. Voyons maintenant si les textes des lois citées
par Vangerow fournissent en effet un appui à son opinion.

Ce jurisconsulte cite en premier lieu une sentence de
Paulus conservée dans la Loi 1 2 9, *pr. De Regulis juris :* « Nihil
dolo creditor facit, qui suum recipit. » Mais cette sentence est
trop vague pour prouver quelque chose pour ou contre
notre opinion. Il est évident que le créancier ne se rend
coupable d'aucun acte frauduleux en acceptant ce qui lui
convient. Vangerow aurait encore pu citer, à l'appui de son
opinion, une autre sentence qui se trouve déjà dans le premier titre des Institutes, le *suum cuique tribuere*, puisque le
créancier ne recevait que son bien. En voulant trop prou-

---

[1] *Archiv für die civilistische Praxis,* vol. XXI, Heildelberg, 1838, p. 35,
100. Article *Ueber Anfechtungen von Zahlungen mit der Actio Pauliana.*

ver, au moyen de la sentence de Paulus, Vangerow n'a rien prouvé. Analysons, maintenant, chaque loi par lui citée à l'appui de son opinion.

La première est la Loi 6, § 6, *D.* XLII, 8, dont la teneur est : « Apud Labeonem scriptum est, eum, qui suum recipiat, nullam videri fraudem facere, hoc est eum, qui quod sibi debetur, receperat; eum enim, quem præses invitum solvere cogat, impune non solvere, iniquum esse: totum enim edictum ad contractus pertinere, in quibus se prætor non interponit, utputa pignora venditionesque. »

Cette loi ne prouve rien en faveur de l'opinion de Vangerow. Il reconnaît, du reste, lui-même, qu'elle n'appuie que très-indirectement son système. Il est, en effet, très-étonnant qu'Ulpien traite la même question dans deux lois se suivant immédiatement. Dans la première, Labéon expose une question tout à fait différente, quoiqu'elle ait une certaine analogie avec la première. L'action Paulienne, ainsi qu'on le sait, peut seulement être intentée contre le tiers ayant contracté l'affaire dans une intention frauduleuse. Donc les mots *eum enim, etc.* se rapportent au tiers, et les mots *fraudem facere* doivent être entendus comme se rapportant au débiteur. Le tiers n'est ici, au point de vue de la fraude, qu'un sujet passif, et ne participe que très-indirectement à la fraude. Labéon, dans ce cas, parle, non pas du débiteur insolvable ayant payé sa dette au créancier, mais bien d'un créancier ayant payé sa dette au débiteur insolvable[1].

Le paragraphe 7 de la même loi n'établit pas davantage la vérité du système de Vangerow. Le sens du texte de cette

[1] Laspeyres. *loc. cit.* p. 58 et 59.

loi est le suivant : Un créancier ayant reçu la somme due par le débiteur avant la saisie des biens ne se rend pas coupable d'un *dolus*, quoiqu'il ait eu pleine connaissance de l'insolvabilité de son débiteur à l'égard des autres créanciers. Le créancier, dans ce cas, ne fait que surveiller ses intérêts. « Sciendum Julianum scribere, eoque iure nos uti, ut qui debitam pecuniam recepit, antequam bona debitoris possideantur, quamvis sciens prudensque solvendo non esse, recipiat, non timere hoc edictum ; sibi enim vigilavit. » Nous ne constestons nullement l'opinion contenue dans cette loi. La chose est la même dans le cas d'une aliénation que dans le cas d'un payement. La révocation de l'aliénation faite avant l'ouverture de la déconfiture ne peut avoir lieu non plus par cette seule cause que l'acquéreur connaissait l'existence des créanciers. Par ce seul fait, l'acquéreur ne se rend pas coupable d'un *dolus*, et, par conséquent, l'action Paulienne ne peut pas l'atteindre. Il en est de même dans le cas du payement d'une dette échue avant l'ouverture. Le créancier satisfait n'est pas ici en *dolus*, parce que, en acceptant l'argent, il ignore la mauvaise foi du débiteur ; il ne sait pas que, par cette acceptation, il cause un dommage aux autres créanciers. Ce fait est d'ailleurs suffisamment prouvé par la suite de la même loi ; Julien continue : « Qui vero post bona possessa debitum suum recipit, hunc in portionem vocandum exæquandumque ceteris creditoribus ; neque enim debuit præripere ceteris post bona possessa, cum jam par conditio omnium creditorum facta esset. » En d'autres termes, le créancier ayant reçu après la saisie toute la somme due par le débiteur est soumis à l'action, car il ne doit recevoir que sa part dans la masse. En acceptant plus, il se rend coupable d'un *dolus*, puisqu'il cause un dommage aux autres créanciers. Et pourtant, dans ce cas, il ne fait pas un *lucrum*, car il ne reçoit que ce qui lui est dû ; mais, comme il cause néanmoins un préjudice à ses cocréanciers, ayant pleine connaissance de la cause, il subit la conséquence de l'action Paulienne. Ce qui est possible après l'ouverture de la déconfiture n'est pas impossible avant, bien que les cas soient moins fréquents, nous le reconnaissons. Voilà quel est le sens de la Loi 6, § 7, le principal argument de Vangerow. Cette loi, interprétée comme nous venons de le faire, est bien loin d'offrir à son opinion un appui aussi puissant qu'il veut bien le dire.

La Loi 24, § 1, *in f.* XLII, 8, elle-même, n'est pas en contradiction avec notre opinion, et elle est loin d'être en harmonie avec le système de Vangerow. Scævola dit dans cette loi : « Quid ergo, si quum in eo essent, ut bona debitoris mei venirent, solverit mihi pecuniam, an actione revocari ea possit a me ? An distinguendum est, is obtulerit mihi, an ego illi extorserim invito, et si extorserim invito, revocetur ; si non extorserim, non revocetur ? Sed vigilavi, meliorem meam conditionem feci ; ius civile vigilantibus scriptum est ; ideo quoque non revocatur id, quod percepi. » Notre adversaire tire de ce texte une conséquence que nous ne pouvons en déduire. Il ne craint pas de refuser l'action Paulienne dans le cas où le débiteur satisfait volontairement son créancier. Quelques doutes seulement, soutient-il, peuvent exister pour le cas où le créancier, redoutant la prochaine déclaration d'insolvabilité, se fait payer par menace ou insistance. Alors, une *mala fides* de la part du créancier peut encore être admise. Mais, même dans ce cas exceptionnel, Scævola intervient et déclare catégoriquement : *Sed vigi-*

lavi..... ideo quoque non revocatur id, quod percepi. Cette loi nous paraît exprimer une pensée tout à fait contraire. Laspeyres fait remarquer avec raison que Scævola admet la règle pour le cas d'un payement volontaire, car les paroles *si non extorserim* n'ont d'autre signification que celle indiquée par Scævola, quelques lignes plus haut, par ces mots : *is obtulerit.* Dans tous les autres cas de payement, Scævola paraît admettre une révocation par l'action Paulienne, et il exprime cette pensée par les mots : *et si extorserim invito, revocetur.* Et si *extorquere* exprime la même pensée que *agere,* ce qui d'ailleurs arrive assez souvent[1], il n'y aura pas alors seulement un non-sens, il y aura encore une contradiction formelle avec les autres lois. En vertu de cette interprétation, on serait forcé de dire qu'un payement fait librement par un débiteur ne peut pas être attaqué, mais qu'un jugement ordonné par un magistrat peut subir une révocation. Cette loi, si on lui donnait cette interprétation, serait en outre en contradiction avec la Loi 10, § 16, *h. t.* où il est question de l'introduction de l'action, et avec la Loi 6, § 6, où le non-payement du débiteur contraint par le préteur est déclaré avec raison comme une iniquité. Il serait également absurde de soutenir que Scævola admettait la révocation d'un payement effectué par le débiteur sur l'insistance ou même sur la sommation du créancier (*extorquere,* en effet, peut être pris aussi dans le sens d'*obliger* quelqu'un à faire quelque chose malgré sa volonté et sans l'intervention de la justice)[2], tandis qu'il aurait déclaré incontestablement valable un payement volontaire. Nous ne pouvons donc entendre par *extorquere* autre

---

[1] *Lex 4, D.* xvi, 3; *Lex 35, D.* xlvi, 3; *Lex 19,* § 1, *D.* xlii, 1; *Lex 173, D. De regulis juris.* — [2] *Lex 41, D.* xxxviii, 2.

chose qu'une contrainte, une menace privée. La question, ramenée à ce point de vue, deux cas peuvent se présenter : celui où il est permis de se faire justice soi-même, par exemple lorsque le débiteur est en fuite; ou celui d'une contrainte violente, tombant sous la défense du *decretum Divi Marci*. Il est hors de doute qu'un tiers, se faisant payer par des moyens d'intimidation défendus, subira la révocation de ce payement. Cette révocation toutefois ne pourra se faire qu'en vertu d'une *condictio* et seulement *ex persona debitoris*, et non par une action Paulienne intentée par les créanciers *ex proprio iure*. Scævola se serait donc rendu coupable, ou d'une inexactitude inconcevable en indiquant par *revocetur* la *condictio*, ou d'une absurdité flagrante en admettant l'action Paulienne.

Laspeyres a eu le mérite de trouver le véritable esprit de ce texte, sans accuser Scævola d'ignorance ou d'absurdité. Suivant lui, le jurisconsulte romain, dans ces différentes distinctions, n'émet aucun avis; il pose seulement plusieurs questions sur divers cas douteux[1]. Son opinion sur l'ensemble, il la donne seulement à la fin : *Sed vigilavi*. Nous croyons donc pouvoir soutenir la lecture d'Holloander pour le texte de cette loi, et lire *an distinguendum*, c'est-à-dire poser la question sur le cas de payement, car l'opinion de Scævola se résume dans ces mots. Nous ne croyons pas l'action Paulienne admissible pour le seul fait de l'extorsion, puisque le motif seul du payement n'est jamais pris en considération[2]. L'argumentation de Vangerow perd, à notre avis, beaucoup de sa force par cette interprétation.

---

[1] La Glose, du reste, ne comprend pas autrement cette loi; elle lit *distinguendum*. Holloander lit *et*, et enfin Gebaur ajoute *an distinguendum*.

[2] Laspeyres, *loc. cit.* p. 68, 69.

La loi suivante, *Lex 25, § 1, h. t.* traite la question d'un beau-père donnant, *consilio fraudandi*, une dot à son gendre. Vangerow fait subir à cette loi une analyse trop subtile pour avoir une apparence de vérité. Venulejus, l'auteur de cette loi, expose le cas où un père dote sa fille dans le but de causer un dommage à ses créanciers, et il se demande alors dans quel cas cette dot pourra être révoquée par l'action Paulienne? Il répond à cette question en posant plusieurs cas. Il peut d'abord arriver que le père constitue frauduleusement une dot avec le consentement du gendre ou de la fille, ou de tous les deux, c'est-à-dire en les faisant participer à la fraude. Si le gendre est seul *fraudis particips*, il peut seul aussi être attaqué par l'action, sans considérer s'il a encore la dot en sa possession, ou s'il l'a restituée de bonne volonté ou contraint par l'*actio dotis*. La femme, dans ce cas, ne peut pas être attaquée par les créanciers, puisqu'elle n'est pas *fraudis particeps*, malgré l'aliénation frauduleuse de son père; mais le mari peut être atteint devant la justice. En effet, connaissant l'invalidité de la *dotis constitutio*, il devait refuser la constitution de la dot, ou tout au moins il ne devait pas la rendre de bonne volonté. Le préjudice qu'il cause n'est donc que la suite de sa propre faute, et l'action Paulienne en devient la conséquence. Si le mari est encore en possession de la dot, la femme est, en quelque sorte, soumise aux conséquences de l'action Paulienne, puisque, même en se séparant de son mari, elle est toujours considérée comme *indotata;* elle ne peut, par conséquent, réclamer les sommes payées par son mari aux créanciers de son père avec l'argent de sa dot.

Venulejus traite aussi le cas où la femme seule connaît l'intention frauduleuse de son père. D'après lui, la femme seule alors est responsable envers des créanciers lésés, et, bien entendu, seulement après la séparation avec son mari, ou dans le cas d'une restitution volontaire de sa part. Ces droits ne sont pas nuls, *ipso iure*, mais seulement révocables, et la révocation ne peut pas s'exercer tant que le mari n'a pas participé à la fraude de son beau-père. Si, au contraire, le mari et la femme ont pris part à l'action frauduleuse du père, tous les deux peuvent être atteints par l'action Paulienne. Là-dessus aucun doute. Le jurisconsulte romain exprime seulement quelques doutes sur le cas où tous les deux ignoraient la *fraus patris*. Quelques jurisconsultes admettaient la responsabilité de la femme; elle devait, d'après eux, restituer sa dot aux créanciers, ou au moins leur assurer leurs droits dans le cas de réversion. Mais, en ce qui concerne le mari, la situation est bien claire. Lui ne peut pas être responsable, pas plus qu'un créancier n'est responsable de la dette payée par son débiteur.

Cette loi, nous le reconnaissons, peut subir une double interprétation. Si Venulejus, dans sa comparaison du mari avec le *creditor, qui a fraudatore, quod ei deberetur, acceperit*, supposait la *bona fides*, cette loi ne prouverait pas autre chose, si ce n'est que l'*ignorantia* ou l'absence de la *participatio fraudis* protége ici, comme ailleurs (sauf le donataire), contre la révocation de l'action Paulienne. Si, au contraire, Venulejus admettait même la mauvaise foi du créancier en le laissant participer au *consilio fraudandi*, alors la théorie que nous avons exposée se trouve en contradiction directe avec la loi. L'esprit de cette loi est-il donc si hostile à notre opinion et si favorable à celle de nos adversaires? Nous ne le pensons pas. Car, en considérant l'ensemble de cette loi, on voit bien que son auteur, Venulejus, supposait seulement la *bona fides* et l'*ignorantia* du créancier. Les doutes soulevés par certains jurisconsultes sur la situation de la femme s'expliquent facilement. Ceux-ci considéraient la femme comme une *donataria* (*quia intelligitur, quasi ex donatione aliquid ad eam pervenisse*), et, comme telle, ils la croyaient obligée, malgré son ignorance, de rendre au moins ce qui l'avait enrichie, et, en tout cas, les biens qui doivent lui revenir par la constitution de la dot.

Ces doutes, Venulejus ne les partage pas; il les rejette tacitement, car il dit : *Quidam existimant*, c'est-à-dire quelques jurisconsultes ont soulevé ces doutes, mais non lui, et le mot *nihilominus* démontre qu'il n'approuvait pas ces doutes pour la condition de la femme. Mais, comme ils existaient, Venulejus se borne à les mentionner. La condition du mari n'est pas la même, aucun doute n'est possible sur sa situation. La dot reçue par le mari doit être considérée comme un dédommagement pour les *onera matrimonii*. La dot n'est pas un *lucrum* illicite, et encore moins défendu, puisque le mari n'aurait probablement pas contracté le mariage sans elle. Il a, par conséquent, contre le père, un droit de dotation, comme un créancier a un droit sur le payement de sa créance. Cette analogie est, en effet, aussi juste que conforme aux premiers principes de la science. Si donc Venulejus était d'avis que le créancier, malgré sa mauvaise foi, ne pouvait être forcé de rendre la somme payée par le débiteur, dès lors, par analogie, le gendre, malgré sa mauvaise foi, ne devait pas non plus être forcé de restituer la dot. Et cependant le jurisconsulte romain se déclare pour le contraire. Il ordonne catégoriquement la révocation de la dot par l'action Paulienne pour le gendre connaissant la *fraus soceri*, et la cause de cette révocation, il la trouve justement dans la *scientia* du gendre. De ce que Venulejus voulait dire que le gendre est comme un créancier, ayant droit de réclamer la dot, il ne faut pas cependant conclure que l'action Paulienne n'a pas lieu contre lui. Il voulait seulement dire : Puisque le gendre ignore la fraude et puisqu'il n'est pas donataire, son ignorance doit le protéger. La justesse de notre interprétation est encore prouvée par la lecture des Basiliques et de la Glose[1]. Vangerow et Franck n'ont pas trouvé le véritable esprit de cette loi. Elle est, croyons-nous, complétement en harmonie avec notre système, qui, du reste, est exposé en termes très-clairs dans la Loi 96, *pr. D. De solutionibus et liberationibus*, XLVI, 3. Vangerow dénature complétement le sens de ce texte. De quoi s'agit-il dans cette loi ? La solution de cette question est, à notre avis, l'affirmation complète de notre théorie. Avant tout, établissons-en bien le texte. Les termes de cette loi sont : « Pupilli debitor, tutore delegante, pecuniam creditori tutoris solvit; liberatio contigit, si non malo consilio cum tutore habito hoc factum esse probetur, sed et interdicto fraudatorio tutoris creditor pupillo tenetur, si eum consilium fraudis participasse constabit. » Il est donc question ici du payement fait par le débiteur d'un pupille au créancier du tuteur, en vertu d'une délégation donnée par celui-ci au débiteur. La question se pose maintenant : Le créancier est-il ou non libéré ? La loi répond : Si

---

[1] L'analyse de cette loi est surtout très-habilement faite par Laspeyres dans les Archives, *loc. cit.* p. 63, 64, 65.

la délégation est faite de bonne foi, le créancier ne peut être atteint par l'action ; mais, s'il est *fraudis particeps*, le pupille peut l'atteindre au moyen de l'*interdictum fraudatorium*. Nous adoptons sur ce point l'avis de Vangerow, qui, d'ailleurs, ne fait que développer l'opinion de Laspeyres. Nous croyons que, dans ce cas, il n'y a aucune distinction à faire entre l'action Paulienne et l'*interdictum fraudatorium*, et, si l'on admet le second, il faut aussi accorder au pupille l'action Paulienne. Nous ne saurions pourtant admettre l'interprétation de cette loi donnée par Vangerow. Elle ne soutient pas, évidemment, que le tuteur a l'intention de tromper son pupille et de priver son délégué de sa dette ; elle soutient seulement que le tuteur voulait assurer à un créancier une dette qui pouvait être compromise par les droits privilégiés du pupille, et en vertu desquels il pouvait obtenir une préférence. Il s'agit justement ici du cas où un débiteur payait volontairement une dette à un créancier moins assuré, c'est-à-dire dans une situation moins légale que celle des autres créanciers. Le payement est donc fait au détriment des autres, et, bien que le créancier satisfait ait une créance liquide et exigible, Papinien donne néanmoins au pupille, en tant que créancier du tuteur, une action contre les créanciers précédents du tuteur maintenant satisfaits. Cette loi est fort explicite ; elle n'offre aucun doute, et c'est pour cette raison que l'opinion de Vangerow nous paraît insoutenable.

Passons maintenant aux deux dernières lois. Celles-là offrent des preuves encore plus convaincantes en faveur de l'opinion que nous soutenons. Nos deux adversaires eux-mêmes, Franck et Vangerow, reconnaissent que la Loi 6,

§§ 1 et 2, *D.* xlii, 5, et la Loi 24, *D.* xlii, 8, disent assez clairement que tout payement fait *per gratificationem* peut être révoqué. En d'autres termes, si un débiteur favorise un créancier plus qu'un autre, sans aucune cause justifiable, ce créancier favorisé subira les conséquences de l'action Paulienne. Nos jurisconsultes ont pourtant un *mais.* Cette loi, disent-ils, ne traite pas notre question; il ne s'agit pas ici d'une révocation de payement par l'action Paulienne, mais du cas où un *suus heres* satisfait quelques créanciers de la succession et fait ensuite usage du *beneficium abstinendi.* Les faits établis par l'héritier seront jugés suivant le principe général, c'est-à-dire suivant la bonne ou la mauvaise foi du *suus heres :* dans le premier cas, les faits seront maintenus; dans le second, ils seront rescindés. Les décisions de ces lois peuvent, par conséquent, se justifier; mais on ne peut soutenir qu'elles s'appliquent à l'action Paulienne, puisque, dans les cas cités, la bonne ou la mauvaise foi du défendeur décide toute la situation. Ces jurisconsultes croient encore avoir trouvé la justification de leur opinion dans le deuxième cas, commençant par ces mots : *Quid ergo.* Scævola, disent-ils, après avoir traité, dans le premier cas, la situation d'un *suus heres* ayant satisfait quelques créanciers avant son abstention, et après avoir distingué le payement *per gratificationem* du payement contraint, passe au second cas, commençant par les mots *quid ergo*, et là il traite la question d'un débiteur payant quelques créanciers avant l'ouverture de la déconfiture, sans distinguer pourtant un payement *per gratificationem* de toute autre sorte de payement; mais il rejette, en général, l'action Paulienne.

Avant d'entrer dans une analyse détaillée de cette loi,

précisons l'idée du second cas, commençant par les mots
quid ergo, puisque ces mots forment la principale base de
l'argumentation de Vangerow. Il faut d'abord savoir si les
mots *quid ergo* forment une opposition aux explications précédentes comprises dans la même loi, ou s'il faut les considérer comme la continuation du raisonnement du jurisconsulte romain. S'il en est ainsi, il faudra alors admettre que
ce cas place sur la même ligne les créanciers satisfaits par
un tuteur ou par un pupille avant son abstention, et les
créanciers payés par le débiteur avant la *missio in bona*,
puisque, à la fin de la loi, le jurisconsulte déclare révocable
tout payement volontaire. Scævola aurait donc commis une
inconséquence en admettant d'abord la rescision du payement *per gratificationem* et en l'excluant plus tard. Pourtant,
si l'on considère qu'un payement volontaire et un payement
per gratificationem ne sont pas toujours identiques, cette apparente inconséquence disparaîtra. Il est évident que, dans
la plupart des cas, ces deux sortes de payement seront identiques; mais, dans certaines circonstances, ils seront tout à
fait distincts. Ainsi, tous les créanciers ont pu insister auprès
du débiteur, tous l'ont peut-être menacé d'une action, et
néanmoins ce débiteur, convaincu de son insolvabilité, paye
un créancier qu'il favorise et protége, afin qu'il ne subisse
pas une trop grande réduction de sa dette, ou qu'il ne perde
pas tout, au moment où le débiteur sera déclaré en déconfiture. Dans ce cas, il existe incontestablement un *iuste exigere*, et cependant on ne peut nier l'existence de l'esprit de
gratification et du *consilium fraudandi*.

La même chose ne pourrait être soutenue pour le cas où
un débiteur, ayant peut-être même connaissance de son in-

solvabilité, paye volontairement un créancier, non pas dans l'intention de causer un dommage aux autres, mais parce qu'il croit son droit plus incontestable, ou qu'il lui attribue même une créance privilégiée. Le jurisconsulte romain ne se rend donc pas coupable d'une contradiction en réunissant les deux parties de la loi, ce qui est exprimé, du reste, par les mots *quid ergo*. Scævola veut seulement dire qu'une gratification, c'est-à-dire un payement fait avec une intention frauduleuse, donne aux créanciers le droit de révoquer le payement; mais celui des créanciers qui a obtenu légalement (*iuste exigerit*) son payement, ne subira pas cette conséquence.

La Glose interprète la pensée du jurisconsulte de la même manière; elle explique *non maligne* par l'expression de *iuste*. C'est aussi pour cette raison que le σπουδαίως des Basiliques ne doit pas être rendu par *solicite*, mais bien par *iuste, ut virum probum decet*. L'auteur de cette loi, en passant du premier cas, où le créancier d'une succession est satisfait, au second, tout à fait analogue, où un créancier est satisfait avant l'ouverture de la déconfiture, veut seulement dire par cela que le payement fait volontairement ou en vertu d'une action ou d'une insistance n'est d'aucune importance dans la question. Dans ce cas, comme dans le premier, le créancier doit toujours être considéré comme ayant un droit de *iuste exigere*, et, tant que la *gratificatio* ne sera pas prouvée, il doit être protégé par la règle *ius vigilantibus scriptum est*.

L'analyse de cette partie de la loi nous rend plus facile celle de la première. Il est, en effet, impossible de contester l'analogie entre le payement fait par un *suus heres* avant son abstention et un payement d'un débiteur avant l'ouverture de la déconfiture. Comme tous les faits d'un *suus heres* de bonne foi avant l'abstention sont maintenus, de même tous les actes du débiteur de bonne foi avant la déconfiture sont déclarés irrévocables. L'analogie est si frappante pour ces deux cas, qu'on ne peut admettre les règles régissant le premier sans les appliquer au second. Dans l'un comme dans l'autre, tout payement fait contrairement à la bonne foi sera révoqué par l'action Paulienne.

L'argumentation de Vangerow nous paraît impossible, car ces deux lois sont un argument irréfutable à l'appui de notre opinion, et nous ne comprenons pas qu'un jurisconsulte aussi éminent que notre adversaire puisse, en présence de termes si explicites, maintenir un semblable avis. Tambour adopte sur la question l'opinion de Vangerow. Les arguments étant les mêmes, il est superflu de recommencer la discussion.

Le second cas présenté par Vangerow est celui du payement d'une dette non encore échue. D'après lui, ce payement ne pourrait être révoqué par l'action Paulienne, et l'on pourrait tout au plus obtenir l'*interusurium*. Son raisonnement est toujours le même. Le créancier ne peut pas être de mauvaise foi, et, bien qu'il ne puisse faire valoir son droit par une action, puisque sa créance n'est pas encore échue, il n'en est pas moins un créancier réel, et, par conconséquent, couvert par la règle générale *nihil dolo creditor facit, qui suum recipit*. Le système de Vangerow, nous l'avons dit, nous semble insoutenable. Ne pouvant admettre son principal argument, nous ne pouvons non plus en admettre les conséquences. Nous ne croyons pas que l'action Paulienne ne soit pas admissible, parce que le créancier ne peut pas être de mauvaise foi. Nous avons, croyons-nous,

suffisamment démontré qu'il est des cas où le créancier
peut être de mauvaise foi. Le deuxième point, c'est-à-dire
le droit de contrainte du créancier sur son débiteur pour
le forcer à effectuer le payement de sa créance nous paraît
également indiscutable, et c'était cependant un des meilleurs arguments de notre adversaire. La Loi 6, § 6, que
nous avons déjà discutée, nous offre un argument assez fort
à l'appui de notre opinion. Il y est dit que le payement
d'une dette non échue doit être rescindé, parce que le créancier n'avait pas un droit de contrainte. Cette sentence est
d'ailleurs conforme à l'équité et au bon sens. En effet, un
débiteur dont la dette n'est pas encore échue ne peut être
considéré comme un débiteur. Ulpien est formel sur ce point;
il dit en termes très-clairs : « Quid enim interest, debitor quis
non sit, an nondum conveniri possit? Nam etsi non sit debitor,
idem dicemus. Idem erit dicendum et si quis habeat quidem
actionem, sed talem, quæ per exceptionem repellitur[1]. » En
exécutant le payement d'une dette non échue, le débiteur
accomplit donc incontestablement la diminution volontaire
de son patrimoine. Il ne faut pas oublier, en outre, le but de
l'action Paulienne; sa nature n'est pas d'invalider le gain
du créancier favorisé, mais d'écarter la perte des créanciers
lésés. Il est hors de doute que, dans ce cas, le dommage
causé aux créanciers ne consiste pas seulement dans la perte
des intérêts, mais dans l'excédant de la somme reçue par
le créancier favorisé, qui n'a pas fait tomber sa créance
dans la masse. Il est évident que l'ouverture de la déconfiture ne lui aurait procuré qu'une partie de sa créance, et

---

[1] *Lex* 7, § 14, *D.* xlii, 4.

il n'aurait été satisfait qu'au même titre que les autres, et seulement au *prorata* de sa créance, à moins qu'elle ne fût privilégiée.

Notre adversaire cite à l'appui de son opinion la Loi 10, § 12, *D.* xlii, 8, et la Loi 17, § 2, *D. h. t.* Examinons chacune de ces lois. La première, *Lex 10*, § 12, est ainsi conçue : « Si quum in diem mihi deberetur, fraudator præsens solverit, dicendum erit, quod *in eo*, quod sensi commodum in repræsentatione, in factum actioni locum fore; nam prætor fraudem intelligit etiam in tempore fieri. » Cette loi paraît, au premier abord, offrir quelques difficultés; mais elles seront facilement écartées par une légère correction, ainsi que le fait très-justement remarquer Laspeyres. Il suffira, en effet, de lire, au lieu de *in eo, id eo*, ou d'écarter complétement la particule *in* après *erit quod*. Ulpien aurait alors désigné non pas l'objet, mais la cause pour laquelle l'action peut être intentée. Cependant, même sans cette correction, cette loi n'est pas en contradiction avec notre opinion. Déjà l'ablatif *in eo* montre que l'auteur de cette loi ne voulait pas indiquer au demandeur le sujet de sa demande, mais lui montrer plutôt dans quelle étendue et quelle circonstance son action peut être intentée avec succès. Si les termes de la loi, *in eo quod sensi commodum in repræsentatione*, désignent souvent l'*interusurium*, c'est parce que, en général, le contenu de l'anticipation d'un payement consiste dans l'*interusurium*. Dans notre cas, la question est tout à fait différente. Ici les dommages causés aux créanciers ne consistent pas seulement dans le surplus des intérêts effectués par le payement anticipé de la somme due, c'est surtout dans la perte que les cocréanciers sont obligés de subir par suite de la complète satisfaction donnée à l'un d'eux.

17

La seconde loi, *Lex 17*, § 2, *D.* xlii, 8, ne prouve pas plus que la première en faveur du système de Vangerow. Les termes en sont : « Si vir uxori, quum creditores suos fraudare vellet, soluto matrimonio, præsentem dotem reddidisset, quam statuto tempore reddere debuit, hac actione mulier tantum præstabit, quanti creditorum intererat, dotem suo tempore reddi; nam prætor fraudem etiam in tempore fieri intelligit. » Il est vrai que les créanciers ne pourront pas prétendre ici la restitution de la dot, mais seulement les fruits dotaux, tirés par la femme de l'instant de la constitution de la dot jusqu'au moment où elle sera rendue par le mari. Mais cette restriction s'explique très-facilement. Dans ce cas, il y a un privilége dotal; le mari n'a que la jouissance de la dot, et, dès qu'il restitue sans retard cette dot au lieu d'attendre le terme légal, il ne soustrait aux créanciers que les fruits qu'ils auraient perçus dans cet intervalle, et non pas la dot elle-même. Les créanciers ne peuvent, par conséquent, exiger de la femme que le gain (*commodum*), et non la dot. En vertu de cette loi, on ne peut établir une comparaison avec les créanciers d'un simple débiteur. Les droits de ces créanciers sont plus larges; ils ne sont pas enchaînés par un privilége, et peuvent, par conséquent, exiger l'entière disparition du préjudice causé. Cette loi ne parle que d'un cas particulier et ne peut être appliquée à un autre. C'est pour ce motif que l'opinion de Vangerow nous paraît très-arbitraire.

Le troisième cas traité par notre adversaire est celui de l'extinction d'une obligation naturelle. L'action Paulienne n'est pas admissible, d'après lui, parce qu'ici le créancier ne peut pas non plus être de mauvaise foi; il doit, au contraire, avoir dans ce cas plus de vigilance que dans le cas d'une obligation civile; la *mala fides* ou le *dolus* est, par conséquent, impossible dans cette question. Vangerow oublie pourtant qu'une *obligatio naturalis* n'est pas une obligation complète. Elle diffère même beaucoup d'une obligation à termes non échue. Le créancier aura, dans ce cas, encore moins le droit de contrainte que dans les cas précédents. Si donc un créancier muni d'une obligation naturelle parvient à se faire payer avant les autres qui ont un droit plus fort, il commet une action flagrante de mauvaise foi. Dans ce cas, en effet, il ne cause pas seulement un dommage considérable à ses cocréanciers munis d'un droit plus incontestable, mais il fait encore un *lucrum*, en augmentant son patrimoine aux dépens des autres. La mauvaise foi ne sera même pas difficile à démontrer, et l'action Paulienne pourra certainement être introduite avec un grand succès.

Enfin, dans le dernier cas traité par notre jurisconsulte, il s'agit de la constitution d'une hypothèque et d'une *datio in solutum*. Vangerow, Franck et Laspeyres admettent, dans ce cas, l'action Paulienne, parce que le créancier, avant l'ouverture de la déconfiture, peut être de mauvaise foi. Le créancier, d'après Vangerow, contracte une nouvelle affaire dans laquelle il peut avoir la *mala fides*. Cette opinion est conforme à la nôtre; toutefois nous ne trouvons pas, entre ce cas et les précédents, la distinction que Vangerow veut y voir. Certainement la *mala fides* est ici, comme dans les autres cas, le principe absolu de la rescision des affaires; mais ce n'est pas pour la constitution d'une hypothèque ou pour une *datio in solutum* seule qu'elle est la cause principale de cette rescision. La *mala fides* est, au contraire, la règle générale de la révocation; elle ne forme pas une exception à ces deux cas, qui sont, au contraire, une confirmation de notre système.

Tambour traite ces questions très-vaguement. L'incertitude de sa méthode et le peu de précision de son exposé sur ce sujet ne nous donnent qu'une idée confuse de son opinion. Tantôt il admet la révocabilité des affaires par l'action Paulienne, tantôt il la rejette. Il nous est donc impossible de nous former une idée nette de son système[1]. Puchta est aussi un partisan déclaré de la non-révocabilité des affaires faites avant la déconfiture par l'action Paulienne. M. Arends admet la révocabilité seulement dans quelques cas. Il suit à peu près le même système que Franck[2]. Il nous reste à traiter encore une question avant de terminer notre chapitre sur l'action Paulienne. Il s'agit de savoir *qui peut l'intenter et contre qui elle peut être dirigée.*

Les demandeurs sont certainement les créanciers lésés par l'acte frauduleux du débiteur; mais cette condition ne suffit pas; il faut l'*animum fraudandi* du débiteur à l'égard de ses créanciers. Si donc certains créanciers ont été lésés par un acte du débiteur sans l'*animum fraudandi*, ces créanciers ne pourront intenter une action contre lui. Il est bien entendu que ces créanciers, les demandeurs, seront forcés de fournir la preuve de la fraude. Il suffit que la fraude ait été commise à l'égard d'un seul pour que l'action puisse être intentée aussi par les autres créanciers lésés. Si pourtant tous les créanciers lésés et antérieurs à cette fraude sont satisfaits, la révocation ne peut plus avoir lieu. Une seule exception est admise, et c'est dans le cas où les sommes fournies par le

---

[1] Tambour, *loc. cit.* p. 298-305. — [2] *Lehrbuch der Pandecten*, 5ᵉ édit. p. 366; Munich. 1863.

nouveau créancier servent précisément à éteindre les anciennes dettes. Dans ce cas on admettait, ainsi que le fait remarquer Tambour, une sorte de subrogation.

On a encore posé la question de savoir si l'action Paulienne pouvait être intentée par le *bonorum emtor*. M. Rudorff ne le croit pas. Ce savant jurisconsulte lui accorde seulement l'*interdictum fraudatorium*. M. Huschke ne se prononce pas à cet égard. Le *bonorum emtor* ne nous paraît pas apte à introduire l'action. Nos sources ne parlent que des créanciers lésés. Ceux-ci pourraient s'en tenir seulement à l'acheteur des biens qui, en vertu de la *venditio bonorum*, était le successeur universel dans le patrimoine du débiteur. Il était lié envers les créanciers de ce patrimoine, seulement par la promesse du payement des intérêts. Si, par conséquent, le *bonorum emtor* n'avait pas pris les renseignements nécessaires sur la grandeur et l'importance du patrimoine acheté, la faute en est à lui, et c'est lui seul qui doit en supporter la perte. D'ailleurs, l'acheteur a un interdit particulier pour l'acquisition des objets appartenant au patrimoine du débiteur. Cet interdit est l'*interdictum possessorium*[1].

On pourra encore concéder au *bonorum emtor* le droit d'introduire l'action, si l'on peut prouver qu'il a subi l'obligation d'augmenter le payement des intérêts promis à la masse des créanciers, par suite de l'augmentation du patrimoine du débiteur, par la preuve d'une aliénation *in fraudem*. Mais nos sources ne disent rien à ce sujet, malgré les expressions des Digestes, tit. VIII, liv. XLII, *bona veneunt,*

[1] Gaius. *Inst.* IV. § 145.

bonorum venditio. Ces expressions du droit Justinien ne nous paraissent pas traiter de la *bonorum venditio* de l'ancien droit. Nous pensons qu'elles désignent plutôt la vente particulière des objets du patrimoine d'un débiteur.

Dans l'introduction de l'action, les demandeurs sont les créanciers, et, si la déconfiture est déjà ouverte, leur représentant, c'est-à-dire le *curator bonorum*. Celui-ci représente tous les créanciers; il peut, à plus forte raison, faire rescinder tous les actes faits antérieurement à l'ouverture de la déconfiture dans l'intention de leur causer un dommage. Le *damnum*, ainsi que nous l'avons déjà dit, ne consiste pas seulement dans un *dare,* pris même dans un sens très-large, mais aussi dans un *obligare* ou *liberare.* L'omission de la part du débiteur peut aussi être considérée comme un acte frauduleux. Ainsi, s'il ne se présente pas en justice et qu'il perde son procès par ce fait, ou s'il n'actionne pas son débiteur et laisse ainsi, par suite de l'échéance du terme, éteindre sa créance, ou s'il n'exerce pas son droit sur une servitude et le perd par cette négligence; dans tous ces cas, il se rend coupable d'un acte frauduleux[1]. Il ne sera cependant pas justiciable s'il omet d'acquérir quelque chose; s'il refuse un legs ou une succession, ou s'il émancipe son fils pour lui faire acquérir cette succession, il ne pourra être atteint par cette action. La raison de cette différence est bien simple. Les créanciers ont pour leur créance la garantie du patrimoine présent du débiteur. Sur l'acquisition future, chose d'ailleurs très-éventuelle, ils ne peuvent exercer leurs droits que si elle rentre dans le patrimoine du

---

[1] *Lex 3, D.* xlii, 8.

débiteur; mais celui-ci ne peut pas être contraint à faire cette acquisition.

Certains actes, bien que diminuant le patrimoine du débiteur, excluent toute idée de fraude, étant faits dans un sentiment pieux. Ces actes ne pourront être rescindés par l'action Paulienne. Ainsi, elle ne pourra pas avoir lieu dans le cas de la restitution d'un fidéicommis faite sans retenir le quart auquel le fiduciaire avait droit. Il en sera de même du cas traité par la Loi 1 9, *D.* xlii, 8 ; il s'agit ici d'un père constitué héritier par son épouse et chargé de restituer la succession à son fils. Le père exécute cette volonté avant sa mort, et restitue à son fils émancipé toute la succession, sans retenir la part falcidique ou pégasienne.

Cependant, dans la plupart des cas, la révocation des actes faits frauduleusement par le débiteur pourra s'effectuer par l'action Paulienne. Ainsi, à chaque diminution de son patrimoine, soit par une aliénation totale ou partielle de ses biens, soit par la renonciation à un *ius in re*, soit par la renonciation à une dette ou à la conclusion d'une obligation, la rescision pourra être obtenue. Dans tous ces cas, la personne attaquée par l'action et condamnée sera forcée de restituer l'objet et tous ses accessoires. La loi est formelle sur ce point : *Res restitui debet cum sua scilicet causa*[1]. Par *causa* on entend ici, ainsi que nous l'avons déjà fait remarquer, les fruits et les produits de la chose. Les défenseurs condamnés seront donc obligés de restituer les fruits existant (*qui terræ cohærent*) lors de l'aliénation, et les fruits perçus depuis la *litis contestatio* (*post incohatum judicium re-*

---

[1] *Lex* 10, § 19, *D.* xlii, 8.

cepti sint); mais ils ne seraient pas forcés de restituer les fruits cueillis dans l'intervalle. Tambour croit cette doctrine trop subtile. Il pense que, dans cette loi, Labéon fait plutôt une critique sur la décision de l'édit[1]. « Car, dit-il, si l'on veut effacer le préjudice causé par la fraude aux créanciers, il faut faire rendre tous les fruits; si, au contraire, on ne veut pas trop préjudicier aux tiers, si l'on ne s'attache pas à cette idée que les revenus ont dû être dépensés par eux, qu'ils l'auraient été sans doute par le débiteur, il ne faut exiger la restitution d'aucun des fruits antérieurs à l'action intentée. » Cette objection est assez sérieuse, mais elle est pourtant contredite par les termes de la loi. Dans tous les cas, le condamné est obligé de restituer non-seulement les fruits perçus, mais aussi ceux qui pourraient être perçus par le débiteur, après qu'il a remboursé au défendeur les dépenses faites. La restitution de l'objet même aura lieu seulement après le remboursement des frais de culture, des dépenses nécessaires et même des autres dépenses faites du consentement des créanciers[2]. Cujas et Pothier sont même d'avis que ces règles doivent aussi être appliquées pour le tiers de mauvaise foi. La Loi 38, § 4, *De usuris*, soutiennent-ils, ne veut pas aggraver sa situation. On doit lui tenir compte de ses dépenses. Du reste, la distinction entre les possesseurs de bonne foi et ceux de mauvaise foi s'applique seulement aux actions réelles, et non aux actions personnelles. La Loi 25, § 4, est assez explicite sur cette question. Elle dit : Personne, sans faire une distinction entre la bonne ou la mauvaise foi, n'est tenu de restituer les fruits intermédiaires. Il est su-

---

[1] *Lex 25, § 4, D. h. t.* — [2] *Lex 10, D. h. t.*

perflu de faire remarquer que tout ce que nous venons de dire sur les fruits s'applique également aux autres produits.

Les créanciers ou leur représentant, le *curator bonorum*, auront donc dans l'action Paulienne le rôle de demandeurs. Tous les créanciers ont le même droit, et cela en vertu de la *cessio bonorum* de la part du débiteur et de la *missio in bona*. Les créanciers ayant exigé et obtenu l'envoi en possession n'ont pas un droit plus fort que celui des autres. Pourtant les créanciers hypothécaires ne sont pas admis à l'action, ce qu'il n'est pas difficile d'expliquer. Ces créanciers ne sont pas compris dans la masse; ils peuvent faire valoir leurs droits par leur situation privilégiée. Il n'en est pas de même des autres, munis simplement d'un *privilegium exigendi*. Ceux-ci sont compris dans la masse et peuvent, par conséquent, participer à l'introduction de l'action[1].

Contre qui peut être intentée l'action Paulienne? Elle sera introduite avec succès contre l'acquéreur frauduleux, c'est-à-dire celui qui a connu le *dolus* du débiteur. Elle aura lieu même contre un acquéreur mineur; car, dans ce cas, la situation du mineur ne doit pas lui fournir un privilége au désavantage des créanciers. Ainsi, tout acquéreur, en contractant une affaire dont le but est de nuire aux intérêts de la masse des créanciers, ou tout acquéreur étant *fraudis particeps*, subira l'action Paulienne et sera obligé de restituer l'objet. On a soulevé une question très-importante à ce sujet. L'acquéreur pourra-t-il, au moins dans le cas d'une aliénation à titre onéreux, exiger la somme par lui donnée en

---

[1] *Lex* 12, *pr. De rebus auct. iud. possid.*

échange ? Nous ne le croyons pas. L'acquéreur était en fraude et c'est par sa faute qu'il subit une perte. Proculus se déclare formellement pour cette opinion, dans le cas où il s'agit de la vente d'un immeuble. Nous n'hésitons pas à adopter la même opinion pour les objets meubles. Il est évident que les créanciers ne pourront pas non plus exiger le privilége de s'enrichir au détriment d'un tiers. On lui rendra, dans ce cas, tout ce qui a augmenté le patrimoine du débiteur. Venulejus exprime la même idée; les mots *si numi soluti in bonis extent* [1] ne doivent pas être pris à la lettre. Il veut seulement dire : On doit restituer tout ce qui augmente le patrimoine du débiteur. Il rend, du reste, cette pensée assez claire par les mots qu'il fait suivre immédiatement après sa première supposition : *quia ea ratione nemo fraudetur*, c'est-à-dire pour que personne ne soit lésé dans ses droits. L'idée principale de cette loi n'est donc pas de restituer la somme dans le cas où il s'agit d'argent comptant, mais bien de ne léser personne dans ses droits. Les derniers mots de cette loi, *quia ea ratione nemo fraudetur*, doivent être considérés comme la décision principale de Venulejus, et non les mots : *si numi soluti in bonis extent.* Ceux-ci servent seulement d'exemple pour rendre plus claire sa pensée.

Jusqu'à présent nous avons envisagé la question au point de vue de l'aliénation. Si l'acte fait par le tiers n'est pas une aliénation, et s'il a pour objet l'extinction d'une obligation, cette obligation doit alors être rétablie, et l'ancien débiteur continue à être obligé dans les termes de l'ancien engagement et dans les mêmes conditions. Le tiers n'est pas libéré

---

[1] *Lex 8, D. h. t.*

du payement des intérêts. Pothier établit d'une manière très-spirituelle la différence entre les fruits et les intérêts. Il est évident que, lors de l'aliénation, les fruits n'existent pas encore, tandis que le droit aux intérêts est déjà établi. Le tiers ne sera tenu que dans le cas où l'obligation produirait des intérêts soit en vertu d'une stipulation formelle, soit en vertu de sa nature, qui les faisait courir de plein droit.

L'action Paulienne pourra enfin être intentée, même contre le débiteur. Cette décision paraît paradoxale, et c'est pour cela que certains jurisconsultes romains ne voulaient pas l'admettre. Cependant il ne faut pas oublier que l'action Paulienne a aussi un caractère pénal, et qu'elle est accordée contre le débiteur dans l'intention de lui infliger une punition. La Loi 25, § 7, *D.* xlii, 8, expose pour quelle raison l'action est accordée. Il s'agit ici d'un débiteur ayant dissipé ses biens de telle manière qu'il est impossible d'en opérer le recouvrement. L'observation de Mela est certainement fort juste. Un débiteur tombé en déconfiture, n'étant pas libéré de ses anciens engagements par la vente de ses biens, pouvait, quand même, repousser toute action de ses anciens créanciers, jusqu'au moment où il arrivait à se créer une nouvelle fortune. Car il est injuste de donner une action contre quelqu'un qui s'est privé de ses biens : *Et iniquum esset, actionem dari in eum, cui bona ablata essent.* Mais, dans ce cas, le débiteur a ôté toute garantie à ses créanciers; par la vente frauduleuse de ses biens il leur a enlevé tout moyen de se dédommager de leurs pertes. Le créancier n'ayant pas d'action, le débiteur se trouvait donc à l'abri de toute poursuite, et c'est ce que la loi n'a pas voulu. Il est évident que, dans ce cas, le but n'est pas de recouvrer les biens dissipés, mais d'inspirer au débiteur la crainte d'un châtiment. Quelle était maintenant la punition du débiteur condamné atteint par l'action Paulienne? Ce débiteur ayant dissipé son patrimoine dans une intention frauduleuse, il est certain que les créanciers ne pouvaient se dédommager que sur sa personne. La conséquence de l'action Paulienne intentée contre ce débiteur était donc nécessairement la contrainte.

Nous avons déjà traité la contrainte par corps dans la première partie de ce travail, et nous avons vu quelle modification elle a subie par la loi Pœtilia et son développement postérieur. Le débiteur condamné en vertu de l'action devenait *addictus*, et aussi *vinctus* du créancier. Cette procédure ne fut plus, comme jadis, introduite par la *manus iniectio;* car les *legis actiones* étaient tombées en désuétude. Le *iudicatus*, c'est-à-dire le débiteur condamné, était appelé devant le juge ordinaire, *in ius vocatio*, devant le préteur. Là le créancier faisait la *stipulatio* de le lui adjuger; si rien ne s'opposait à cette demande, soit que le débiteur ne niât pas le jugement, soit qu'il refusât une *satis datio iudicatum solvi* avec une *pœna dupli*, alors le préteur ordonnait au créancier de l'emmener, *duci iubere*, et, si le débiteur faisait de la résistance, il autorisait le créancier à employer la force sans être accusé de violence.

Cette ordonnance du préteur fut nommée *addictio*. Elle prenait un caractère formel, si l'on ajoutait la somme pour laquelle le débiteur était adjugé à son créancier. En vertu de cette addiction, ce dernier avait le droit de faire enfermer son débiteur dans une prison publique, et, suivant

quelques jurisconsultes, il pouvait même le faire enchaîner, *vincire*. Il ne pouvait cependant pas lui défendre l'usage
d'un lit ni l'acceptation de vivres offerts par des tiers. Licinius Ruffinus parle d'un cas pareil, dans lequel un créancier défend à un tiers de fournir un lit et des vivres à son
débiteur. Ce jurisconsulte pense qu'une action pénale, *actio
iniuriarum*, peut être intentée contre lui. Le créancier ne
pouvait non plus contraindre le débiteur au travail; mais,
paraît-il, les débiteurs travaillaient volontairement pour se
libérer.

Le débiteur adjugé ne subissait pas la perte de ses droits
personnels; il était considéré comme libre et conservait tous
ses droits de citoyen. Il avait la puissance paternelle sur ses
enfants, l'administration légale de leurs biens; ses droits
publics lui étaient conservés; il gardait ses prénoms, *nomen*, *tribus*, et, une fois libéré, il n'était pas *libertus*, mais
ingenuus. Si le débiteur est un banqueroutier frauduleux,
il devient, en outre, *persona infama*. Voilà en peu de mots
la situation du débiteur condamné par suite de l'introduction de l'action Paulienne. Pour en finir avec cette question,
nous mentionnerons la durée de cette action. Suivant les
Pandectes, elle est incontestablement d'un an. Cette année
est, bien entendu, un *annus utilis*. Le point de départ ne date
pas du jour de l'acte frauduleux, mais du jour de la vente des
biens, par laquelle l'insolvabilité est constatée. Nous croyons
pourtant que ce délai d'un an, ainsi que le remarque fort
bien Mühlenbruch, a été changé plus tard. La Loi 7 du
Codex, ii, 53, change, en effet, le délai de toute action ayant
pour objet l'*integrum restitutio* d'un an, en *quadriennium
continuum*. Il est certain que l'action Paulienne a pour but

principal l'*integrum restitutio;* cela est aussi reconnu par Tambour. « Le but général de l'action Paulienne, dit ce jurisconsulte, est d'effacer les conséquence de l'acte frauduleux du débiteur, de rétablir les choses en leur ancien état, du moins à l'égard des créanciers. » Si donc le but principal de cette action est de rétablir les choses dans leur état primitif, il est hors de doute que la loi du *Codex* s'étend aussi à l'action Paulienne, et que le délai d'un *annus utilis* est changé en un *quadriennum continuum.* Ce changement, à notre grand étonnement, n'est pas mentionné par Tambour. La loi du *Codex* n'altère pourtant en rien la décision de la Loi 10, § 24, des Digestes, XLII, laquelle accorde contre le débiteur frauduleux et contre le tiers une action de trente ans, pour ce *quod ad eum pervenit;* car, ainsi que le dit la loi, *iniquum enim prætor putavit, in lucro morari eum, qui lucrum sensit ex fraude; idcirco lucrum ei extorquendum putavit.*

L'action Paulienne *utilis* est une action accordée au créancier :

1° Contre celui qui a reçu un legs laissé par le débiteur et exécuté par ses héritiers au détriment des créanciers[1];

2° Contre l'héritier du débiteur qui a fait des aliénations au détriment des créanciers, et se fait mettre ensuite à l'abri des réclamations par la *restitutio in integrum*[2];

3° Contre le débiteur lui-même ayant renoncé avec une intention frauduleuse à un droit hypothécaire[3].

---

[1] *Lex 6, § 13, D. h. t.* — [2] *Lex 10, § 10, D. h. t.* — [3] *Lex 18, D. h. t.*

LIVRE IV.

LA VENTE DES BIENS.

CHAPITRE PREMIER.

LA VENTE DES BIENS EN MASSE.

---

§ 1.

L'ORIGINE DE LA *VENDITIO BONORUM*.

Les créanciers, en procédant à la déclaration de faillite de leur débiteur, avaient pour seul but de trouver une satisfaction dans la vente de ses biens. Le payement du créancier sera donc le résultat final de toute procédure intentée contre le débiteur; ce sera la fin de toutes les démarches faites par le créancier. Cependant, pour arriver à effectuer ce payement, il fallait bien se procurer les moyens nécessaires; c'est dans ce but que le droit romain a introduit la *venditio bonorum*. C'est la vente des biens du débiteur, destinée à couvrir sa dette au moyen de la somme obtenue.

Cette question va faire l'objet de notre examen. La vente des biens du débiteur, accordée par le préteur, fut primitivement une vente en masse. L'ancien droit romain ne connaissait pas la vente au détail. Les jurisconsultes sont d'accord pour désigner par *venditio* la vente en masse, et par *distractio* la vente en détail. Cependant nos sources ne font pas cette distinction. La *venditio* paraît avoir été introduite par l'édit du préteur; mais elle a certainement sa base dans l'ancien droit romain. Stieber démontre avec une grande évidence que la *bonorum sectio* n'est qu'une forme de la *bonorum venditio*[1]. C'est pourquoi l'on peut soutenir avec raison que les éléments de la *sectio* sont passés dans la *venditio;* en d'autres termes, que la *venditio* n'est que le développement de la *sectio.*

Dans l'ancien droit romain, la *sectio* était employée seulement en faveur du fisc. L'État avait le droit de s'emparer des biens confisqués de ceux qui avaient été condamnés à une amende dans un *iudicium publicum* et des biens des proscrits. Cette procédure était introduite par l'envoi en possession accordé par le magistrat investi de l'*imperium,* et surtout par le préteur, à un fonctionnaire fiscal ou questeur. Celui-ci se mettait non-seulement en possession des biens, mais encore il pouvait faire subir au débiteur la contrainte corporelle, dans le cas où il était incapable de fournir une caution pour la somme due au fisc. L'exécution de la vente des biens s'effectuait sur le Forum, dans la forme d'une licitation[2]. Le questeur adjugeait les biens au plus offrant.

Cette forme de vente de biens a probablement son origine dans la vieille organisation militaire des Romains, puisque le magistrat belligérant, muni de son *imperium,* avait le droit de vendre en masse le butin fait pendant la guerre. La *sectio* était, par conséquent, une vente en masse des biens. L'acheteur, nommé *sector,* payait une somme qui prenait le nom de *prætium,* et acquérait ses biens comme s'il était le successeur universel (*successor per universitatem*). C'est-à-dire que le *sector* avait la propriété quiritaire sur les

---

[1] Stieber, *De bonorum emtione apud veteres Romanos,* pan. I, § 2, Leipzig, 1827. — [2] Cicer. *De off.* II, VII. § 27 : XXIV. § 83.

objets particuliers composant la masse des biens aliénés, et pouvait aussi transmettre à des tiers cette propriété. Il pouvait de même, toujours en vertu de ce titre, exiger la rentrée des créances par une action; comme aussi il se trouvait obligé pour les dettes. Dans la possession des biens, le *sector* était protégé par un interdit spécial, l'*interdictum sectorium*.

Cette classe d'acheteurs ne semble pas avoir été fort estimée à Rome. Ils achetaient ces biens en masse, pour les revendre ensuite en détail, et faisaient ainsi de gros bénéfices.

La *sectio bonorum* paraît encore avoir été employée au temps des empereurs. Gaius la mentionne comme étant en usage de son temps, et dans une loi des Digestes de Justinien elle est assez clairement exposée. Cette loi est extraite du livre XXXII de *Paulus ad edictum*, où il est dit : « Publicatione quoque distrahi societatem diximus, quod videtur spectare ad universorum bonorum publicationem, si socii bona publicentur; nam quum in eius locum alius succedat, pro mortuo habetur[1]. » Dans les sources postérieures nous ne trouvons aucune trace de cette forme de vente, et dans le Code la *sectio* et le *sector* sont comme intentionellement omis.

En admettant même l'opinion de Gaius : « A prætore Publio Rutilio, qui et bonorum venditionem introduxisse dicitur[2], » il nous est impossible d'établir chronologiquement l'application de cette procédure sur l'exécution des biens dans les litiges civils et le développement de cette institution. Il nous resterait encore à savoir comment ce développement a été établi. Dans tous les cas, elle était

---

[1] *Lex 65*, § 12, *D.* xvii, 2. — [2] Lib. IV, § 35.

bien en usage vers le milieu du viie siècle, puisque la *Lex agraria* (643) en fait déjà mention.

Il est également hors de doute que la *venditio* était introduite par l'édit du préteur. En admettant l'opinion généralement reçue, que la *bonorum venditio* fut introduite par le préteur Rutilius, jurisconsulte distingué, vivant peu de temps avant Cicéron, il faudrait convenir aussi avec Heimbach que cette *venditio* ne procurait pas au *bonorum emtor* l'acquisition des biens suivant le droit romain. Il est pourtant certain que dans cette *venditio*, comme dans la *sectio*, l'acheteur était le successeur universel des biens ; mais ce droit, dans ce cas, il ne l'acquérait que par le droit prétorien [1]. C'est pour cela que Théophile le compare avec raison au *bonorum possessor*, et que Gaius fait observer que le *bonorum emtor* pouvait seulement acquérir la propriété bonitaire sur les choses particulières composant la masse des biens achetés.

§ 2.

LA PROCÉDURE DE LA VENDITIO.

La vente des biens, ainsi que nous l'avons dit, était accordée en faveur des créanciers civils : non pas à tous les créanciers sans distinction, mais seulement à ceux qui avaient obtenu la *missio in bona*. Nous ne soutenons pas, cependant, que tous les créanciers munis de l'envoi en possession avaient aussi droit à la *venditio bonorum ;* nous disons seulement que la vente en masse ne pouvait avoir lieu sans l'envoi en pos-

---

[1] Gaius, *Inst.* iii, § 80. Heimbach, *De sacrorum privatorum mortui continuandorum apud Romanos neces-* *sitate*, p. 12 ; Leipzig, 1827. Zimmern. *Der römische Civil-Process, etc.* p. 238, n° 15.

session; en d'autres termes, aucune vente de biens n'était possible, si elle n'avait été précédée de l'envoi en possession; mais toutes les *missiones in possessionem* n'étaient pas nécessairement suivies de la *venditio bonorum*. Cette opinion est non-seulement confirmée par la théorie de la vente des biens et de différentes *missiones in possessionem*, mais elle est encore corroborée par une décision de l'édit du préteur, dans laquelle la *bona possideri vendique* est seulement mentionnée en faveur de la *missio rei servandæ causa*[1].

La vente des biens était accordée :

1° Quand l'envoi en possession était obtenu comme exécution d'un jugement[2]. Stieber, dans son travail sur la *bonorum emtio*, nous fournit un exposé historique sur les différentes causes de cet envoi en possession.

2° Quand l'envoi en possession était obtenu contre celui qui cherche à se soustraire à ses créanciers, ou refuse de comparaître et de se défendre devant la justice. *In bona eius qui iudicio sistendi causa fideiussorem dedit, si neque potestatem sui faciet neque defendetur, iri iubebo*[3], sont les termes généraux de l'édit. Nous avons exposé ailleurs le sens de *latitatio*. S'il n'y a pas *latitatio*, et si le débiteur contre les biens duquel on a accordé l'envoi en possession n'a pas fait la promesse de comparaître en justice, l'envoi en possession n'est pas non plus suivi de la vente des biens. La *missio in possessionem* des biens du prodigue déclaré ou des *furiosi* n'était pas non plus suivie de la vente de leurs biens; il

---

[1] *Lex* 7, *pr.* § 1, *D.* LXII, 4; *Lex* 21, § 2, *D.* IV, 6.

[2] Gaius, *Inst.* III, § 78-80; *Lex* 51, *pr. D.* XV, 1; *Lex* 6, § 2, *D.* XLII, 1;

Lex 3, c. VIII, X; Théoph. *Paraph.* XII.

[3] *Lex* 2, *pr.* XLII, 4; Cicer. *Pro Quintio*, cap. XXI, 60; *Lex* 7, § 1, *D.* XLII, 4.

fallait, pour en obtenir la réalisation, un nouveau décret du préteur [1].

3° Si l'envoi en possession est accordé sur les biens d'un pupille, il ne pourra être suivi de la vente des biens. Si, au contraire, la dette lui est arrivée par succession, alors la vente pourra être effectuée sur les biens de la succession, mais non sur les biens propres du pupille.

4° L'envoi en possession sur les biens des absents pour raisons d'état et des prisonniers de guerre ne pouvait être suivi de la vente des biens [2].

5° Si l'envoi en possession est accordé aux créanciers sur les biens cédés par le débiteur, en vertu de la loi Julia, la vente de ces biens peut alors être réalisée.

6° La vente des biens suivait immédiatement l'envoi en possession, lorsque ces biens n'étaient représentés par aucun héritier; mais, s'il y avait incertitude sur l'existence d'un héritier, la vente ne pouvait être autorisée tant que l'héritier délibérait sur l'addition à la succession.

7° La vente est permise quand l'envoi en possession est accordé en vertu de l'*in rem actionem*, et lorsque le débiteur ne se présente pas [3].

8° La *venditio* ne pouvait pas non plus être refusée quand l'envoi en possession avait été accordé contre les personnes ayant contracté un *vadimonium* sans l'avoir réalisé, ou lorsque la personne était en fuite [4].

9° Enfin, si la *missio* avait été accordée sur les biens de

---

[1] *Lex* 7, § 9, 12; XLII, 4.

[2] *Lex* 6, § 1. D. XLII. 4; *Lex* 3, vr. D. *ibid.*; *Lex* 39, § 1, XLII, 5.

[3] *Lex* 7, § 16, 19. D. XLII. 4.

[4] *Lex* 2, pr. D. II. 4; Cicer. *Pro Quintio*; *Lex* 13, D. XLII, 4; Cicer. *Pro Quintio*, c. XIX. § 61.

celui qui a avoué sa dette devant la justice sans donner une *satis datio* pour l'accomplissement de son obligation, ou si le débiteur refusait de répondre ou de se défendre, la vente des biens succédait immédiatement à la *missio*.

Dans tous ces cas, les créanciers qui avaient obtenu la *missio* pouvaient procéder à la vente, quand même cette vente n'eût été demandée que par un d'entre eux[1]. Néanmoins elle n'était accordée qu'après une *causa cognita*.

Si la vente avait été accordée sans examen préalable de la question et du droit de l'accusé, elle pouvait être annulée et attaquée par une action dont la forme était celle d'un *præiudicium*[2].

La procédure de la *venditio bonorum* est caractérisée par Gaius et par Théophile. Les créanciers, avant de procéder à la vente des biens, devaient subir un triple délai. Le premier, suivant Gaius, durait trente jours, quand il s'agissait d'un débiteur vivant, et quinze lorsque c'était un débiteur défunt[3]. Le délai commençait à courir du moment de la concession de l'envoi en possession. Le délai pour un débiteur vivant était plus étendu, parce que le préteur voulait, autant que possible, ajourner la vente de ses biens et lui donner le temps de trouver un moyen de satisfaire ses créanciers. Ce premier délai expiré, les créanciers s'adressaient de nouveau au préteur pour demander l'autorisation de nommer une personne chargée de procéder à la vente. Cette personne, nommée *magister*, était élue par les créan-

---

[1] Cicer. *Pro Quintio*, xxiii, § 13; *Lex* 5, § 2, *D.* xxxvi, 4; *Lex* 12. pr. xlii. 5; *Lex* 5, *D.* xlii, 7; *Lex* 15, § 15. *D.* xxxix. 2.

[2] *Lex* 30, *D.* xlii. 5.

[3] *Instit.* iii. § 79. Théoph. *Paraphrasis*, édit. Otto Reitz, p. 620; Hagæ.

ciers et, prise parmi eux : si la nécessité l'exigeait on nommait même plusieurs *magistri*.

Le *magister* devait prêter serment, puisqu'il était chargé de prendre toutes les dispositions pour la vente des biens. Si plusieurs *magistri* étaient nommés, chacun d'eux prenait sa part de la gestion, mais ils étaient tous responsables de la gestion de la masse des biens. Ils n'étaient pourtant pas responsables envers des créanciers qui ne les avaient pas nommés, bien que ceux-ci participassent au partage du produit de la vente des biens[1].

Avec la nomination du *magister*, le préteur paraît avoir autorisé aussi la *bonorum proscriptio*, c'est-à-dire l'apposition des affiches sur lesquelles le nom du débiteur et le jour de la vente étaient annoncés. Par ces publications, les créanciers annonçaient la vente des biens et invitaient, en même temps, les citoyens à se réunir au jour indiqué pour participer à l'achat. Dans leur proclamation les créanciers parlent à la première personne du pluriel ; c'est pour cela qu'on leur attribue le rôle d'auteurs de la *proscriptio*. C'est ainsi que Théophile nous décrit la marche de cette procédure, et sa description est corroborée par l'exposé de Gaius, qui fait suivre la *proscriptio* à l'expiration du premier délai.

Dans l'exposé de ces deux jurisconsultes, on a cru cependant trouver une légère différence. Gaius, dit-on, paraît indiquer que l'affiche précédait la nomination du *magister*, tandis que Théophile place en premier lieu cette nomination. Cette contradiction n'est qu'apparente, et Tambour a raison de dire que « l'ordre à suivre était indifférent[2]. » Stieber[3] et

---

[1] *Lex 5*, *D.* XLII. 7 ; *Lex 12, pr.* *D.* XLII. 5.

[2] Tambour, *loc. cit.* p. 212.

[3] *Lex.* § 19. p. 58.

Zimmern [1] n'admettent pas cette opinion. Ils soutiennent, à tort, que la publication des affiches avait lieu avec l'envoi en possession.

Après la publication des affiches et la nomination du *magister*, les créanciers s'adressaient une troisième fois au magistrat et demandaient l'autorisation de rédiger la *lex bonorum vendendorum* [2], une sorte de cahier des charges qui contenait toutes les conditions suivant lesquelles la vente des biens devait être effectuée. Cette *lex bonorum vendendorum* s'ajoutait à la première affiche et était conçue à peu près en ces termes : « Ea quicunque emerit, creditoribus in dimidiam partem eorum, quæ ipsis debentur, respondere debet, sicut cui centum aurei debentur, accipiat quinquaginta, et cui ducenti, accipiat centum. » Elle devait contenir l'indication des biens du débiteur, la liste des créanciers, le montant de leurs créances et l'indication des créances privilégiées, ainsi que la fraction de la créance que le *bonorum emtor* devait payer à chacun des créanciers. La vente des biens avait lieu à l'expiration d'un autre délai de trente jours, quand le débiteur était vivant, et de vingt jours lorsqu'il était mort. Ce délai commençait à courir, suivant Gaius, du moment de la nomination du *magister*.

L'adjudication avait lieu sur l'ordre du préteur ou du magistrat ayant accordé la *missio*. L'acte d'adjudication est ordinairement désigné par l'expression *bona addicere, bonorum addictio*. La vente avait lieu, paraît-il, par des *præcones* [3].

Le prix ne consistait pas en une somme déterminée. L'*emtor bonorum* s'obligeait seulement à payer aux créan-

---

[1] *Der römische Process*, § 79, p. 250. — [2] Théophile, *loc. cit.* p. 609, 610. Cicer. *Pro Quintio*, cap. xv. — [3] Cicer. *pro Quintio*, xv.

ciers une certaine partie de leurs créances. Si les offres faites par les acheteurs étaient égales, les créanciers et les parents étaient préférés aux autres; les créanciers avant les parents, et, parmi ces créanciers, celui qui avait la créance la plus forte[1].

La *venditio bonorum*, comme nous l'avons indiqué, comprenait l'ensemble des biens du débiteur et ne se bornait pas ordinairement à une partie de son patrimoine. Cela est non-seulement constaté par Cicéron, *pro Quintio*, dans le discours où ils cherche à prouver que la vente des biens de Quintius est entachée d'iniquité parce qu'elle n'a été que partielle, mais encore par les expressions des jurisconsultes classiques, telles que *bona vendere et emere, possideri, proscribi*, qui prouvent la justesse de cette opinion.

Ce fait est encore corroboré par la situation de l'acheteur. Le *bonorum emtor* devenait successeur universel du débiteur[2]. Il obtenait, en vertu de ce titre, non-seulement l'actif, mais le passif du patrimoine.

Dans certains cas, toutefois, la vente partielle était accordée. Ainsi, quand l'envoi en possession était obtenu sur les biens d'un *furiosus*, et que celui-ci n'était pas judiciairement représenté par son *curator*, la vente pouvait s'effectuer sur une partie seulement de ses biens[3]. La *bonorum venditio* se faisait

---

[1] *Lex 16, D.* xlii, 5; *Lex 60, D. De pactis.*

[2] Gaius, *Inst.* iii, § 77. Théoph. *Paraph. loc. cit.* 1, 1, p. 611.

[3] Quelques doutes existent sur la vente des biens d'un fils de famille. Nous ne savons à quelle époque cette vente fut permise. En général, nous pouvons dire que la règle du droit civil trouvait ici son application. En vertu de ce droit, aucun fils de famille n'avait rien dans sa propriété. C'est pour cela que l'envoi en possession était accordé dans les biens du *pater familias*, si celui-ci était attaqué par l'*actio de peculio*. Seule-

donc par l'intermédiaire de la justice. C'est pour cela que la rigueur du droit romain était la conséquence nécessaire de cette situation.

En n'accomplissant pas ses obligations, en ne faisant pas honneur à ses engagements, le débiteur devait nécessairement subir la vente de ses biens, et, par ce fait seul, il devenait infâme [1]. Ainsi, le patron de plusieurs esclaves, prévoyant son insolvabilité et voulant en éviter les conséquences, instituait un *necessarius heres*, c'est-à-dire qu'il choisissait comme héritier un de ses esclaves, auquel il donnait la liberté. Cet esclave devenait héritier malgré lui; la vente se faisait en son nom, et non pas sous celui du défunt, et le patron évitait de cette manière l'affront qui lui revenait, en faisant tomber l'ignominie sur son héritier. Cependant cette présentation forcée fut plus tard adoucie. Déjà Sabinus, et après lui Fufidus, refusèrent de faire tomber l'infamie sur l'esclave, puisque la vente des biens ne provenait pas de sa faute. On permit même à l'*heres necessarius*, pour la garantie de son propre patrimoine, le *beneficium separationis*, à la condition, bien entendu, qu'il n'eût rien accepté des biens de la succession [2].

L'infamie produite par la *venditio bonorum* ne frappait pas le débiteur qui avait cédé ses biens : *Debitores qui bonis cesserint, licet ex ea causa bona eorum venierint, infames non fiunt,*

---

ment, plus tard, lorsque l'institution du pécule prit un plus grand développement, on admit la vente partielle du *pécule castrense*, ou du *pecule quasi-castrense.*

[1] Marezoll. *Ueber die bürgerliche Ehre, ihre gänzliche Entziehung und theilweise Schmälerung,* page 198; Giessen, 1824. Gaius. *Instit.* II, p. 154.

[2] Gaius, *Inst.* II, § 155; § 1, *Inst.* II. 19; *Lex* 1, § 18, *D.* XLII. 6.

a dit expressément Alexandre dans la IIe Constitution[1]. Il
faut pourtant admettre, ainsi que nous l'avons déjà fait remarquer, qu'une certaine déconsidération frappait celui qui
avait cédé ses biens. L'infamie ne nous paraît pas avoir non
plus atteint l'incapable, si ses biens subissaient la vente
pour n'avoir pas été suffisamment défendus. Il s'agissait là,
dit avec raison Tambour, d'un citoyen; on devait prendre
plus de ménagements qu'à l'égard d'un esclave[2].

Outre l'infamie qu'il subissait, le débiteur perdait naturellement tous les biens composant son patrimoine, et
même les droits personnels, tels que l'usufruit, le droit
d'action, etc. etc. Tout passait, comme nous l'avons dit, à
la personne de l'acheteur; il était le successeur universel du
débiteur. Même avant la vente, tous les droits de celui-ci
passaient aux mains du *magister*. C'est lui qui avait les actions utiles, de même qu'il pouvait être aussi actionné *uti-
liter*[3]. Ainsi, la personne qui substituait le *magister* n'était
pas le représentant des créanciers, puisqu'elle n'était pas
directement nommée par eux. Elle n'était que le représentant du *magister*, lequel conservait toute la responsabilité,
selon les règles générales du droit civil.

L'infamie et la perte de son patrimoine étaient les conséquences les plus essentielles produites à l'égard du débi-
biteur par la *venditio bonorum*. Il ne faut cependant pas
croire que, en raison de cette grande rigueur de la *venditio
bonorum*, le débiteur se trouvait libéré de ses engagements,
si la vente des biens ne couvrait pas toutes ses dettes. Le
débiteur restait obligé; les actions contre lui n'étaient pas

---

[1] *Lex* 7 et *8*, c. vii, 71; *Lex 11*, c. ii. 12. — [2] *Loc. cit.* p. 233. — [3] *Lex 2.*
§§ 1 et 2, *D. De curatore bonis dando.*

éteintes; mais la cession qu'il avait faite de tous ses biens l'autorisait, s'il était actionné de nouveau par le même créancier, à jouir du bénéfice de n'être condamné la seconde fois que *in id quod facere potest*. Gaius croit que tout débiteur ayant subi la *venditio bonorum* ne peut plus être condamné que *in id quod facere potest*. Le jurisconsulte s'appuie sur la Constitution VI de Dioclétien et de Maximinien. Mais le texte de cette constitution ne se rapporte certainement qu'à l'action Paulienne, et il ne nous paraît pas impossible d'accorder le même droit à deux espèces différentes de débiteurs : l'un, ayant subi la *venditio* malgré sa volonté, ayant peut-être même commis des actes frauduleux pour se soustraire à cette procédure; l'autre, un débiteur malheureux, mais honnête, qui, se voyant insolvable, préfère céder toute sa fortune que de se laisser déshonorer. Il est évident que ce débiteur honnête devait avoir une préférence sur le débiteur malhonnête, et c'est pour cela que la condamnation du dernier seul à l'*in id quod facere potest* ne nous semble pas suffisamment établie.

A l'égard du *bonorum emtor*, nous l'avons vu, la vente des biens produit plusieurs conséquences. L'acheteur devient le successeur universel du débiteur exproprié. Il n'est pas *heres*, puisque le droit civil seul pouvait produire des héritiers; mais il est *heredis loco* : il succède à toutes les créances, comme à toutes les obligations, mais seulement d'après le droit prétorien. C'est pour cela que le *bonorum emtor* est comparé au *bonorum possessor*. C'est aussi pour cette raison que les biens, qui étaient la pleine propriété du débiteur, passaient à l'acheteur seulement comme propriété bonitaire. Cependant, par les prescriptions, il pouvait acquérir sur ses biens la propriété quiritaire[1]. L'*emtor* avait aussi toutes les actions du débiteur, et il était également exposé à toutes les actions qui pouvaient être dirigées contre celui-ci. Toutefois ces actions ne pouvaient être que des actions utiles. L'acheteur, afin de réaliser ses droits, avait pour moyen les *fictitiæ actiones*, qui portaient le nom de *Serviana* et de *Rutiliana actio*[2].

Dans la première de ces actions, la fiction était la même que dans la *bonorum possessio*. Le demandeur était héritier par fiction, tandis que, dans l'*actio Rutiliana*, on présumait le demandeur représentant du débiteur et agissant en son nom. Ces différentes formes d'actions se rapportent à la vente des biens d'un vivant et d'un défunt. L'action Rutilienne, la plus ancienne peut-être, puisque son introduction est attribuée au préteur même qui a créé la *venditio bonorum*, conserve dans l'*intentio* le nom du débiteur, mais le remplace dans la *condemnatio* par celui de l'acheteur. Ainsi, le juge, ayant reconnu l'existence d'une somme due par un débiteur exproprié, était obligé de condamner le *bonorum emtor* au payement de cette somme.

Dans l'action Servienne, le nom de l'acheteur se trouve dans l'*intentio* et dans la *condemnatio;* mais, ainsi que nous l'avons déjà indiqué, d'après la fiction, l'acheteur avait encore un *interdictum possessorium*, formé selon l'analogie de l'*interdictum quorum bonorum*. Cet interdit était, par conséquent, un *interdictum adipiscendæ possessionis*. M. Rudorff veut encore lui donner l'*interdictum fraudatorium*. L'*emtor*, ayant acquis par l'achat tous les droits du débiteur, lui succède

---

[1] Gaius, III, § 80. — [2] *Ibid.*

naturellement aussi dans ses obligations, avec cette seule restriction, qu'il n'est pas obligé pour la totalité des dettes, mais seulement pour la partie convenue dans la vente. Les créanciers du débiteur ont pour cette fraction de leur dette contre l'*emtor bonorum* les mêmes actions; non-seulement les *directæ actiones*, mais aussi les *actiones utiles*. Ainsi, dans le cas où le *bonorum emtor* a intenté une action contre le débiteur de celui qui a subi la vente des biens, lorsque ce débiteur est en même temps son créancier, l'acheteur est obligé de subir la *deductio*[1], c'est-à-dire une sorte de compensation.

Tambour remarque avec raison que, dans ce cas, le *bonorum emtor* ne doit pas faire d'avance le compte comme l'*argentarius*, et doit n'agir que pour l'excédant, sous peine de *plus petitio*; cependant il n'obtiendra la *condemnatio* que déduction faite de ce qui était dû à celui qu'il poursuit[2]. *Agere cum deductione* se distingue de *agere cum compensatione*. La déduction n'exige pas, comme la compensation, la même nature pour les deux dettes et la même espèce pour les objets. La *deductio* pouvait avoir lieu à raison d'une créance à terme et pour des objets d'espèces différentes. La nécessité de la *deductio* était indiquée dans la formule par une *restrictio* à la *condemnatio*, qui se trouvait, en conséquence, toujours *incerta*, lors même qu'il s'agissait de la demande d'une somme d'argent.

A l'égard des créanciers, la *venditio* produisait aussi ses effets. Le débiteur insolvable était toujours obligé envers eux pour la partie non payée par le *bonorum emtor*.

[1] Gaius, IV. § 65, 67. — [2] *Loc. cit.* p. 223.

Celui-ci était atteint par eux pour la fraction promise de la dette par les *actiones utiles*.

Quelle était la situation des créanciers hypothécaires à l'égard de la vente? C'est là une question dont la solution ne nous est pas donnée par le texte de nos lois. Bonjean, toutefois, croit trouver dans ce silence l'application des mêmes principes qu'aux cas d'une véritable succession. D'après lui, les droits hypothécaires subsistaient tout entiers[1]. Une autre question, non moins importante, est celle de savoir si les créanciers hypothécaires étaient obligés de déclarer leurs droits avant la *lex venditionis;* car, à raison du caractère occulte de l'hypothèque romaine, il pouvait y avoir là, pour l'*emtor*, un véritable danger.

Cette question n'est pas résolue non plus par le texte de nos sources, et nous nous trouvons à ce sujet dans une ignorance complète.

La vente des biens s'effectuait d'après les règles suivantes :

1° Elle pouvait avoir lieu lorsque le débiteur était légalement représenté, dans le lieu de son domicile, *forum domicilii*, ou dans l'endroit convenu par la convention[2];

2° La vente ne pouvait être accordée que par un magistrat investi du pouvoir de l'*imperium*[3].

Tous les systèmes de la *venditio* appartenaient déjà au domaine de l'histoire dès le temps de Justinien. Mais nous n'avons que de vagues données sur l'époque de la disparition de cette procédure. Il est hors de doute que la vente des biens en masse était encore en plein usage dans le temps

---

[1] *Traité des actions, ou exposition historique de l'organisation judiciaire et de la procédure chez les Romains,* 2ᵉ édition, vol. II, § 398, 1845.

[2] *Lex 1* et 2, D. XLII, 5.

[3] *Lex 5* et 9, c. VII, 92.

de la jurisprudence classique; l'emploi en est même mentionné à l'époque de Dioclétien. Mais, sous Justinien, elle a
complétement disparu. Théophile, l'ancien commentateur
des Institutes de Justinien, rattache la disparition de la
venditio à la cessation des *conventus*, c'est-à-dire des assises
tenues par les gouverneurs de province dans les diverses
parties du territoire, puisque, au temps de Théophile, les
iudicia extraordinaria, et non pas les *iudicia ordinaria*, étaient
seuls en usage.

Quel rapport peut avoir la disparition du *conventus* avec
la manière de vendre les biens d'un débiteur? Vinius déclare
franchement ne pas l'apercevoir : *Quod judiciorum diversitas
ad rem præsentem faciat, non video.* Tambour donne, à notre
avis, l'explication la plus probable. « L'idée la plus vraisemblable, dit-il, est celle-ci : Quand le magistrat dut connaître
du fond même des affaires, il fut obligé de rester à sa rési-
dence pour être à la disposition des plaideurs et dut cesser
ses tournées. Or la procédure de la *bonorum venditio* exigeait
à plusieurs reprises l'intervention du magistrat, et la suppression des *conventus* enleva aux parties la facilité de profiter
de sa présence pour remplir les formalités prescrites. D'où
la nécessité de recourir à une procédure plus simple et qui
rendît moins nécessaire la présence du magistrat[1]. »

Les jurisconsultes des Digestes nous laissent aussi dans
l'obscurité sur la situation du *magister.* Les compilateurs
des Pandectes se proposaient de ne traiter que le moins
possible des vieilles institutions, et c'est pour cela qu'ils ont
interposé le *curator bonis distrahendis* dans les fragments où

---

[1] *Lex,* *loc. cit.* p. 236.

il était question du *magister*. Ainsi ont-ils fait dans la Loi 2, § 1, *D. De curatore bonis dando*[1]. Nous ne soutenons pas, toutefois, qu'avec la disparition des *conventus* et du *magister* la *missio in bona rei servandæ causa* ait aussi cessé d'exister. Elle continuait, au contraire, comme auparavant, à être employée pour l'ouverture de la faillite ; mais elle n'était plus terminée par la *venditio bonorum*, mais par la *bonorum distractio*.

[1] Stieber, *loc. cit.* § 20, p. 63.

CHAPITRE II.

LA VENTE DES BIENS EN DÉTAIL.

§ UNIQUE.

SON ORIGINE ET SA PROCÉDURE.

Cette vente n'était pas seulement une nécessité au point de vue juridique, elle était aussi d'une très-grande importance au point de vue économique. La vente en masse pouvait encore avoir lieu, dans un temps où la translation des biens était liée à certaines formules et à des difficultés juridiques; mais, dès que les institutions libérales du *ius gentium* commencèrent à prédominer sur l'esprit rigoureux du droit strict, la vente en masse devint nécessairement nuisible, non-seulement au débiteur, mais aussi aux créanciers. La *distractio bonorum* n'était donc qu'une vente des biens, mais entourée de moins de difficultés que la *venditio bonorum;* elle en est le développement sans en être le corollaire.

Justinien s'exprime dans les termes suivants sur ce nouveau système : *Et tantummodo datur officio iudicis bona possidere, et, prout utile eis visum fuerit, ea disponere.* Elle se distingue donc de la *venditio* par le mode de l'aliénation; tandis que la *distractio* a pour but d'aliéner séparément les objets composant la masse, la *venditio* ne peut se faire qu'en aliénant le patrimoine du débiteur dans son ensemble, et en le transférant à l'acheteur, comme s'il était successeur universel.

Une autre particularité de la *distractio* est la nomination du *curator bonorum* par le préteur. Il est probable que cette nomination avait lieu du consentement de la majorité; cela ne peut guère être douteux sous Justinien, mais cela n'est pas certain pour les temps antérieurs. La disparition du *magister* est donc incontestablement liée à l'introduction de la *distractio bonorum*, et, par conséquent, à la nomination du *curator*.

Nous ne prétendons pas cependant que la nomination du *curator* n'ait pas eu lieu à l'époque où l'on pratiquait encore la *venditio;* nous disons seulement que cette nomination avait lieu dans les cas exceptionnels, surtout lorsque la vente ne se faisait pas immédiatement après l'envoi en possession : ainsi, quand l'héritier délibérait trop long-temps sur la question de savoir s'il devait accepter la succession[1]; lorsque le débiteur était fait prisonnier par l'ennemi[2]; quand, en vertu de l'*epistola D. Severi et Antonini*, on accordait au pupille l'envoi en possession des biens de son tuteur, devenu invisible pour se soustraire aux aliments[3]; dans le cas où l'héritier est appelé à la succession sous une *conditio suspensiva* et où il ne peut remplir cette condition[4]; quand, enfin, un *furiosus* ou un prodigue n'est pas représenté devant la justice par le *curator*[5].

Dans la plupart de ces cas, le *curator* avait non-seulement le droit d'aliéner les objets susceptibles d'une détérioration facile, mais aussi de vendre des objets de la masse pour satisfaire des créanciers récalcitrants. Dans ce cas, le

---

[1] *Lex 8, D.* XLII, 4.

[2] *Lex 6, Z. D.* XLII, 4.

[3] § 9, *J. De suspectis tutoribus,* 1. 26.

[4] *Lex 1,* § 1, *D.* XLII, 7; *Lex 23,* § 2, *D.* XXVIII, 5.

[5] *Lex 7,* §§ 10, 11, 12, *D.* XLII, 4.

curateur était nommé par les créanciers [1]. Un sénatus-consulte ordonna plus tard que toutes les *personæ claræ*, c'est-à-dire les sénateurs devenus insolvables, ne subiraient plus l'infamie, conséquence de la *venditio*, mais seraient seulement obligés de faire nommer un curateur chargé de vendre leurs biens en détail, pour écarter la déclaration d'ignominie [2]. Nous ne connaissons pas la date exacte de ce sénatus-consulte, mais il est assurément antérieur au jurisconsulte Neratius, contemporain de Trajan. En effet, dans la Loi 9, *D.* il est question du curateur d'un *furiosus*, et cette loi est un fragment de ce jurisconsulte. D'après cette loi, les créanciers ont le droit de choisir entre la *distractio* et la *venditio*, mais sans pouvoir revenir sur ce choix une fois fait. Ce sénatus-consulte, en appliquant ce système aux biens des *personæ claræ*, a-t-il conservé cette alternative aux créanciers d'un *furiosus?* Heimbach le croit ; mais Tambour le nie avec raison, car la tendance principale de ce sénatus-consulte était de conserver la dignité du sénateur, jusqu'alors déshonorée par la *venditio*. « J'ai peine à le croire, dit Tambour à propos de ce droit d'alternative sur l'exécution des biens, à raison même des motifs qui avaient fait établir à leur égard ce mode de procéder. La mesure devait être impérative, puisque c'était un moyen de protéger leur dignité et de leur éviter l'infamie. » Plus tard, cette procédure exceptionnelle de la vente en détail, à l'égard des *claræ personæ*, se généralisa de plus en plus et fut aussi admise pour les autres personnes.

La date de la disparition de la *bonorum venditio* de la pro-

<hr>

[1] *Lex* 7, § 10, *D.* xlii, 4 ; *Lex* 9, *pr. D. h. t.* — [2] *Lex* 9, *D.* xxvii, 10.

cédure de l'exécution, et de son remplacement par la *bonorum distractio*, ne peut être précisée [1]. D'après le témoignage des Institutes de Justinien, ce changement se rattache à la disparition de l'*ordo iudiciorum privatorum*; par conséquent, la vente en masse aurait déjà disparu sous Dioclétien [2]. Heffter croit que la *venditio* n'était déjà plus employée comme mode d'exécution au temps de Paulus [3], tandis que Günther soutient qu'elle était encore usitée à l'époque de Justinien [4]. Quoi qu'il en soit, la vente au détail devint, par la force des choses et par sa simplicité, plus prédominante de jour en jour, et écarta complétement, à la fin, la procédure compliquée de la vente en masse, avec sa nomination de *magister* et sa fiction de succession universelle.

La procédure de la distraction peut se caractériser ainsi : L'envoi en possession continuait à être accordé par le magistrat; mais les créances devaient être reconnues par la justice et par une sentence, si le débiteur était absent. Si quelques créanciers étaient déjà en possession de la masse des biens, les autres créanciers du débiteur avaient un délai, en vertu de la Const. 10 *De bonis auc. iud.* de Justinien, de deux ou de quatre ans, pour demander la copossession, suivant le cas de l'absence ou de la présence des créanciers.

Cette présence ou cette absence est déterminée par le domicile des créanciers avant l'envoi en possession. Pendant

---

[1] *Pr. D. De successoribus sublatis*, iii, 13; Théoph. t. 1, p. 609. 612.

[2] *Lex 6 et 9, c. vii, 72.*

[3] Wilh. Heffter, *Institutionen des römischen und deutschen Civil-Process*, p. 663; Bonn, 1825.

[4] Car. Frid. Guenther, *Ad Leg.* 12 et 27. D. *Pro socio*, p. 11; Leipzig, 1823.

le délai fixé par la constitution, les créanciers restent en possession des biens. Ce délai ne peut donc être que de deux ou quatre ans, suivant la décision de *l'empereur*. Cependant M. Bethman-Holleweg admet arbitrairement un seul délai de deux ans[1]. Les créanciers étaient considérés, pendant ce temps, comme les représentants du débiteur; c'est pour cela que les tiers devaient faire valoir contre eux toutes les obligations, car ils étaient seuls possesseurs de la masse des biens. Ce délai écoulé, le magistrat, par une sentence, permettait la vente de ces biens.

Tambour croit néanmoins, mais sans aucun motif, que le texte permet de supposer que l'autorisation du magistrat rendait la vente possible après un délai moins considérable.

Le curateur était nommé par le préteur ou par le *præses provinciæ;* nous croyons toutefois que la loi permettait également de le nommer *privato consilio*, sans l'intervention du magistrat. Seulement, dans ce cas, ses rapports avec les créanciers n'ayant pas pris part à sa nomination étaient modifiés. Nous sommes même porté à admettre que la Constitution 10, § 1, *De bonis auc. iud.* permettait aux créanciers mêmes la vente des biens. Le curateur, une fois nommé, n'était pas seulement chargé de l'administration des biens, il pouvait aussi procéder à la vente en détail.

La somme produite par cette vente était distribuée entre les créanciers. Ceux-ci s'adressaient à cet effet au curateur. Ils avaient contre lui l'*actio mandati* ou *negotiorum gestor*, ou une *actio in factum*. Ils n'étaient, bien entendu, payés qu'au *prorata* de leurs créances et après l'entière satisfaction des

---

[1] Heimbach, *Der Civil-Process,* vol. 1, p. 291; Bonn, 1834.

créanciers privilégiés. La vente se faisait en présence des *tabularii*, qui rédigeaient un protocole dans lequel la somme obtenue par la vente était mentionnée, et où ils inscrivaient surtout l'excédant resté après le complet payement des créanciers. Cet excédant devait être déposé chez le *cimeliarcha* de l'endroit.

Celui qui avait procédé à la vente devait prêter serment sur l'Évangile d'avoir fait tous ses efforts pour obtenir le prix le plus élevé. La somme déposée chez le *cimeliarcha* pouvait être réclamée par le débiteur au bout d'un certain temps, si d'autres créanciers ne s'étaient pas présentés. La *distractio bonorum*, étant devenue la procédure la plus usitée pour l'exécution des biens, perdit aussi, avec le temps, la tendance de son caractère. Son seul but, à l'origine, était, nous le savons, de protéger la personne insolvable contre la déclaration d'infamie. Plus tard, elle devint une exigence de la nécessité des temps. La *venditio bonorum* et la vente en masse ne pouvaient plus se pratiquer, ni en faveur des créanciers, puisqu'on trouvait difficilement des acheteurs d'une telle masse, et, lorsqu'on en trouvait, ils n'offraient qu'une somme insuffisante pour désintéresser tous les créanciers, ni en faveur du débiteur, obligé de supporter par les exigences de cette procédure une perte plus considérable. La vente en détail, au contraire, pouvait attirer une foule de petits acheteurs, et augmenter ainsi le produit de la vente. Le débiteur pouvait même se sauver par là, de la perte complète de son patrimoine. Il est évident qu'il n'était pas nécessaire d'aliéner tous les biens composant ce patrimoine, quand une partie seulement suffisait pour couvrir toutes les créances. On peut, à notre avis, admettre la décision de

la Novelle 53, c. iv, pour le commencement de la *distractio*.
Cette loi n'autorisait la vente que jusqu'à due concurrence.
La Contitution 1o, § 1, va encore plus loin. Justinien paraît
admettre un autre mode d'aliénation, en autorisant le partage des biens du débiteur entre les créanciers. Nous croyons
cependant qu'on ne pouvait recourir à ce moyen qu'à défaut
d'acheteurs.

Les conséquences de la *distractio* devaient nécessairement
différer de celles de la *venditio*. Dans la *distractio*, l'acheteur
ne devient pas successeur universel; cependant il acquiert
la propriété des biens adjugés. Si la vente ne produit pas
la somme nécessaire pour couvrir toutes les créances, le
débiteur n'est pas considéré comme libéré; il reste tenu pour
tout ce qu'il n'a pas payé. La *distractio* produisait certainement, sinon l'infamie, du moins une atteinte à la réputation
du débiteur. En le privant de l'administration de ses biens,
elle dissolvait la société dont il faisait partie. La *distractio*
ne nous semble pas avoir changé la situation des créanciers
hypothécaires, et, par conséquent, si le premier créancier
hypothécaire ne procédait pas à la vente, les hypothèques
continuaient à subsister.

Les créanciers chirographaires ou leur représentant, c'est-
à-dire le curateur, ne pouvaient donc procéder à la vente
des objets affectés d'une hypothèque avant d'avoir dédom-
magé complétement les créanciers hypothécaires, à moins,
bien entendu, que ceux-ci ne renonçassent volontairement à
leurs droits. Dans le cas contraire, s'ils poursuivent la vente
et si le produit est supérieur au montant de leurs créances,
ils doivent remettre l'excédant au *cimeliarcha*.

Tambour croit que les créanciers devaient remettre directement l'excédant aux mains du curateur. Nous ne pouvons admettre cette opinion. Il ne nous semble exister sur ce point aucune différence entre la situation des créanciers chirographaires et hypothécaires, et il est généralement reconnu pour les premiers, — Tambour lui-même ne le conteste pas, — que l'excédant obtenu par la vente devait être remis aux mains du *cimeliarcha*. Les créanciers postérieurs pouvaient lui demander d'être satisfaits en justifiant de leur titre. Les créanciers hypothécaires ont évidemment une garantie spéciale dans l'objet hypothéqué; mais ils n'ont pas, par ce seul fait, le droit d'agir arbitrairement et de se mettre en relation avec des personnes dont ils n'ont aucun droit de reconnaître ou d'analyser la qualité. Le magistrat seul est compétent; c'est lui qui est en relation avec le curateur, et c'est de lui seul qu'ils doivent recevoir la somme à distribuer aux créanciers. Nous reconnaissons volontiers que, en raison du silence complet des textes, toute cette combinaison n'est qu'une supposition dépourvue de l'autorité d'une loi; mais cette supposition n'est pas du moins en contradiction avec les règles générales du droit romain.

APPENDICE PREMIER.

—

LEX GALLIÆ CISALPINÆ[1].

CHAPITRE XXI.

A quocunque pecunia certa credita, signata forma publica
Populi Romani, in eorum quo oppido, municipio, colonia, præfectura, foro, vico, conciliabulo, castellove, quæ sunt, eruntve, in
Gallia Cisalpina, petetur, quæ res non pluris sestertium quindecim
mille erit, si is eam pecuniam in iure, apud eum, qui ibi iuri dicundo præerit, ei, qui eam petet, aut ei, cuius nomine ab eo petetur, dare oportere, debereve se confessus erit, neque id, quod
confessus erit, solvet, satisve faciet, aut se sponsione iudicioque,
utive oportebit, non defendet, sive is ibi de ea re in iure non responderit, neque de ea re sponsionem faciet, neque iudicio, uti
oportebit, se defendet, tum de eo, a quo ea pecunia petita erit,
deque eo, cui eam pecuniam dare oportebit, siremps res, lex, ius,
causaque omnibus omnium rerum esto, atque uti esset, esseve oporteret, si is, qui ita confessus erit, aut de ea re non responderit,
aut se sponsione iudicioque, uti oportebit, non defenderit, eius
pecuniæ ei, qui eam suo nomine petierit, cuive eam dare oportebit,
exiudiciis datis, iudicareve recte iussis, iure, lege damnatus esset,
fuisset.

Quiquecunque duumvir, quatuorvir, præfectusve (ibi) iuri
dicundo præerit, is eum, qui ita quid confessus erit, neque id
solvet, satisve faciet, eum, qui se sponsione iudiciove, utive oportebit, non defenderit, aut in iure non responderit, neque id
solvet, satisve faciet, tantæ pecuniæ, quanta ea pecunia erit, de

[1] Blondeau, *Institutes de l'empereur Justinien*, t. II. Paris, 1838, p. 78.

qua tum inter eos ambigetur, duntaxat (sestertium) quindecim mille, sine fraude sua duci iubeto; quique eorum quem, ad quem ea res pertinebit, duxerit, id ei fraudi pœnæve ne esto; quodque ita factum, actum, jussum erit, id ius ratumque esto.

Quo minus in eum, qui ita vadimonium Romam, ex decreto eius, qui ibi iuri dicundo præerit, non promiserit, aut vindicem locupletem ita non dederit, ob eam rem iudicium recuperatorium is, qui ibi iuri dicundo præerit, ex hac lege det, iudicarique de ea re ibi curet, ex hac lege nihil rogatur.

APPENDICE II.

—

LEX GALLIÆ CISALPINÆ[1].

CHAPITRE XXII.

A quo quid præter pecuniam certam creditam, signatam forma
publica Populi Romani, in eorum quo oppido, municipio, colonia,
præfectura, foro, vico, conciliabulo, castellove, quæ sunt, eruntve,
in Gallia cis Alpes, petetur, quodve cum eo agetur, quæ res non
pluris sestertium quindecim mille erit, etsi ea res erit, de qua re
omni pecunia ibi ius dici, iudiciave dari ex hac lege (debebit,
oportebit), si is eam rem, quæ ita ab eo petetur, deve ea re cum
eo agetur, ei, qui eam petet, deve ea re aget, aut ei, cuius nomine ab eo petetur, cumque eo agetur, in iure, apud eum, qui
ibi iuri dicundo præerit, dare, (facere,) præstare, restituereve
oportere, aut se debere, eiusve eam rem esse, aut se eam habere,
eamve rem, de qua arguetur, se fecisse, obligatumve se eius rei,
noxiæve esse, confessus erit, dixeritve, neque de ea re satis, uti
oportebit, faciet, aut, si sponsionem fieri oportebit, sponsionem
non faciet, non restituet, neque se iudicio, uti oportebit, defendet,
aut si de ea re in iure nihil responderit, neque de ea re se iudicio, uti oportebit, defendet, tum de eo, a quo ea res ita petetur,
cumve eo de ea re ita agetur, deque eo, cui eam rem dari, fieri,
præstari, restitui, satisve de ea re fieri oportebit, siremps lex,
res, ius, causaque omnibus omnium rerum esto, atque uti esset,
esseve oporteret, si is, qui ita quid earum rerum confessus erit,
aut de ea re non responderit, neque se iudicio, uti oportebit, de-

---

[1] Blondeau, *Institutes de l'empereur Justinien*, t. II, Paris, 1838, p. 79.

fenderit, de iis rebus Romæ apud prætorem, eumve. qui de iis rebus Romæ iuri dicundo (præ)esset, in iure confessus esset, aut ibi de ea re nihil respondisset, aut iudicio se non defendisset.

Prætor, isve, qui de ea re Romæ iuri dicundo præerit, in eum, et in heredem eius, de ea re omnibus ita ius dicito, decernito, eosque duci, bona eorum possideri, proscribive venireque iubeto, ac si is, heresve ejus, de ea re in iure apud eum prætorem, eumve, qui Romæ iuri dicundo (poterit) præesse, confessus esset, aut de ea re nihil respondisset, neque se iudicio, uti oportuisset, defendisset;

Dum ne quis de ea re nisi prætor, isve, qui Romæ iuri dicundo præerit, eorum cuius bona possideri, proscribi, venire, ducique eum iubeat.

APPENDICE III.

FABULA HERACLEENSIS[1].

Quæ viæ in urbe Roma. propiusve urbem Romam passus mille. ubi continenti habitabitur. sunt, erunt, cuius ante ædificium earum quæ viæ erunt, is eam viam, arbitratu ejus ædilis. cui ea pars urbis hac lege obvenerit, tueatur, isque ædilis curato, uti, quorum ante ædificium erit, quamque viam hac lege quemque tueri oportebit, ei omnes, arbitratu eius tueantur, neve eo loco aqua consistat quo minus commode populus ea via utatur.

Ædilis curulis. ædilis plebis, qui nunc sunt. quicunque post hanc legem facti, creati erunt. cumve magistratum inierint, ii in diebus quinque proxumis. quibus ei magistratui designati erunt. cumve magistratum inierint. inter se (com)paranto aut sortiunto, qua in parte urbis quisque eorum vias publicas in urbe Roma, propiusve urbem Romam passus mille. reficiundas. sternendas curet. eiusque rei procurationem habeat. Quæ pars cuique ædili ita hac lege obvenerit. eius ædilis in iis locis, quæ in ea parte erunt, viarum reficiendarum. tuendarum procuratio esto. uti hac lege oportebit.

Quæ via inter ædem sacram. item ædificium locumve publicum, et inter ædificium privatum est. erit, eius viæ partem dimidiam is ædilis. cui ea pars urbis obvenerit. in qua parte ea ædes sacra erit. sive ædificium publicum. sive locus publicus, tuendam locato.

Quemcunque ante suum ædificium viam publicam hac lege tueri oportebit, qui eorum eam viam. arbitratu eius ædilis, cuius

---

[1] Blondeau. *Institutes de l'empereur Justinien*, t. II. Paris. 1838. p. 81.

oportuerit, non tuebitur, eam viam ædilis, cuius arbitratu eam
tueri oportuerit, tuendam locato, isque ædilis diebus ne minus
decem, antequam locet, apud forum, ante tribunale suum, pro-
positum habeto, quam viam tuendam, et quo die locaturus sit, et
quorum ante ædificium ea via sit: eisque, quorum ante ædificium
ea via erit, procuratoribusve eorum, domum denuntietur facito,
se eam viam locaturum, et quo die locaturus sit: eamque loca-
tionem palam in foro per quæstorem urbanum, eumve qui ærario
præerit, facito. Quanta pecunia eam viam locaverit, tantæ pecuniæ
eum, eosve, quorum ante ædificium ea via erit, pro portione
quantum cuiusque ante ædificium viæ in longitudine et in latitu-
dine erit, quæstor urbanus, quive ærario præerit, in tabulas publicas pecuniæ factæ referundum (referundas) curato. Ei, qui eam
viam tuendam redemerit, tantæ pecuniæ eum eosve adtribuito,
sine dolo malo. Si is, qui adtributus erit, eam pecuniam diebus
triginta proxumis, quibus ipse aut procurator eius sciet, adtribu-
tionem factam esse, ei, cui adtributus erit, non solverit, neque
satisfecerit, is, quantæ pecuniæ adtributus erit tantam pecuniam
et eius dimidium ei, cui adtributus erit, dare debeto, inque eam
rem is, quocunque de ea re aditum erit, iudicem iudiciumque ita
dato, uti de pecunia credita (iudicem) iudiciumque dari oportebit.

Quam viam hac lege tuendam locari oportebit, ædilis, quem
eam viam tuendam locare oportebit, is eam viam per quæstorem
urbanum, quive ærario præerit, tuendam locato, uti eam viam arbitratu eius, qui eam viam locandam curaverit, tueatur. Quanta
pecunia ita quæque via locata erit, tantam pecuniam quæstor urbanus, quive ærario præerit, redemptori, cui e lege locationis
dari oportebit, heredive eius dandam, adtribuendam curato.

Quo minus ædiles et quatuorviri viis in urbe purgandis, duum-
viri viis extra propiusve urbem Romam passus mille purgandis,
quicunque erunt, vias publicas purgandas curent, eiusque rei po-

testatem habeant, ita uti legibus plebisvescitis, senatusveconsultis oportet, oportebit, eorum hac lege nihil rogatur.

Cujus ante ædificium semita in loco erit, is eam semitam, ei ædificio perpetuo lapidibus perpetuis integris continentem, constratam recte habeto, arbitratu eius ædilis, cuius in ea parte, hac lege, viarum procuratio erit.

FIN.

TABLE DES MATIÈRES.

9 782329 027074